Juste la fin du monde
Nous, les héros

Jean-Luc LAGARCE

Par Bertrand Chauvet et Éric Duchâtel

baccalauréat | théâtre

Centre national de documentation pédagogique

Remerciements :
– Le DVD :
Au Théâtre de la Colline, Alain Françon, Anne Goalard et Armelle Stépien.
À l'équipe du Théâtre ouvert et en tout premier lieu à Micheline et Lucien Attoun.
À Isabelle Marina et Dora productions.
– L'ouvrage :
Les photographes : Lin Delpierre, Michel Queneville, l'agence Enguerand, Marc, Armelle, Brigitte, Jean-Pierre Maurin, Tsukasa Aoki, Élisabeth Carecchio, David Anémian.
Les compagnies : les Intempestifs et tout particulièrement Eulalie Delpierre, la Compagnie Seinandan à Tokyo, Japon, l'Amphithéâtre de Pont-de-Claix, le Théâtre Varia à Bruxelles, la Comédie de Valence, la scène nationale de Sénart, L'équipe de nuit, la Compagnie de l'écho, Paname pilotis, Dominique Terrier et Metro Mouvance, Alain Morlet et le Théâtre du Jarnisy.
La maison de la culture yiddish et la bibliothèque Medem.

Couverture :
© Stéphane Mohamed, Théâtre du Jarnisy.

4e de couverture :
Juste la fin du monde, de Jean-Luc Lagarce, mise en scène de François Berreur. Maison de la culture de Grenoble, 2007.
© Jean-Pierre Maurin.

Page de titre :
Juste la fin du monde, de Jean-Luc Lagarce, mise en scène de Joël Jouanneau. Paris, Théâtre de la Colline, 2000.
© Pascal Gély/Enguerand.

Page 2 (ci-contre) :
© Lin Delpierre.

Pilotage et coordination :
Pascal Charvet, inspecteur général de l'Éducation nationale,
Hélène Campaignolle-Catel, bureau des programmes,
direction générale de l'Enseignement scolaire,
Frédérique Lorenceau, direction de l'action éditoriale, CNDP.
Coordination du projet éditorial :
Corinne Paradas et Jean-Jacques Arnault.
Suivi pédagogique de l'ouvrage et du DVD :
Jean-Claude Lallias
Édition et iconographie :
Jean-Jacques Arnault
Secrétariat d'édition :
Nicolas Gouny
Maquette et mise en page :
Jacques Zahles, HEXA Graphic

CNDP, décembre 2007
ISBN : 978-2-240-02647-7
ISSN : 1762-8296

Sommaire

5 Avant-propos

6 Le parti de l'éphémère

8 Situations de Jean-Luc Lagarce

9 L'utopie du singulier ou « comment exister son inexistence ? »
12 Sur la brèche du commencement
15 Chanteur chauve
22 Jean-Luc Lagarce metteur en scène : *La Cantatrice chauve*
24 Trouver le bon cadrage, entretien avec Jean-Charles Mouveaux
28 « Eux, les héros », entretien avec Guillaume Vincent

34 Une dramaturgie de l'ellipse

35 « Comment est-ce qu'on dit ? / elliptiques »
38 Le retour du refoulé
44 (...)
48 *Juste la fin du monde*, entretien avec Joël Jouanneau
49 Drame bourgeois et pièce frappadingue, entretien avec Olivier Py

56 Un théâtre en trompe-l'œil

57 « Nous trichons »
63 Comme un roman
66 Au bout du compte
70 Espaces incertains
73 Il faut bien l'admettre, elle est risible
77 Le complexe de Frankenstein
81 « Loin dans les méandres de la parole », entretien avec François Berreur
86 Une faille de chagrin au milieu du Français, entretien avec Michel Raskine

92 Trouver la voix

93 Du théâtre pour de vrai
95 L'acteur poreux
99 Poétique de l'accordéon
101 Le (quasi) monologue de Suzanne
106 D'une grammaire l'autre
113 « N'oublions jamais le ludique et le concret du plateau », entretien avec Mireille Herbstmeyer
118 « Il faut que la couverture soit bien tendue ! », entretien avec Élisabeth Mazev

122 Biographie

124 Mises en scène et distributions

127 Le DVD Baccalauréat Jean-Luc Lagarce

128 Bibliographie, ressources

© Lin Delpierre.

François Berreur et Jean-Luc Lagarce.

Avant-**propos**

Voici déjà quatre années qu'a été développée une démarche nouvelle pour les ouvrages accompagnant les pièces mises au programme du baccalauréat : chacun d'entre eux se doit de renouveler les perspectives et les modes d'approche afin de mieux répondre à l'exigence et à la diversité des attentes des élèves et des professeurs dans les options théâtre aussi bien que dans les classes de lettres. Dans cet ouvrage consacré à *Nous, les héros* et à *Juste la fin du monde* de Jean-Luc Lagarce, les auteurs Bertrand Chauvet et Éric Duchâtel, sans ignorer l'apport des différentes mises en scène, approchent ces pièces en prenant appui sur les mots ou les expressions mêmes du texte et proposent de se confronter au jeu théâtral pour comprendre, cherchant là le contact le plus intime avec le réel. L'ouvrage est accompagné d'un DVD et s'articule en étroite liaison avec le site L'année (...) Lagarce, multipliant ainsi les échos et les parcours.

Les auteurs retrouvent ainsi de manière exemplaire, dans cet essaim de paroles fragiles et au sein des volées de mots insaisissables, la puissance souterraine de ce maître des voix qu'est Jean-Luc Lagarce, qui métamorphose les paroles en une fable perpétuellement recréée et pose des questions cruciales et universelles. En effet, à qui sait écouter, l'éphémère fait signe : la parole qui bruisse et circule ici fait toucher par l'illusion la vie authentique dans ce qu'elle a de fugace, rayonnant et de profondément incarné : que signifie, pour celui qui fit d'un récit individuel un drame commun, vivre avec la mort annoncée, au coin de chaque jour et au bout du regard ? Ce naufrage presque au port de l'adolescence nous parle aussi de la survie quotidienne. Chacun, en effet, se sait ici en sursis, et la nécessité impérieuse d'écrire témoigne de cette foi inébranlable dans le salut des mots, ligne magique qui sépare dans *Juste la fin du monde*, Louis, le presque mort, du désespoir. Dialecticien de l'éphémère, dramaturge de l'ellipse, Jean-Luc Lagarce affirme paradoxalement dans cette suspension d'être et de souffle, son incroyable vitalité, et que seuls les mots, c'est-à-dire l'espoir, sauvent de l'abîme.

Bertrand Chauvet et Éric Duchâtel, avec la collaboration de metteurs en scène comme Olivier Py, François Berreur, Michel Raskine, Joël Jouanneau, et grâce au partenariat mis en place avec les Solitaires intempestifs ainsi qu'avec la Comédie-Française – que nous remercions chaleureusement de même que l'équipe éditoriale du CNDP – ont su nous placer au cœur de cette vision et de cette expérience exprimables à peine. Les paroles, relayées de lèvres en lèvres, résonnent ici comme une mantique très ancienne, nous révélant leur puissance de vie, dans un vertige pareil à celui de l'oiseau qui trace un signe dans le ciel puis disparaît, ou, pour le dire avec les mots de Jean-Luc Lagarce, « se regarde disparaître en se saluant ».

Pascal Charvet,
inspecteur général lettres/théâtre

Éphémère : *n.m.* Petit insecte que l'on appelle ainsi parce qu'il ne vit que quelques heures. *L'éphémère ressemble à une libellule*[1].

Le **parti** de l'**éphémère**

Jean-Luc Lagarce est un artiste-libellule

Son texte avance par saccades, rebonds, longs planés, coupés d'agitations fébriles. Sa vie trop brève (il meurt à trente-sept ans), sa longue silhouette de jeune homme blessé se confondent pour nous avec cette écriture, donnent l'image d'une acuité fragile, associée pour toujours aux bouleversements de l'enfance et de la solitude, aux crudités de la vie. Voyelles. Cette œuvre, pour nous est une voix. Mais cette voix aussi a un visage. Comme le visage et la voix de Rimbaud. Indissociable de la vie dont elle se détache, par grappes comme les fruits du sureau ; cette œuvre invite à l'émotion et au partage, à l'imitation : et donc à une lecture mimétique procédant par poussées, fragments, phylactères. Le résultat serait, en tout cas, le contraire d'un discours. Lagarce nous appelle à changer notre logiciel. À prendre le parti du divers, de l'apostille, de l'interruption.

Également, au rebours de tout ce que la critique objectiviste nous enseigne depuis des années, il faudrait retrouver le chemin buissonnier des images et de l'analogie. Mimer donc afin de comprendre. S'essayer à dire cette voix, à parler cette langue (cet idiolecte), afin de pouvoir l'entendre de l'*intérieur*. Mimer pour capter ce que *cela fait*, en assumant sereinement les dangers qui, du coup, nous guettent : la futilité, le jeu de mots, l'inconsistance, l'« impressionnisme » (mais qui a dit que l'impressionnisme était un danger ?).

Oui, il faudrait assumer ces critiques, pour ne pas tomber dans le défaut inverse qui serait le pire : couler cette écriture légère, incisive, pulsatile – *réactive* – dans un discours en béton ; ériger cette écriture mineure, dissidente, en une œuvre majeure, virilement close, formant un tout ; la statufier en un monument (en un « classique ») offert à l'exégèse.

Georges Banu visitant un jour Jean-Luc Lagarce dans la salle où il répétait, retire cette « impression » qu'il nous livre : il est frappé par la nudité et la laideur du lieu. Par sa pauvreté. Des objets, des fauteuils il remarque : « Ils sont vides, fauteuils sans attrait ni identité. Nullement décoratifs, dépourvus de tout ornement... Ils attirent, dit-il, en raison de cette médiocrité-là justement. » Ce lieu « n'inspire pas, ne nourrit pas ». Georges Banu conclut : « Il faut trouver l'énergie en soi, dans le désir de théâtre et dans l'attente du public. Le lieu n'impose aucune exigence ; elle est le fait de l'acte seul[2]. »

« Elle est le fait de l'acte seul. » Ce que nous dit le grand critique ? Que le travail de Lagarce est l'œuvre d'un artiste funambule. Que la grâce de sa réussite est suspendue à la menace de sa décomposition. Que l'œuvre apparaît dans la même urgence brutale qui traverse la vie (menacée par les « rechutes », dans « le vide sans attrait ni identité »). Qu'il faut donc saisir l'insecte *au vol* – à l'instant où la larve devient libellule, et bien garder à l'esprit son essence d'éphémère.

Cette œuvre fuit la lourdeur de l'établissement. Elle va avec une aventure théâtrale « solitaire et intempestive », qui pousse comme une herbe, hors institution. Cela veut dire que l'écriture elle-même doit être saisie non comme un texte, mais comme un *ensemencement*, toujours rompu, recommençant, prenant chair dans l'incandescence qui le grille. Cette écriture est une voix : elle s'arrête *au bord du texte*. Énergie, dit Banu, désir, attente. Le manque (à gagner) que disent la pauvreté et le « vide sans attrait » des fauteuils, les multiples failles du corps et de l'âme, que marquent cette difficulté à faire son chemin, à devenir quelqu'un, et, tragiquement, à continuer de vivre, sont le point de départ et sont le terme de l'aventure. Ils sont aussi ce qui rattache cette œuvre, au départ « dépourvue de tout ornement » et, dans son accomplissement, si gaie et si précieuse, à l'*art de la performance*.

Comment alors saisir sans grossir, piquer sans exténuer, capturer sans assommer ? L'art de la performance appelle au bricolage et à l'expérimentation. Par bricolage, nous entendons les concepts lisières qui naissent des « impressions » et tentent d'épingler au vol ce qui s'invente *de nouveau*. Par expérimentation, le fait de donner à saisir la chose comme le dit Banu, c'est-à-dire, « en acte ». Concrètement : c'est mettre l'élève en situation non pas seulement de *dire*, mais de *produire* « du Lagarce[3] ».

Pour qu'il prenne, premièrement, la mesure de la performance poétique, en comparant la teneur de sa propre proposition à la fulgurance de la partition écrite. Pour qu'il éprouve, deuxièmement, à quelle quantité de désarroi, d'intranquille modestie, de courage accepté s'accroche la possibilité de la grâce – et qu'il lie l'exercice du théâtre à l'existence de cette pierre de touche. Enfin, troisièmement, pour que cette découverte change son idée du théâtre et mette aussi son « désir de théâtre » à l'épreuve, lui commandant – pour y trouver, comme dit Banu, toute « l'énergie » qu'il faut - de se changer lui-même (renoncer au mensonge et au « décoratif »). Qu'il sente, ainsi, se desceller en lui, dans la tension qui l'aiguille à cette œuvre, le vide qui précède le *saut de l'ange*.

B. C. ■

1. *Petit Robert des jeunes.*

2. *Un ou deux reflets dans l'obscurité*, Jean-Luc Lagarce (textes), Lin Delpierre (photographies), Les Solitaires intempestifs, 2004.

3. C'est non pas réciter, ni pasticher, mais s'essayer à parler sa langue, usiter sa syntaxe, ses figures, habiter ses situations d'énonciation.

Situation de Jean-Luc Lagarce

L'utopie du singulier
ou « comment exister son inexistence ? »

Sur la brèche du commencement

Chanteur chauve

Jean-Luc Lagarce metteur en scène :
La Cantatrice chauve

Trouver le bon cadrage
Entretien avec Jean-Charles Mouveaux

« Eux, les héros »
Entretien avec Guillaume Vincent

L'utopie du singulier ou « comment exister son inexistence ? »

Enjeu

Ni « out », ni « in », Jean-Luc Lagarce appartient à la génération du « off ». Il vient après. Nombreux sont les cinquantenaires d'aujourd'hui qui pourraient en témoigner : pour les jeunes gens de cette génération-là, cela s'est joué à quelques années. On connaît Musset et son « enfant du siècle » : « Derrière eux, le passé..., devant eux, l'aurore d'un immense horizon, et entre ces deux mondes quelque chose de semblable à l'Océan qui sépare le vieux continent de la jeune Amérique, je ne sais quoi de vague et de flottant... » Être « mal tombé », venir trop tôt ou trop tard, entre-deux. Il faut nager. Cinq ou six ans suffisent : naître en 1957, dans le dernier remous des « baby boomers », n'est déjà plus comme naître en 1950.

1945 : génération des Cohn-Bendit, Ariane Mnouchkine, Jean-Pierre Vincent, Patrice Chéreau – ils ont vingt ans ou plus en 68 : en 1967, le jeune Théâtre du Soleil présente *La Cuisine* de Arnold Wesker à Médrano (63 400 spectateurs). 1957 : quand ceux-là arrivent en âge de créer, le terrain est pris. En 1978, Jean-Luc Lagarce crée « la Roulotte ». Le nom, dans sa modestie, est tout un programme[4]. À la même époque, « en Avignon », on envahit les garages – la cour d'Honneur est occupée par des grands (frères) déjà consacrés.

Génération du « off ». De l'entre-deux : rejetant, comme leurs aînés, l'institution ; portés par l'esprit de 68 ; mais à l'écart des nouveaux lieux où se fixe déjà le nouveau théâtre (la Cartoucherie, les scènes de la décentralisation). « Off » donc. Pas « out », pas « in ». Ce non-lieu, la force de Jean-Luc Lagarce est d'y élire domicile. Telle est la Roulotte. Sa destination est le voyage ; son but : habiter ce vide. Le théâtre est une entreprise nomade funambule, suspendue entre ciel et terre, c'est-à-dire entre subventions et « petits boulots ». À l'utopie du collectif (celle du Soleil, du Campagnol...), Jean-Luc Lagarce substitue, comme d'autres de ses camarades de l'époque, l'*utopie du singulier*. Elle demande plus que du courage.

Utopie du singulier. Elle est d'abord dans l'écriture – dans laquelle on tombe comme dans la nuit ; l'écriture est un travail solitaire – et cette solitude est en même temps un choix : qui fait résistance, nargue, provoque ; l'artiste s'affiche très vite comme un « solitaire intempestif ». On la retrouve, deuxièmement, dans l'aventure de la Roulotte, qui n'est pas un phalanstère mais une histoire de rencontres et d'amitié, un « nuage » comme la troupe dont *Nous, les héros* nous en renvoie l'image amusée.

S'il y a une « situation » de Jean-Luc Lagarce, celle-ci s'ordonne autour d'un concept, l'*inexistence*, et d'une question : « Comment exister l'inexistence ? »

© Lin Delpierre.

Répétition des *Solitaires intempestifs*. Mise en scène Jean-Luc Lagarce, Belfort, Théâtre Granit, 1992. De gauche à droite, François Berreur, Élizabeth Mazev, Christine Joly, Hervé Pierre, Jean-Michel Noiret, Nathalie Schmidt.

On n'est pas loin d'*Hamlet*, dont la figure hante son écriture : comment être (plutôt que « ne pas être ») ? comment devenir ce que l'on est ? remettre le temps « sur ses gonds » ? Comment ne plus « être de trop » ? À ceci près qu'ici la question emporte une exigence de plus (Hamlet, en réalité, ne découvre pas autre chose) : c'est qu'il faut échapper à l'inexistence sans nier la fibre qui la constitue, et donc *en la conservant*. Exister, par conséquent, sa vie sans la changer, sans la « remplir », sans rien offusquer de la solitude initiale, du vide constitutif. Cela veut dire concrètement : se

4. On sait que le nom est celui de la première troupe fondée par Jean Vilar.

faire reconnaître sans se croire arrivé, faire quelque chose de soi sans devenir quelqu'un.

L'utopie du singulier commande ainsi tout ensemble une écriture et une éthique.

C'est celle de la fraternité, de la modestie, celle de l'humour : ne pas se prendre au sérieux, ramener la

© Stéphane Mohamed.

Juste la fin du monde, de Jean-Luc Lagarce, mise en scène de Anne-Margrit Leclerc. Théâtre du Jarnisy, 2005.

vie à un jeu avec ses loteries, son cabotinage, ne pas y croire, ne pas s'y croire, ne pas « se la jouer ». Être responsable aussi, comme quelqu'un qui sait « se tenir à sa place » avec et au milieu des autres.

Quant à l'écriture, elle doit être comme la toile de Pénélope, se défaisant à mesure qu'elle se tisse, se détissant à mesure qu'elle s'entoile. Une forme « métamorphique », se contestant elle-même, suspendue entre ensemencement et décomposition, entre « donne et autre donne », occupant le milieu entre le silence (où il n'y a rien) et le cri (où il y a tout). Le « retrait » donc, l'effacement, l'humour – politesse du désespoir : le signe fait sens en « faisant signe » comme un *signal* (d'alerte, de détresse), le discours est un fanal dans la brume, l'action une succession de minutes (le mot vient du latin *minus*) – des mi-lieux sans début ni fin, des instants sans bords, suspendus dans le non-lieu de la mémoire, dont ce caractère (...) s'impose comme étant l'emblème. Suspension, *épochè* : ces morceaux de souvenir ne doivent pas nous faire oublier le continent qui manque, le fleuve d'oubli qui les baigne, l'inexistence dont ils s'extraient, tout dégouttant de nuit, suspendus sur le fil de la pensée. Funambules de l'être.

« ÉPILOGUE
LOUIS. – Après, ce que je fais,
je pars.
Je ne reviens plus jamais. Je meurs quelques mois plus tard,
une année tout au plus.
Une chose dont je me souviens et que je raconte encore (après j'en aurai fini) :
c'est l'été, c'est pendant ces années où je suis absent,
c'est dans le sud de la France.
Parce que je me suis perdu, la nuit, dans la montagne,
je décide de marcher le long de la voie ferrée.
Elle m'évitera les méandres de la route, le chemin sera plus court et je sais qu'elle passe près de la maison où je vis.
La nuit aucun train n'y circule, je ne risque rien
et c'est ainsi que je me retrouverai.
À un moment, je suis à l'entrée d'un viaduc immense,
il domine la vallée que je devine sous la lune,
et je marche seul dans la nuit,
à égale distance du ciel et de la terre.
Ce que je pense
(et c'est cela que je voulais dire)
c'est que je devrais pousser un grand et beau cri,
un long et joyeux cri qui résonnerait dans toute la vallée,
que c'est ce bonheur-là que je devrais m'offrir,
hurler une bonne fois,
mais je ne le fais pas,
je ne l'ai pas fait.
Je me remets en route avec seul le bruit de mes pas sur le gravier.
Ce sont des oublis comme celui-là que je regretterai. »

Comment sortir de soi en restant en soi ? Comment « l'ouvrir » ?

Louis, à ce moment, pourrait le faire : suspendu entre ciel et terre, il est comme un oiseau. Personne ne le voit. Il domine le monde endormi. Pourquoi ne hurle-t-il pas ? Quelle pudeur, quelle frayeur le retiennent ? *Euphémei* ordonnent les héros grecs quand ils commandent qu'on se taise. *Euphémei*, c'est tout ensemble « parle-bien » et « tais-toi » ; c'est le silence commandé quand la parole serait trop criante, trop vulgaire. Impudique, blessante, laide. Le monologue de Louis nous met sur les rails de cette « parole viaduc » : ce qu'il y a au cœur des mots, ce n'est pas ce qu'ils disent (Louis ne révèlera pas son secret), c'est leur silence ou plutôt ce « hurlement » qu'ils *passent sous silence*. C'est ce pont qui va de *rien* à *très peu* – « seul le bruit de mes pas sur les graviers » – en enjambant des gouffres. Euphémisme.

D'où l'énigme posée à l'interprète comme au nageur de fond : comment « détendre » cet air comprimé sans déchirer le sac des phrases (des poumons), comment faire entendre le hurlement que le silence « contient » ? Se souvenir de cet « oubli » ? Comment exister l'inexistence ?

ATELIER | **Exercice de chronométrage**

La « parole viaduc »

Dire cette page (l'épilogue, page 10).
Chronométrer le temps qu'il faut pour dire cette page. Deux minutes, cinq minutes. Comparer les temps.
La dire vite. La dire lentement. Puis de plus en plus vite. Repérer quand l'accélération est impossible.
Ce texte nous apparaît dans sa définition contradictoire :
– une seule et longue phrase, qui doit donc être émise d'un seul souffle et en une seule poussée du ventre ;
– de brusques solutions de continuité, qui faillent la longue phrase en une ligne pointillée.
Problème : combien durent les silences entre chaque segment ? Quel sort réserver aux points, aux virgules ? Faut-il baisser la voix sur les points, la maintenir sur les virgules ? Mais que faire alors des points quand ils sont à l'intérieur des vers, des virgules quand elles sont à l'enjambement ?
Points, virgules – on notera leur variété :
– points et virgules à l'intérieur des vers ;
– points et virgules en fin de vers,
le passage offre quatre accidents rythmiques. C'est tout. Il n'y a pas d'autres pulsations rythmiques.
Il n'y a pas, comme chez Claudel, de ces furieux conflits entre la syntaxe et la prosodie :
« Par ces cheveux
Splendides, imprégnés par l'aurore… » ;
– le poème, chez Lagarce, découle du parler ; l'enjambement se produit aux jointures naturelles de la syntaxe. Le poétique est dans cette *parole qui se pose*.
Qui se pose d'abord dans une accentuation particulière du rythme du parler qui produit comme une aggravation de la parole ordinaire : les mots retentissent soudain autrement ; ils deviennent graves. Cette accentuation du rythme, marquée par un agrandissement du silence, immédiatement compensée par l'impulsion qui lui succède, engendre une théâtralisation naturelle de l'acte de parole. Dans les deux cas, il s'agit de rythme et, pour trouver ce rythme, le problème est d'avoir à chaque instant conscience de ce qui se passe dans ce qu'on dit.
Comment régler le débit ? L'exercice exige, en d'autres termes, de l'interprète qu'il change ses habitudes de parler : il ne parle plus seulement pour dire ce qu'il a dans la tête ou sur le cœur (selon l'approche psychologique habituelle), il s'étonne de ce qu'il dit à mesure qu'il le profère, il fouille de tous ses yeux l'espace que les mots ouvrent devant lui : cette sensation physique fusionne ici tout naturellement dans l'image du moi funambule. L'acteur est un acrobate diseur de mots. On passe de la logique de l'expression (qu'est-ce que je veux dire ? quel est mon sentiment ?) à la dynamique de la performance (aurai-je la force d'aller au bout de mon fil ? aurai-je la force de « l'ouvrir » ?).
« À un moment, je suis à l'entrée d'un viaduc immense,
il domine la vallée que je domine sous la lune… »
Le ressort du rythme est certainement dans la vision : il faut « se faire voyant », il faut voir le viaduc qui s'ouvre dans la nuit, sentir la fraîcheur de l'été, imaginer l'apesanteur du vide, les petites lumières de la vallée – et injecter ces images mentales au fur et à mesure qu'elles se détachent des mots qui les déclenchent (ni avant, ni après) à l'intérieur de la diction.
Mentaliser le texte, développer les images comme on développe une photo. Il y faut du temps : ce temps donne le tempo – l'exacte mesure de la quantité de silence nécessaire. Le diseur a dans sa tête l'instrument pour régler son débit. Quand il s'arrête entre deux segments, sa pensée en travail, le diseur-funambule ne perd pas le fil. Il fond le pointillé en une longue phrase émise d'une seule poussée du ventre.
Il est sur la « parole viaduc ». Existant son inexistence.

« Quand faut-il fermer sa phrase ? »
Le travail peut s'appuyer sur cette leçon de Jouvet.
Louis Jouvet, classe du 24 avril 1940, à Viviane :
« Tu fermes tes phrases ; tu mets des points, alors tu arrêtes ton mouvement. Nous avons tous tendance à faire cela. Au bout d'un certain temps, les comédiens qui eux-mêmes apportent du mouvement dans la tirade, petit à petit, s'y installent, ils ferment les phrases, ils coupent, ils se reposent sur des mots. Dans la vie, quand tu parles, tu ne mets pas de points, tu continues ton discours. Tu expliques ce que tu as à expliquer et tu passes d'une phrase à l'autre sans arrêt. C'est la même chose au théâtre. Dès que tu fermes tes phrases, dès que tu mets des points, tu arrêtes le mouvement. Il ne faut fermer la phrase que pour une affirmation importante, que lorsque quelque chose est fini. »

Tragédie classique et théâtre au XIXe siècle, Gallimard, 1968, p. 118.

Distinguo théorique

De ce travail sur le débit de la phrase, on peut tirer deux concepts.

– Concept n° 1 : dire n'est plus interpréter. L'objet (le sens) ne préexiste pas à la diction ; il en est le résultat. Cela ne veut pas dire qu'il faille cesser d'analyser les textes (que faisons-nous ici d'autre qu'analyser ?) ; mais que le travail d'analyse a pour fonction de délimiter le cadre de l'expérience qui le suit : ce n'est pas elle qui trouve – elle fixe ce qu'on cherche pour qu'on puisse le trouver (on ne trouve que ce qu'on cherche). À charge ensuite pour le diseur d'accomplir ce travail de profération-mentalisation du texte et de transformer cette diction en une véritable *performance* s'effectuant devant nous.

– Concept n° 2 : « trouver le ton » n'est plus « mettre le ton ». La notion grecque, étymologique, se substitue au concept psychologique. Le travail laisse de côté le personnage et se concentre d'abord sur la profération matérielle du texte (ici son chronométrage). *Tonos* : le problème est de trouver le niveau de « tension » à partir duquel les différents segments s'électrisent – et où le texte « prend ». L'opération s'effectue à son niveau, qui n'est pas psychologique : elle crée dans l'interprète une disposition *mentale* qui entraîne à sa suite des émotions. Mais le sentiment, encore une fois, n'est pas posé en premier comme une donnée bien établie que l'interprète devrait viser ; il arrive à la fin. Comme une grâce, ou un « supplément d'âme », en fonction de la sensibilité de chacun.

B. C. ■

Sur la **brèche** du **commencement**

La leçon de Hannah Arendt

Comment commencer ? Hannah Arendt : « Du point de vue de l'homme qui vit dans l'intervalle entre le passé et le futur, le temps n'est pas un *continuum*, un flux ininterrompu ; il est brisé au milieu, au point où "il" se tient ; et son lieu n'est pas le "présent" tel que nous le comprenons habituellement, mais plutôt une brèche dans le temps que "son" constant combat, "sa" résistance au passé et au futur fait exister[5]. »

L'homme commence en *faisant brèche* entre le passé et le futur. Cela veut dire deux choses :

1) Tout point de départ est une brisure dans le *continuum*. Le commencement est une insurrection.

2) Cette insurrection délimite un mi-lieu. Entre deux pôles (le passé et le futur). Et ce mi-lieu est le milieu où l'homme « se tient ».

L'homme est l'être du commencement. La possibilité que « quelque chose commence » coïncide avec l'apparition de la figure humaine : celle de la conscience, qui « résiste » au passage ininterrompu du temps, donne une épaisseur au présent et fait que quelque chose enfin « commence ». Ce co-engendrement du commencement et de la personne humaine se fait sur le mode héroïque du « il ».

« Nous, les héros. » Si nous sommes des « héros », c'est que nous, les *zoms-zoms*, les doublures, les zéros, nous identifions à cette possibilité incompréhensible du commencement qui fait pièce à la platitude, au laminage du temps, au néant de l'inexistence, et qui nous propulse, à notre corps défendant (d'où l'ironie), sur la scène comme des « ils » (des personnages), protagonistes d'un continuel et

5. L'article sert de préface à *La Crise de la culture*, Gallimard, 1972.

Nous, les héros, de Jean-Luc Lagarce, mise en scène de Philippe Sireuil. Bruxelles, Belgique, Théâtre Varia, 2000.

(semble-t-il) bien inutile combat contre l'inexistence, car la brèche, ouverte par l'éveil de nos vies, a tôt fait de se refermer, comme une fenêtre entre deux néants (le premier qui précède, le second qui suit notre naissance), ou comme se résorbe, après quelques ondulations, un trou dans l'eau.
Exit alors l'homme, ce héros ; et retour au... zéro.

La brèche de l'incipit

C'est ainsi que la pièce *(Nous, les héros)* commence par une sortie.
Les personnages (des comédiens) sortent de scène. Le commencement est donc symboliquement une fin (les personnages ne sont plus sur la scène, ne jouent plus un rôle – ont quitté l'action) et pas encore un début. Ce n'est pas une attente (comme le début de *La Mouette*, quand Macha et Medvedenko attendent le début du spectacle), pas un éveil (comme le début de *La Cerisaie* dans la blancheur de l'aube), mais vraiment une *brisure*.
Les personnages tombent dans la brèche entre le passé et le futur. Ils n'ont *plus*, sous leurs pieds, pour les soutenir, le plancher de la fable (une action avec un début, un milieu, et une fin) – et cette fable même nous apparaît comme sans valeur parce qu'appartenant à une pseudo-réalité, celle du théâtre (qui est un simulacre) et du passé (dont il faut « sortir »). Mais ils n'ont *pas encore* vraiment repris contact avec le sol de l'existence concrète. *Ici*, ils sont encore là-bas. De même, là-bas, quand ils jouaient, ils « n'y étaient pas » (la salle était une « baraque à frites », il y avait une drôle d'acoustique ; le public riait au mauvais moment ; la mise en scène n'allait pas). Comédiens en rupture de rôles, ils sont le contraire des six personnages (en quête d'auteur) de Pirandello, apportant sur la scène du théâtre leur trop-plein d'existence concrète. Ceux-ci, Lagarce les cueille dans le mouvement inverse : dans l'intervalle qui sépare la plénitude hystérique de la scène (où chacun, vaille que vaille, « tient » aux autres) et le *continuum* sans relief de leur vie (où chacun doit « se tenir » tout seul debout). Dégringolade ou suspension. Apesanteur. Brisure du temps.
Brisure aussi de l'espace. La scène, précise Lagarce, se passe dans un théâtre qui n'est pas un théâtre, « mais ce qu'il en reste », ses coulisses peut-être, « ce qui sert de théâtre dans cette ville-*là* ». En sorte que la ville également n'est pas un ici, mais un *là-bas*, situé dans un pays lointain, qui est le lieu le plus intime, du moins (naguère) le plus central – « au centre de l'Europe ». Or cette bulle est brisée. Et le couteau s'insère entre ce « reste » du passé et ce futur, entre ce « centre » qui n'est *plus* (« l'Europe centrale » des années 1930) et le néant d'un monde qui n'existe *pas encore* (n'existera peut-être jamais car trop excentré, trop pâle, trop loin de ce feu même simulé de la fable qui « les » tenait au moins ensemble).
Dans la brèche, donc, entre le passé et le futur. Dans l'intervalle entre deux mondes : le monde d'*avant* (celui de la Grande Brasserie ou du Café des voya-

geurs, le monde des trains, des fables, et du lointain, de l'Europe centrale, de l'entre-deux guerres) et celui d'*aujourd'hui* (un monde sans lointain, sans mémoire, sans figure) que Lagarce recolle nostalgiquement ici au train de l'autre (« nous » serons ces « héros », Max, Raban, Joséphine, luttant dans ce *pays lointain*, perdus dans la brèche, au centre de l'histoire, cette fable brisée). Entre deux réalités, celle pleine et fausse du théâtre et de la fable (dont « ils sortent »), celle vraie mais creuse de l'existence (qu'ils ne rejoindront jamais).

© Tsukasa Aoki.

Nous, les héros, de Jean-Luc Lagarce, mise en scène de Oriza Hirata et Frédéric Fisbach. Studio-théâtre de Vitry et Toga Spring Festival, 1999.

Et qu'est-ce qui commence *dans ce qui finit là* ? Réponse : des bouts, des bribes que des points de suspension interrompent, « (...) ».

Un *ensemencement*, où la personne congédiée (ces comédiens qui sortent de scène, ce pourrait être Gregor Samsa ou tel autre « héros » de Kafka, ou quiconque se retrouve *hors piste*, abruptement remercié, exclu, mis à pied, licencié du cirque de la vie) lutte contre deux forces antagonistes. D'une part, la force de l'avenir qui *licencie* le passé et le relègue comme un simulacre (fait table rase du théâtre et de tout ce qui ce qui s'y rapporte) ; cette force agit avec l'assurance amnésique des entrepreneurs qui bâtissent de neuf, en écrasant tout sous le rouleau-compresseur de « la réalité » (ce qu'ils appellent ainsi). D'autre part, la force du passé qui pousse de toutes ses radicelles contre le laminoir indifférent de l'avenir. Le résultat de ce combat, nous explique Hannah Arendt dans le même article, est une *force résultante* – celle qu'on trace, en physique, comme la diagonale du parallélogramme de forces. Or cette force résultante n'est pas autre chose que l'*action de la pensée* : celle-ci coïncide avec le « pouvoir de résistance » de la conscience tombée dans la brèche de l'entre-deux.

Et comment marche-t-elle ? Par bribes, par bouts, par collages. La conscience « réfléchit », c'est-à-dire qu'elle prend ce qui se répercute de « ce qui reste » et qu'elle l'agglomère. Quand le processus est enclenché, les miettes du souvenir ainsi collectées se suturent en embryon, l'embryon se développe, il devient une parole, laquelle, se réverbérant dans d'autres consciences adverses, se structure en discours, en sorte que la conscience laminée, congédiée, tombée dans la brèche, retrouve texture et consistance et qu'elle nidifie, tel l'alcyon des mers, dans la brèche des vagues.

Étrange commencement cependant, nostalgique dira-t-on, puisqu'il commence *par la fin*, s'irritant contre l'avenir, pesant même contre lui de tout son poids, mâchant et remâchant ses griefs, y puisant l'énergie d'y initier la possibilité d'une dissidence et donc d'une voie nouvelle dans le fil de son combat solitaire – une voie qui est la résultante de ce combat et n'est ni du passé, ni de l'avenir, mais singulière et dotée de sa direction propre (la diagonale est par nature *déviante* par rapport aux deux forces qu'elle « somme »).

Une voie donc étrange (solitaire, intempestive). Une voie de traverse. Mais possible et droite. Car dans le droit fil de la conscience qui fait résistance, dans la consécution et le rassemblement de la pensée fidèle. Ce commencement engendre une durée fragile, et donc interrompue, faillée de points de suspension, parce qu'issue du combat, parce qu'exposée à la tension des forces adverses. Quelque chose commence pourtant. Quelque chose qui se structure en archipel de mots (des îles se formant dans le cône d'éclairement de la parole, puis s'arrêtant).

Obturation

Mais il arrive aussi que, de ce commencement, quelque chose s'enfante de plus net, non pas seulement du texte, des répliques, des tirades (cet archipel de mots), mais un *coup de théâtre* dont le surgissement atteste du pouvoir de réalisation de la pensée et prouve qu'en résistant au réel, la conscience n'est pas folle, que ce qui *fait brèche* en elle *fait sens*, et que sa résistance est véritablement productive (c'est elle, contrairement à ce que pensent les entrepreneurs, qui garde, en résistant aux rouleaux compresseurs, le sens de la réalité).

Un événement donc. D'abord il surgit, provoquant un frisson de plaisir (quelques rires). Ensuite le théâtre l'amplifie (le savoure) comme une trêve dans l'irritation, comme une victoire contre le règne de l'indifférenciation et du préfabriqué.

Pour notifier la rareté de ce moment de grâce, le texte ménage alors des pauses d'un autre genre : il remplace ses points de suspension par un « intermède musical ». Ainsi de cette première pause gagnée au bout de quatre pages comme un premier radeau dans la tourmente :

(M. et Mme Tschissik accusent Joséphine d'être risible et, à cause de cela, de leur gâcher leurs effets.)

« M. TSCHISSIK. – C'est sa seule présence, peut-être, en fond de théâtre, c'est sa seule présence qui nuit à la scène et encourage très certainement au rire, et la placer dans un autre coin, peut-être, je ne sais pas… »

M. Tschissik, comme on voit, s'interrompt. Advient alors l'événement par un effet de magie que souligne la ponctuation musicale.

« Ils la regardent tous, longuement et en effet, involontairement, il faut bien l'admettre, elle est risible. Intermède musical. »

L'événement fait suture. Il raccorde le réel aux paroles, les personnages entre eux et avec nous (nous faisons tous bloc contre la pauvre Joséphine), le futur au passé et synthétise sous notre nez cette denrée si rare : le présent. L'événement obture, d'un coup, la brèche.

Un ange passe.

Nous ferons l'hypothèse que cet événement est la « péripétie » centrale et le terme de l'aventure. C'est pourquoi Lagarce érige ce point d'orgue silencieux en exergue de son texte : il isole cette sentence qu'il nous dit être la première phrase du journal de Kafka, année 1910 (Kafka a alors vingt-sept ans) : « Les spectateurs se figent quand le train passe (…). »

Suspension. À cet instant, le sujet quitte, dirait-on, la ligne de combat. La conscience s'apaise, cesse d'être « sur la brèche », oublie ses rêves « héroïques ». Le sujet ne fait plus résistance et s'abandonne à la grâce de ce « présent » qu'il reçoit comme un cadeau. Coup de théâtre. L'événement le soustrait à l'incessante friction du commencement et le réconcilie avec le monde.

Alors les spectateurs « se figent » pour jouir du silence tonitruant de présent qui passe. Comme un train.

B. C. ■

Chanteur chauve

Ionesco

Soit cet extrait de *La Cantatrice chauve* :

« Mme SMITH. – Les hommes sont tous pareils. Vous restez là toute la journée, la cigarette à la bouche ou bien vous vous mettez de la poudre et vous fardez vos lèvres, cinquante fois par jour, si vous n'êtes pas en train de boire sans arrêt !

M. SMITH. – Mais qu'est-ce que tu dirais si tu voyais les hommes faire comme les femmes, fumer toute la journée, se poudrer, se mettre du rouge sur les lèvres, boire du whisky ?

Mme SMITH. – Quant à moi, je m'en fiche ! Mais si tu dis ça pour m'embêter, alors… je n'aime pas ce genre de plaisanterie, tu le sais bien !

Elle jette les chaussettes très loin et montre ses dents. Elle se lève.

M. SMITH, *se lève à son tour et va vers sa femme.* – Oh ! mon petit poulet rôti, pourquoi craches-tu du feu ! tu sais bien que je dis ça pour rire ! *(Il la prend par la taille et l'embrasse.)* Quel ridicule couple de vieux amoureux nous faisons ! Viens, nous allons éteindre et nous allons faire dodo !

Scène 2

MARY, *entrant.* – Je suis la bonne. J'ai passé un après-midi très agréable. J'ai été au cinéma avec un homme et j'ai vu un film avec des femmes. À la sortie du cinéma, nous sommes allés boire de l'eau-de-vie et du lait et puis on a lu le journal.

Mme SMITH. – J'espère que vous avez passé un après-midi très agréable, que vous êtes allée au cinéma avec un homme et que vous avez bu de l'eau-de-vie et du lait.

Mme SMITH. – Et le journal !

MARY. – Mme et M. Martin, vos invités, sont à la porte. Ils m'attendaient. Ils n'osaient pas entrer tout seuls. Ils devaient dîner avec vous, ce soir.

Mme SMITH. – Ah oui. Nous les attendions. Et on

avait faim. Comme on ne les voyait plus venir, on allait manger sans eux. On n'a rien mangé, de toute la journée. Vous n'auriez pas dû vous absenter !

MARY. – C'est vous qui m'avez donné la permission !

M. SMITH. – On ne l'a pas fait exprès !

MARY *éclate de rire. Puis elle pleure. Elle sourit.* – Je me suis acheté un pot de chambre.

Mme SMITH. – Ma chère Mary, veuillez ouvrir la porte et faites entrer M. et Mme Martin, s'il vous plaît. Nous allons vite nous habiller.

M. et Mme Smith sortent à droite. Mary ouvre la porte à gauche par laquelle entrent M. et Mme Martin.

Scène 3

MARY. – Pourquoi êtes-vous venus si tard ! Vous n'êtes pas polis. Il faut venir à l'heure. Compris ? Asseyez-vous quand même là, et attendez, maintenant.

Elle sort.

Scène 4

M. et Mme Martin s'assoient l'un en face de l'autre, sans se parler. Ils se sourient avec timidité.

M. MARTIN. – Mes excuses, madame, mais il me semble, si je ne me trompe, que je vous ai déjà rencontrée quelque part. »

Loufoque (de « louf » pour « fou »). Le mot, pas méchant, évoque une folie légère. Ionesco est un « fêlé ». Dans son monde, les anomalies prolifèrent, mais cette prolifération s'effectue à partir d'une normalité à laquelle tous les éléments du texte se réfèrent.

Cette loufoquerie est délire de l'archi-normal. Les structures toutes faites du quotidien, les gestes de tous les jours, les mots, syntagmes, expressions idiomatiques, tout est là, *archi là*, mais décalé. Les hommes fument et boivent comme… des femmes, les femmes se maquillent comme… des hommes, Mme Smith montre sauvagement les dents, Mary la bonne éclate de rire et pleure, elle engueule les invités, M. Martin rencontre sa femme… pour la première fois. Cauchemar de l'astigmate : il y a des lignes, mais celles-ci se mélangent, se brouillent, se chevauchent ; tous les rituels fonctionnent mais en

La Cantatrice chauve, de Eugène Ionesco, mise en scène de Jean-Luc Lagarce. Nouveau théâtre de Besançon, 1992.

même temps, pour eux-mêmes, en mélangeant les codes. Les êtres, du coup, sont privés de profondeur, emportés par une forme d'ébriété sociale qui les dispense, semble-t-il, de répondre de ce qui se passe. Ils entrent dans l'apesanteur du jeu.
Pour le comédien, le texte de Ionesco est un *gymkhana* permanent : aucun passage n'est obscur, compliqué, le dessin est clair, chaque situation est transparente, on voit tout (chaque élément du moins pris individuellement), on comprend tout ; le problème est dans l'enchaînement, on dira « dans la logique » : comment passer, par exemple, immédiatement du rire aux pleurs, du ton offensé ou « collet monté » à la grimace féline de tigresse sauvage, à la petite complicité égrillarde, etc. Jusqu'au moment où l'interprète accepte de cesser de penser et se livre aux contraintes de la partition, en faisant ce qui est marqué, successivement, sans se soucier de lier ensemble les morceaux (en mettant son *intelligence* de côté). La mise en scène ressemble à un de ces films de Max Sennett ou des débuts du cinéma : plans lumineux, images nettes, situations en place, mais il manque une image sur quatre, les êtres marchent, s'embrassent, montent à cheval, se serrent la main comme des pantins articulés. Transparente, l'écriture de Ionesco l'est à la manière d'un miroir : si elle jette le trouble, c'est à force de transparence ; son opacité est dans sa surface ; sa profondeur dans le rejet de toute profondeur ; sa vérité dans cet éloge de la superficialité.

Lagarce

Lagarce crée la pièce en novembre 1991. Le projet de *La Cantatrice* naît en contrepoint de celui des *Solitaires intempestifs*, montage de textes, intitulé d'abord « 57-87 », dans lequel Lagarce raconte une génération, la sienne et celle des camarades, à travers la vitre dépolie des textes, chansons, récits qu'ils aiment. Ce projet déjà ancien peine, depuis trois ans, à trouver son financement. *La Cantatrice*, plus propre à séduire les édiles, tombe bien.
Ionesco est une mine, Ionesco est une pile. La troupe y puise des ressources, mais principalement de l'énergie : « On crie, on geint, on chante. Jamais on ne se tait, le silence, ce n'est plus possible[6]. » C'est la joie de l'extériorité, du jeu *surex* (surexposé, surexcité), du théâtre pour le théâtre, l'éviction de l'ombre (de l'intériorité) – le carburant qu'il faut pour remettre à flot la Roulotte. *La Cantatrice* est cette récréation ; cet antidote. On retrouve la joie de jouer ensemble ; on oublie l'inquiétude, les coups, la douleur. Lagarce se refait des forces.
Mais cette étape n'est si salutaire que parce qu'elle est une retrouvaille. L'écriture de Ionesco entre en résonance avec l'écriture naissante de Lagarce ; elle aimante sa passion d'en découdre, catalyse son envie de théâtre. Voyons comment Lagarce se situe par rapport à celui qui apparaissait alors encore, avec Beckett, comme le père fondateur de l'avant-garde.

Laissons la première pièce publiée *(Erreur de construction)* où la filiation est trop évidente et qui commence ainsi :

« MADAME LOUISE SCHEURER. – Mon mari s'appelait Albert, il est mort à la guerre ; mon fils s'appelait Albert, il est mort à la guerre, pas la même ; mon père s'appelait Albert… »

Prenons la question au point où elle se pose vraiment, quand Lagarce s'est forgé une langue à lui et apparaît dans la maturité de son art.
Soit, par exemple, cet extrait, en apparence très « ionescien », de *Juste la fin du monde*. C'est le début de la pièce et Lagarce écrit une scène comme il les affectionne (on trouve la même formule développée dans *La Photographie* et au début des *Prétendants*) et où l'on voit Suzanne présenter Louis à Catherine devant la famille réunie. Petit moment guindé, où le rituel social prend le pas sur la vie (il faut être poli, sourire, respecter les codes) : la situation, à l'évidence, fait signe vers Ionesco.

« SUZANNE. – C'est Catherine.
Elle est Catherine.
Catherine, c'est Louis.
Voilà Louis.
Catherine.
ANTOINE. – Suzanne, s'il te plaît, tu le laisses avancer, laisse-le avancer.
CATHERINE. – Elle est contente.
ANTOINE. – On dirait un épagneul.
LA MÈRE. – Ne me dis pas ça, ce que je viens d'entendre, c'est vrai, j'oubliais, ne me dites pas ça, ils ne se connaissent pas.
Louis, tu ne connais pas Catherine ? Tu ne dis pas ça, vous ne vous connaissez pas, jamais rencontrés, jamais ?
ANTOINE. – Comment veux-tu ? Tu sais très bien.
LOUIS. – Je suis très content.

6. *Traces incertaines*, mises en scène de Jean-Luc Lagarce, 1981-1995, Besançon, Les Solitaires intempestifs, p. 80.

Juste la fin du monde, de Jean-Luc Lagarce, mise en scène de Bernard Lévy. Scène nationale de Sénart, 2003.

CATHERINE. – Oui, moi aussi, bien sûr, moi aussi.
Catherine.
SUZANNE. – Tu lui serres la main ?
LOUIS. – Louis.
Suzanne l'a dit, elle vient de le dire.
SUZANNE. – Tu lui serres la main, il lui serre la main.
Tu ne vas tout de même pas lui serrer la main. »

Première constatation : l'analogie ; les deux textes travaillent à l'effarement du spectateur. Ils nous mettent en face du rituel social ; les personnages sont des moulins à paroles ; le sens est évacué, impossible à stabiliser ; la réalité *déréalisée*. On est saisi dans les deux cas par l'impression de vitesse : le rythme de l'énoncé est trop rapide pour notre intelligence. D'où l'impression d'absurde, de cocasserie, de non-sens.

Deuxième constatation : ce n'est pas le même non-sens. L'absurde de Ionesco n'est pas celui de Lagarce. Ou encore, on doit distinguer entre « non sense » et non-sens. Le « non sense » (Ionesco) est un *mime* ; il agit après coup, nous sautant dessus par surprise. Ainsi, quand on lit le passage de *La Cantatrice*, tout coule de source, on imagine la situation, les énoncés sont limpides, etc., le texte nous apparaît comme *représentable* (les nombreuses didascalies sont là pour authentifier cette possibilité de la représentation) ; c'est après coup que l'illogisme enclenche son mécanisme destructeur. On se retrouve alors devant le paradoxe d'une folie simulant la raison. Sous la façade pimpante, impeccable, percent le délire nerveux, la pensée déjantée, bientôt les cris du singe perroquet (« kakatoes, kakatoes, kakatoes… »). Mais il importe par dessus tout, au départ, que cette absurdité ne se fasse pas voir et que la partition à jouer se donne comme le mime de la réalité. Le « non sense » doit jouer le jeu (de la représentation de la réalité) pour mieux en détourner les règles.
À l'inverse, chez Lagarce, le non-sens est la première impression ; la représentation ne marche pas. Il y a bien quelque chose qui ressemble, en-dessous, à un rituel de présentation, mais, tel quel, ce rituel nous apparaît comme brouillé, incompréhensible : le texte, que nous avons sous les yeux, se donne à lire comme un *énoncé de surface* dont il faut parvenir à déchiffrer le fonctionnement interne. Le processus marche donc bien à l'inverse de celui de Ionesco : non pas du sens apparent vers le non-sens profond (en suivant la logique du « non sense »), mais du non-sens apparent au sens caché. Dans un cas (Ionesco), on détruit le sens tout en sauvant les apparences ; de l'autre (Lagarce), on traverse le chaos des apparences pour retrouver le chemin du sens. Dans un cas (Ionesco), c'est la joie du jeu, le théâtre pour le théâtre, son hystérie, la victoire de l'apparence sur la pseudo-

profondeur ; dans l'autre cas (Lagarce), c'est le malaise de l'authenticité, l'omniprésence aussi d'une théâtralité qu'il faut parvenir à traverser. D'un côté, le théâtre comme fin ; de l'autre, le théâtre comme expérience, comme travail, comme porte-voix.

Donc, un texte de Lagarce est un *objet problématique*. Jouer se ramène toujours, avec lui, à explorer. Il faut tracer des pistes. Soit par exemple les deux suivantes.

Dessiner l'espace

La classe, divisée en équipes de cinq (après numérotage), est invitée à produire sur le plateau des propositions claires. L'objectif est simple : il est de déchiffrer, livre en main, *ce qui se passe*. Il n'y a pas de didascalies ; on peut (on doit) induire l'action à partir du dialogue. Et que se passe-t-il ? Deux actions physiques :

– Louis serre la main de Catherine (Catherine serre la main de Louis), puis ils s'embrassent ;

– Suzanne qui fait les présentations empêche Louis « d'avancer » vers Catherine (ils sont probablement debout et elle se tient entre eux) ; ensuite ce rôle de pitre passe à la Mère qui fait semblant de découvrir le fait que Louis ne connaît pas sa belle-sœur.

« On dirait un épagneul », dit Antoine à propos de sa sœur : la remarque est une indication scénique. Elle implique un espace ouvert entre les deux protagonistes (Catherine, Louis) sur les bords duquel ils se tiennent ; cet espace figure la scène vide où se joue (s'est joué, se rejoue à l'instant) le rituel familial ; Suzanne le remplit physiquement par sa gestuelle et par ses répliques : symboliquement, elle est celle qui soutient la possibilité de cet espace.

Le traitement scénique fait tout de suite apparaître deux options possibles.

La première, *naturaliste* : une fois reconnue l'existence de cet espace, l'envie peut venir de le remplir (de la même façon qu'on a rempli le texte en y injectant les didascalies qui manquaient) ; la proposition peut s'enrichir de déterminations concrètes fournissant à Suzanne puis à la Mère des appuis de jeu précis ; exercice d'imagination, à la façon de Stanislavski qui invite ses étudiants à mettre en marche le « et si… » magique : et si… c'était dimanche, et s'il… était midi, et si… c'était l'été (ou au contraire les vacances de Noël – c'est pourquoi les enfants d'Antoine et Catherine sont chez leur autre grand-mère..), et si… la Mère ouvrait pour l'occasion une bouteille de champagne à l'apéritif (elle porte un plateau, Suzanne distribue les coupes, Antoine fait péter le bouchon, sert les verres), au fond de la scène ou au contraire au bord du plateau, Suzanne allume la guirlande du sapin, etc., *ad libitum*.

La seconde, *symboliste* : au lieu de remplir, l'idée est d'explorer la dimension inverse, c'est-à-dire d'agrandir l'espace avec cette conséquence intéressante d'augmenter la part du vide et donc le trouble entre les personnages. La première proposition *fait vrai*, mais en recréant de la réalité, elle a pour défaut de donner consistance au rituel familial et donc de dissimuler le néant que cache ce simulacre d'embrassade – le réel ici se substitue au vrai ; la deuxième dit la vérité que les personnages se dissimulent : elle met devant les yeux ce vide qu'il y a entre eux, d'où la peur, la dissimulation, d'où la nervosité, le jeu… Mais si la vérité de la situation est mieux clivée, le risque est dans le vide lui-même : des personnages crispés, suspendus à l'équilibre entre les forces en tension.

Bilan n° 1

a) Ce premier acquis essentiel : l'espace. Les élèves sont invités à constater ce qui sépare la première lecture « à table » de la deuxième lecture effectuée, livre en main, sur la scène. L'écriture de Lagarce est une écriture de théâtre qui ne peut être déchiffrée que si on fait surgir sur le plateau l'espace qu'elle renferme.

b) On voit aussi ce qui sépare ici Lagarce de Ionesco. L'espace, chez l'un et chez l'autre, est d'une nature différente et il ne se situe pas au même endroit. Il est *théâtral* chez Ionesco, *dramatique* chez Lagarce. Il est un milieu chez Ionesco, un élément comme l'eau pour les poissons, le cadre en trois dimensions dans lequel on évolue et où les paroles résonnent ; les personnages sont *dans* l'espace. Chez Lagarce au contraire, l'espace devient un actant et les personnages ne sont pas dans l'espace mais séparés par lui ; l'espace est *entre eux*. Ionesco explicite naturellement ce qui se passe dans les didascalies parce que l'espace physique est chez lui coextensif aux personnages qui n'existent qu'avec lui. Lagarce le refoule, parce que l'espace physique est l'obstacle contre quoi les paroles butent, la distance que la communication doit surmonter, le vide qu'il faut suturer, l'impossibilité contre laquelle on lutte, le réel à quoi l'on a affaire. Il y a, chez lui, deux mondes, celui des paroles d'un côté, celui des actions physiques de l'autre : le texte que nous lisons d'un côté, la logique du plateau de l'autre – ils ne sont pas miscibles. Chez Ionesco, le travail théâtral peut consister en une « mise en scène » du texte au sens propre du terme : il s'agit de réaliser en trois dimensions une scène entièrement écrite sur le papier. Chez Lagarce, le travail théâtral est une expérience : on expérimente, livre en main, ce que produit la parole quand elle retentit dans l'espace du plateau. Ces deux spatialités impliquent enfin des théâtralités différentes : l'œil du spectateur, dirait-on, n'est pas situé au même endroit. Chez Ionesco, le public reste à sa place, en bas, dans la salle, c'est devant lui que l'action se joue comme devant une caméra fixe (le plateau contient un monde plein et séparé, qui est offert au regard des spectateurs). Chez Lagarce, la caméra est au milieu, il n'y a plus de rapport frontal scène / salle, l'espace qui sépare les acteurs est l'endroit où la représentation a lieu, le lieu où l'expérience (dont le texte ne livre qu'une moitié) prend corps. Ionesco joue *devant nous*, Lagarce *avec nous* : nous sommes dans le même espace de jeu.

Clarifier l'énonciation

Qui parle à qui ? Comment ? À quel moment ? Pour quoi faire ?

Chez Ionesco, ces questions reçoivent à chaque moment des réponses simples ; la pièce est divisée en séquences clairement délimitées : ici, par exemple, Mme Smith s'adresse à son mari, qui lui répond ; ensuite la bonne fait son entrée, elle s'adresse aux spectateurs (« je suis la bonne »), puis à ses patrons qui lui répondent en s'adressant successivement à elle. Enfin, les Martin arrivent cependant que les Smith sortent pour s'habiller, différant de six pages (trois scènes, environ dix minutes) la scène à quatre. Lagarce met tout de suite tout le monde en présence. La situation d'énonciation éclate en un enchevêtrement d'énonciations particulières qui se croisent, succèdent, juxtaposent à un rythme effréné. À chaque instant, l'interprète doit faire le point : à qui je parle ? qui je vise ? comment je cible mon destinataire ? Autrement dit, comment je manœuvre, comment mon « acte de parole » s'insère-t-il à l'intérieur du groupe ? Est-ce que je prends les autres à témoin ? est-ce que c'est une connivence, une exécution publique ? est-ce que c'est un aparté ? Le jeu demande au comédien beaucoup d'intelligence et d'agilité. Car chaque attaque enveloppe un nouveau coup à jouer, une nouvelle proposition à faire.

Exemple caricatural au début :
« C'est Catherine » (dit à Louis en se tournant vers Catherine).
« Elle est Catherine » (dit à Louis en se retournant vers Louis).
« Catherine, c'est Louis » (dit à Catherine en se retournant vers Catherine).
« Voilà Louis » (dit à Catherine en se retournant vers lui).
« Catherine » (dit à Louis en se retournant vers Catherine).

La séquence, dans sa fébrilité, retranscrit la mobilité de la parole vivante. On retrouve le rituel social, son extraordinaire agitation. L'écriture agit ici comme un filtre : Lagarce prélève un échantillon qui, dans sa pureté, transforme cette petite tranche de vie en une chorégraphie singulière, en une piquante parade nuptiale.

En même temps, la parole de Suzanne « fait acte » ; elle constitue Catherine et Louis en objets du regard des autres, elle prend appui sur le groupe à laquelle la jeune fille s'adresse par-dessus la tête des deux autres et cette adresse seconde est certainement le destinataire principal : Suzanne « triche », son énonciation est double, elle s'adresse aux autres en faisant mine de s'adresser à ses interlocuteurs, elle se moque d'eux en s'adressant à eux. Ce que « fait » la parole de Suzanne ? Donner une existence imaginaire à ce fantasme, les Siens, la Famille, l'Être ensemble, en Lui adressant cette petite « scène de genre » ; cohérer, par cette adresse, une pseudo-entente et une communauté qui n'existe pas. On le constate immédiatement aux réactions que cette démonstration provoque : Antoine interpelle sa sœur (« Suzanne, s'il te plaît, tu le laisses s'avancer ») puis la désigne, à son tour, à la risée (« *On* dirait un épagneul ») ; Catherine se détache du rôle qu'on veut lui faire jouer en s'adressant elle aussi au groupe (« *Elle* est contente »), la Mère oscille d'une position à l'autre (« Ne me *dis* pas ça », « ne me *dites* pas ça ») en prenant successivement chacun à témoin (Antoine, puis Louis) ou bien en s'adressant collectivement au groupe. Microchirurgie, micro-actions : l'intrigue, le « plot » (la « pelote »), est dans ce piétinement. Les personnages sont des judokas qui essaient de « passer leur prise ». L'action proprement dite est suspendue, puis remise : quinze phrases au moins et dix répliques sont nécessaires pour que Catherine serre enfin la main de Louis (« Catherine », dit Catherine ; « Louis », dit Louis) ; quinze phrases

© Stéphane Mohamed.

Juste la fin du monde, de Jean-Luc Lagarce, mise en scène de Anne-Margrit Leclerc. Théâtre du Jarnisy, 2005.

noyées dans une tirade de Suzanne pour que Louis embrasse ensuite Suzanne ; enfin trois pages de texte pour qu'enfin la Mère demande à son fils s'il a fait bon voyage, et que les deux frères se demandent aussi comment ils vont. On entend le commentaire à mi-course de la Mère : « Vous vivez d'une drôle de manière. » L'intrigue n'est pas autre part : dans cette institution menteuse de la Famille, dans ce racolage boiteux auquel chacun adhère tant bien que mal à l'invitation de Suzanne, mais qui disjoncte sans arrêt. Et l'essentiel pour nous est que cet actionnement du drame passe par la clarification, « instant par instant[7] », de l'énonciation.

Bilan n° 2 : Où l'on voit

a) que cette énonciation est plurielle, feuilletée, qu'elle bouge sur place ;

b) que cette agitation met à nu la véritable question dramatique qui n'est pas : « Catherine va-t-elle serrer la main de Louis ? », ni : « Louis va-t-il embrasser Catherine ? », mais : « Combien de temps cette partie va-t-elle durer ? » ou : « Les personnages apprendront-ils à se parler? » ou : « Est-ce que l'amour familial existe ? est-ce qu'il n'est pas un leurre ? et, s'il existe, est-ce qu'il est assez fort pour dissoudre les malentendus de l'enfance et les non-dits de dix années d'absence ? » « Ces êtres retisseront-ils le lien qui à la fois leur manque et leur fait si peur ? » ;

c) que le sens des mots qu'ils prononcent n'est pas à chercher dans l'énoncé, mais dans l'énonciation, non pas dans le « dit », mais dans le « dire », parce que la question dramatique n'est pas dans le « faire », mais dans l'« être », c'est-à-dire dans la disposition symbolique qui coince les êtres, malgré tous leurs efforts, dans une place et une fonction dont ils doivent, coûte que coûte, s'affranchir. Cette lutte pour la vie passe par la parole. Chaque réplique échangée est un « coup » dans une partie et donc une chance de modifier la « donne » (la disposition initiale).

Une telle perspective suppose un point de vue inverse à celui de Ionesco. Il faut croire au sens et vouloir le sauver du naufrage des apparences. Faire de ce qui est le point d'arrivée de Ionesco (le rituel social), un point de départ.

B. C. ■

7. C'est le titre du joli livre de Philippe Adrien, qui ne parle pas de Jean-Luc Lagarce, mais de Tchekhov, Brecht, Molière, Racine, Genet, Claudel et dont on ne saurait trop recommander la lecture : *Instant par instant, en classe d'interprétation*, coll. « Apprendre », Actes Sud Papiers, 1998.

Jean-Luc Lagarce **metteur en scène** : *La Cantatrice chauve*

Sa reprise dans le cadre de « L'année (...) Lagarce » et la captation qu'en a diffusée la chaîne Arte[8] montrent que la mise en scène de *La Cantatrice chauve* par Lagarce est résolument seconde. L'effet le plus radical en est l'insertion dans le spectacle, donnée le plus souvent par le personnage de la Bonne, des notes que Ionesco avait ajoutées à son texte, commentant non sans ironie les choix de la mise en scène première et canonique de Nicolas Bataille, qui perdure depuis cinquante ans au Théâtre de la Huchette.

Second, ce travail l'est aussi par les références multiples et constantes à une culture *a priori* populaire, mais sans cesse utilisée à contre-emploi : elle n'est pas celle du théâtre, mais emprunte à la télévision (par les rires enregistrés qui ponctuent arbitrairement certaines répliques), au dessin animé (avec les déplacements fantaisistes d'une lune libertaire), à la musique de thrillers *(Vertigo, Psycho)*, à la comédie musicale (le poème *Le Feu*, ici chanté par la bonne et dansé par la troupe).

Esthétique du chromo, couleurs saturées (ah le rose fuchsia des tailleurs Chanel, qui tranche avec l'orange des cravates sur le vert éclatant d'un gazon plus qu'anglais !), silhouette furtive de Sherlock Holmes, pompier rutilant comme un garde républicain au défilé du 14-Juillet, couples à la Dubout, clones clowns l'un de l'autre par l'inversion des tailles, perspective faussée qui dresse au fond du jardin la fragile façade d'une maison de poupée : la mise en scène se donne d'abord et paradoxalement comme une fête joyeuse pour les yeux. Le gag visuel prolifère, notamment dans le parti de prendre le texte au pied de la lettre et de faire un sort scénique appuyé à certains mots du texte, tels Sherlock Holmes, confesseur ou dindon. Il s'épanouit aussi dans un langage gestuel *a priori* redondant avec le propos mais qui déraille vite, comme un dialogue entre sourds qui tournerait au dialogue de sourds.

De quoi s'agit-il ? D'interroger le temps : qu'est-ce que l'absurde dans les années 1990 ? C'est le modèle des feuilletons télévisés américains, qui donne des modes de vie petit-bourgeois une stylisation beaucoup plus envahissante et insidieuse que la méthode Assimil. De retrouver une force de percussion comique, quand l'absurde verbal s'est peut-être imposé et désamorcé chez une génération qui dit « c'est mortel » pour exprimer son enthousiasme[9]. D'explorer « une machine à jouer, à faire du théâtre[10] » : on donne et développe sur scène, dans un brechtisme pour rire, les fins délirantes esquissées par Ionesco ; on dramatise le texte, pour esquisser une cohérence insoupçonnée autant qu'improbable au tissu de répliques, on suggère des secrets, on dessine des angoisses, on érotise le jeu ; on lui confère une épaisseur factice par un système de découpage, souligné par des retours au noir, comme des faux raccords, ou les effets de montage dans les films policiers (à rapprocher des points de suspension entre parenthèses de *Nous, les héros*). Mais il est peut-être un enjeu plus fort à ce travail : d'affirmer contre l'enfermement culturel et formel qui se dessine autour du théâtre de Ionesco et de Beckett avec des représentations plus ou moins labellisées, la liberté du metteur en scène, qui est la vie même du théâtre[11].

Qu'est-ce qui se déploie ici ? Dans la famille (anglaise) du *nonsense*, le décalé rejoint, explore et relaie l'absurde. Détourner les références d'une sous culture pour en faire la source intarissable de distanciation et de rire, c'est l'ériger en contre culture. Mêler Hitchcock, Tex Avery, *Amour, Gloire et Beauté* à Lewis Carroll et Conan Doyle, jouer avec l'image d'icônes dérisoires, telles que la reine d'Angleterre (qu'évoquent Mme Smith et Martin) ou la grande tenue du garde républicain, découper le texte, avec interruption et faux raccord comme l'adaptation française des sitcoms américaines, qui garde les coupes publicitaires sans la publicité, développe un art de la dérision esthétique qui joue sur la connivence et le clin d'œil. On pense au Rimbaud d'*Alchimie du verbe* : « J'aimais les peintures idiotes, décors, toiles de saltimbanques, enseignes, enluminures populaires, la littérature démodée, latin d'église, livres érotiques sans orthographe, romans de nos aïeules, contes de fées, petits livres de l'enfance, opéras vieux, refrains niais, rythmes naïfs. » Cela s'appelle le kitsch, cela évoque, sans y appartenir, la culture *camp*, en tant

8. *La Cantatrice chauve*, Arte Vidéo, captation au Théâtre de l'Athénée, accompagnée d'un remarquable appareil pédagogique.

9. Entretien avec Jean-Pierre Han, accessible sur www.theatre-contemporain.tv

10. *Ibid.*

11. *Ibid.*

La Cantatrice chauve, de Eugène Ionesco, mise en scène de Jean-Luc Lagarce. Montbéliard, Théâtre municipal, 1991. Répétitions.

qu'elle est subversion et dénaturalisation du champ social (ce que vise déjà l'écriture ionesquienne).

Dans le même temps, dans cette mise en scène qui « ouvre et qui casse », selon le mot de Jean-Pierre Han, Lagarce se confronte à la leçon d'Ionesco : « démontrer le théâtre (ou ce qu'on appelle ainsi)[12] » ; il s'attelle à injecter une matière concrète à la dramaturgie ionesquienne, qui se veut « tentatives d'un fonctionnement *à vide* du mécanisme du théâtre[13] ». Ainsi s'articulent les inventions finales : la maison s'écroule ou plutôt la façade s'abat, révélant des dispositifs d'accessoires vulgaires, tel un escabeau, et sur ces décombres d'une esthétique, les acteurs embrayent un autre jeu théâtral, et métathéâtral, en dramatisant dans un délire comique les fins imaginaires que Ionesco n'avait pas écrites.

En ce sens les choix du metteur en scène apportent un éclairage passionnant sur l'écriture de Nous, les héros, qui leur est immédiatement postérieure. Aux strates que nous évoquerons plus loin (Kafka, Molière) pour éclairer la genèse de cette dernière pièce, il faut sans doute ajouter celle-ci : interroger les propositions qu'il donne sur le découpage, les « (…) » et les intermèdes musicaux, sur l'écriture du fragment et du collage, sur les univers composites qui se confrontent, sur le risible, le rigolo et le comique, mais aussi le jeu sur un sous texte qui donne une profondeur incertaine aux éclats de la comédie.

Sur cette mise en scène, on consultera avec profit le dossier détaillé « Pièce (dé)montée », trouvable sur le site :

crdp.ac-paris.fr/do_pao/pdem_cantatrice_total.pdf

E. D.

12. Ionesco, « À propos de *La Cantatrice chauve* (journal) », *Notes et contre notes*, coll. « Folio Essais », Gallimard, p. 250.

13. *Ibid.*

Trouver le **bon cadrage**
Entretien avec Jean-Charles Mouveaux

J'ai 35 ans, Lagarce est un aîné. En mourant si jeune, on a l'impression qu'il a toujours 37-38 ans. En fait il aurait eu 50 ans, mais on n'arrive pas à le visualiser. Il y a une double temporalité, comme dans ses pièces.

Que pensez-vous de la double temporalité dans Juste la fin du monde ?

C'était la grande question du travail, et nous nous sommes demandé en premier lieu : « Où est-ce qu'on est ? » On en revient à interroger ces fameuses trois unités théâtrales, le temps, le lieu, l'action, et ce de manière constante. Les adresses, par exemple, sont très étonnantes, on ne sait pas où l'on est.

Après, bien sûr, j'imagine que chacun trouve ses solutions. Pour nous, la solution a été de maintenir le trouble : « Est-ce que ça s'est passé, est-ce que ça va arriver ? » Ce qui d'ailleurs, d'un point de vue scénique, permet d'aborder la pire angoisse du comédien : être face au public, et raconter, être le raconteur de cette histoire-là.

© L'équipe de nuit.

Affiche de *Juste la fin du monde*, de Jean-Luc Lagarce, mise en scène de Jean-Charles Mouveaux. Paris, Théâtre du Marais, 2006.

Justement, comment passez-vous du prologue à la narration ?

Souvent, il s'agit simplement de passer par des solutions techniques, visuelles. Par exemple, durant le prologue, Louis est systématiquement isolé au milieu du plateau, sous une douche de lumière. Puis, plus on avance dans la pièce, plus ses interventions stoppent l'action de la pièce ; les comédiens sont là, en mouvement, puis s'arrêtent, comme si Louis, de lui-même, décidait de faire une pause, et de dire : « Là où on en est, voilà où moi j'en suis de mon histoire et de leur histoire. » Au fil de la pièce, cette douche disparaît, et on finit sur un dernier tableau où tout le monde est en arrêt, éclairé, avec lui qui explique : « Ce que j'aurais voulu faire, c'est pousser un grand cri. »

Au début, en l'isolant de la famille, on a choisi de présenter Louis en grand décideur, qui pense la manière de représenter son histoire. J'aime beaucoup cette idée d'interroger le théâtre dans le temps de la représentation, et je pense que c'est induit dans l'écriture de Lagarce. Et sans déconsidérer Lagarce, j'aime ce côté vertigineux, ces moments avec des effets de réel où l'on assume la représentation, et où l'on s'en dit conscient. *Juste la fin du monde* passait par ça, selon moi.

C'est d'ailleurs pour cette raison que je n'ai voulu sur le plateau que cinq chaises, qui forment une sorte de ballet tout au long de la pièce, et qui organisent l'espace. Le naturalisme, le réalisme me paraissaient très compliqués chez Lagarce. Notre plateau est donc vide, noir ; seules les cinq chaises sont datées, et renvoient à l'âge de Lagarce, à son enfance, c'est-à-dire les années 50-60. On est chacun chez soi, en fin de compte. Qui ne se retrouve pas dans l'action pure, le non-dit, l'évitement, la disparition à soi, aux autres ? J'avais envie que tout le monde puisse monter ses propres cloisons, sa propre déco. Et d'ailleurs, les retours sont allés dans ce sens. Il y a eu une projection du public, qui a raccroché sa propre histoire à celle-ci. Comme si on mettait un écran blanc, et qu'ensuite les spectateurs montaient leur propre tapisserie.

J'en reviens à Louis qui est à la fois enfermé et distributeur, régisseur... Comment avez-vous abordé les parties dramatiques, quand il dialogue : il reste enfermé dans cette douche ?

Non, car d'un seul coup on ouvre le plateau dans la lumière et l'action continue – ou démarre. Tout le monde est en place, tout le monde est là, et du moment que le plateau est ouvert, personne ne sort : on est prisonnier de cette histoire, prisonnier du plateau, du théâtre, prisonnier de cet espace de représentation.

Il y a quelque chose qui est davantage de l'ordre du sentiment, ou du ressentiment : l'idée de l'éternelle représentation, de l'éternel recommencement des choses. En tant qu'acteur, j'ai vraiment l'impression qu'on interroge cela, jouer tous les soirs le même texte et tous les soirs faire entendre la vérité du texte. Antoine n'arrête pas de le dire : « La représentation que tu donnes. »

Pour la seule sortie de scène de *Juste la fin du monde*, on a vidé le plateau totalement et il y a une chanson d'Aznavour qui part pendant trois minutes. Tout le monde revient sur cette chanson et danse, comme ça peut se faire dans les familles. J'ai ce souvenir d'enfance, où, à 15 heures le dimanche, on envoyait un peu de musique et ça montait. Nous avons choisi *Je t'attends* d'Aznavour, cette chanson permettait de raconter physiquement toute l'histoire de *Juste la fin du monde*.

Et quelle est l'histoire de *Juste la fin du monde* pour vous ?

Celle de toutes les solitudes au milieu des autres. De notre incapacité à dire et de notre énorme capacité à garder.

Je reviens sur la parole, et en particulier sur l'adresse, la phrase de Lagarce, cette voix qu'il fait entendre : y a-t-il un travail spécifique pour dire Lagarce ?

Il y a quelque chose d'induit chez Lagarce, qui est de l'ordre du rythme, il faut juste s'y atteler une première fois, en le lisant à voix haute (le théâtre se lit à voix haute...). Mais très vite on se rend compte que c'est une parole ordinaire, assez triviale. Il rajoute simplement cette absence, très particulière, de la pensée. Pour moi, il n'y a pas de temps de silence chez Lagarce. En effet, toute la pensée est exprimée, tout est écrit comme logorrhée, pour chercher, pour comprendre et les autres et soi-même, comprendre ce que l'on vit. Il y a cette urgence de s'exprimer.

© L'équipe de nuit.

Juste la fin du monde, de Jean-Luc Lagarce, mise en scène de Jean-Charles Mouveaux. Paris, Théâtre du Marais, 2006.

Concrètement, si on travaille avec des acteurs qui sont dans la parole – un acteur est un expert de la parole – ça passe dans tout ce qu'il y a de plus technique, dans l'articulation, le sens du rythme, de la rupture... Il faut être là, être en bouche. Sur *Juste la fin du monde* on se posait et on parlait ; on n'a pas mis une situation précise, concrète : on se plante devant les gens et on parle. Comme je l'ai déjà dit, j'aime beaucoup le face public.

Jean-Luc Lagarce disait : « Assumer le face, c'est dire le monde devant témoin. » Le comédien doit affleurer derrière le personnage pour sortir, revenir et raconter, assumer de raconter quelque chose, d'être là et de dire le monde devant témoin. [...]

Pour revenir à cette question du jeu de face, dans les grandes scènes comme celles de Suzanne, d'Antoine ou de la mère, comment se développait l'adresse ?

Pour tous les autres personnages autres que Louis, l'adresse se fait concrètement des uns aux autres. Même pour les longues répliques (seul Louis a des monologues dans *Juste la fin du monde*...). Par exemple, pour la longue scène avec la mère, Louis était assis à l'avant-centre de la scène, face public, et la mère avançait vers lui en diagonale du lointain. Elle lui parlait, mais lui était de dos. Est-ce que ce que dit la mère est vraiment dit ? Est-ce que c'est ce qu'il aurait aimé ou craint d'entendre ? On ne sait pas.

Le seul véritable échange de la pièce (au sens classique, dialoguer) a lieu durant la scène de la gare où Louis tente vainement de communiquer avec

Antoine. Antoine est la seule personne à qui il essaie de dire qu'il est en train de mourir. Au moment où il va s'exprimer, il finit par abandonner, d'où l'agressivité d'Antoine. C'est un moment de bonheur pour les deux acteurs, car on est vraiment dans la parole, dans l'incapacité de formuler, l'incompréhension de l'autre. Et Antoine s'énerve tout seul, est complètement perdu, en défense.

Chaque fois que Louis intervient seul, il parle au public. Par exemple, dans ce long monologue où il dit « Au début ce que l'on croit c'est qu'on va mourir seul...», qui débute à la fin de la chanson de Charles Aznavour, tout le monde est immobile, réparti sur la scène et l'acteur qui joue Louis donne tout son monologue déambulant autour d'eux sur le plateau : il leur parle et nous parle. Puis tout reprend, tout redémarre.

© L'équipe de nuit.

Juste la fin du monde, de Jean-Luc Lagarce, mise en scène de Jean-Charles Mouveaux. Paris, Théâtre du Marais, 2006.

Et l'intermède ? Comment le comprenez-vous ? Quelle place lui voyez-vous dans la pièce ?

On en a fait une espèce de grande panique, de course. C'est un moment de bascule dans la pièce. Je suis passé par quelque chose de très concret : j'ai imaginé une sorte de coupure de courant sur le plateau, d'un seul coup on ne se voit plus, et on va chercher des lampes-torches. Toute la scène se passe avec les entrées et sorties, agrémentées de grands faisceaux lumineux. Les gens se cherchent, et un jeu s'installe entre Suzanne et Antoine, ils redeviennent des enfants et se cachent quand des personnes arrivent. Tout se passe sous le regard de Louis, il est là, sur le plateau, on le sait. À certains moments, Louis arrive dans le faisceau lumineux, tout se fige et il parle, notamment de cette chanson qu'il fredonnait pour avoir moins peur quand il était perdu. Et ensuite on redémarre, Louis se retire des lumières mais il est toujours là.

Les scènes sont courtes, on sent l'urgence, elle devient très concrète. Avec les lampes-torches, la mère, Catherine, Suzanne et Antoine éclairent le théâtre : ils allument les projecteurs, les montrent, ils balayent la salle.

C'est Louis qui décide de la reprise de la pièce ; il tape dans ses mains pour rallumer le plateau, ce qui permet de passer à la deuxième partie de la pièce. Il ne cesse de faire ça, il s'extrait de la scène en regardant le public, puis il y revient.

Que dire de la place du silence, du non-dit dans la pièce ? Cette place existe-t-elle pour vous ?

On parle bruyamment du silence. Il y a des silences dans la scène de l'après-midi, juste avant la grande dispute et c'est assez étrange à faire. Tous les cinq sont assis sur des chaises, très près du public, comme écrasés par le soleil, et il y a un temps de 10 secondes, une phrase, puis encore 15 secondes de silence, une seconde phrase, et ainsi de suite. C'était le seul moment de silence. En dehors de ça tout doit aller très vite. Pour ce qui est du non-dit à proprement parler, il suffit simplement de s'appuyer sur le texte. Je n'ai jamais vu de pièce qui parle aussi bien de cette impossibilité de dire, par manque de confiance, par peur de la perte des autres et de soi-même. Bien sûr, on pourrait tenter de laisser des temps de silence, mais comme chaque phrase est un couperet...

Est-ce qu'il y a de l'humour pour vous dans cette pièce ?

C'est furieusement drôle. C'est un humour grinçant, il ne faut surtout pas passer à côté. Lagarce était furieusement drôle, rageur et ravageur comme on peut le remarquer dans certains extraits de son journal. Mais on ne sent pas une méchanceté pure, il y a un côté un peu désespéré sur la fin ; on en rit. Il a une réelle conscience de la lecture de ses textes après sa mort, c'est très troublant et drôle.

Dans *Juste la fin du monde*, c'est induit aussi. Quand Catherine parle à Louis, la seule chose qu'il trouve à lui dire c'est la corriger sur un accord de mode. Il faut s'acharner à ce que ce passage fasse rire : il faut prendre en charge cette remarque, la faire entendre. L'humour se trouve dans la cruauté, quand on rit on montre les dents, c'est assez carnassier. Et physiquement, on ne sait pas si on doit rire ou pleurer. On se retrouve avec les mêmes émotions que celles qui surgissent à la lecture. Nous aussi nous avons eu parfois envie de pleurer, j'ai eu du mal à terminer le monologue d'Antoine à la fin. Oui, il y a énormément d'humour, un humour cruel, ravageur, et puis parfois très simple aussi.

J'ai souvent entendu dire que Lagarce est un auteur « sérieux »... Oui, évidemment c'est un auteur sérieux dans la mesure où quelque chose s'est construit au fil des écritures, quelque chose s'est forgé, s'est concrétisé, il a fallu gérer avec lui-même. Sérieux aussi car, quand il commence à écrire, il est dans le constat d'un théâtre, entre Beckett, Ionesco ; il a une culture immense du théâtre. Mais ce n'est pas une raison pour passer à côté de ce que nous avons sous les yeux. Il y a de la joie dans *Juste la fin du monde*, un joli regard sur nos existences, quelque chose de profondément optimiste ; il y a cette envie de résoudre un problème, d'avoir une démarche et de prendre la parole.

Comment entendez-vous le cri final que Louis ne dit pas, se contentant de l'évoquer ?

C'est la résolution de l'œuvre de Lagarce, tout se trouve là ; toute l'écriture de Lagarce se trouve dans l'épilogue de *Juste la fin du monde*. C'est cette impossibilité de dire au monde et d'exprimer qui implique la nécessité d'écrire.

Hypothèse : cette impossibilité renverrait à un tabou qui est celui de l'homosexualité...

Peut-être est-ce aussi l'impossibilité de dire sa maladie ? Cependant à l'époque cela était très lié à l'homosexualité. C'est sûrement de cela aussi que parle ce dernier cri dans l'épilogue.

À ce titre, le choix qu'a fait le comédien qui joue Louis est très intéressant : il a décidé de prendre une inspiration et de faire quelque chose de totalement sourd pendant vingt secondes, on voit juste quelqu'un qui essaie, qui est en rupture. C'est une image sur laquelle on se bloque : c'est effrayant, une image cauchemardesque où l'on cherche à hurler sans le pouvoir (comme *Le Cri* de Munch).

L'œuvre de Lagarce est complètement dans cette scène, dans ce cri impossible, tout comme dans *Retour à la citadelle* d'ailleurs. Ces gens ont envie de hurler, mais ils vont prendre des chemins plus conventionnels, ils vont expliquer ce qu'ils aimeraient, mais à demi-mot, avec beaucoup de peine, de maladresse, de souffrance en fait.

Vous avez évoqué Thomas Bernhardt, et son lien avec Lagarce...

Il y a quelque chose de lié, qui saute aux yeux : la rythmique. On est dans une écriture où les choses se répètent, ce qui est très proche de Lagarce. Mais il y a un côté plus obsessionnel chez Bernhardt, qui, par exemple dans un texte où il fait le choix d'arrêter le collège et de rentrer comme apprenti dans un magasin, et donc pour lui d'aller dans le sens opposé, répète ces termes : « aller dans le sens opposé » quarante ou cinquante fois en deux pages. Il est plus obsessionnel sur la psychologie des choses, sur un état. Pour Lagarce ce qui fait la rythmique c'est la grammaire, l'accord. Et cela permet de raconter autant de choses. Lagarce a beaucoup lu et aimé Thomas Bernhardt. Il aurait d'ailleurs sans doute monté un Thomas Bernhardt, on peut l'imaginer. [...]

Juste la fin du monde, de Jean-Luc Lagarce, mise en scène de Jean-Charles Mouveaux. Paris, Théâtre du Marais, 2006.

Si vous aviez un groupe de lycéens en option théâtre, comment choisiriez-vous de les faire travailler pour aborder *Juste la fin du monde* ?

J'imagine les remarques des lycéens, qui seraient de l'ordre de « on n'arrive pas à lire, c'est trop compliqué, on n'y arrive pas ». La première chose que je ferais – avec je crois une réussite à 95 % – ce serait de faire lire le texte à voix haute. Je commencerais à travailler Lagarce comme ça. Je n'aime pas beaucoup travailler à la table. J'aime bien l'idée de monter sur le plateau texte en main, « d'y aller », de l'entendre comme ça, debout. Il faut lire le théâtre à voix haute, pour tous les auteurs. À la limite, je leur demanderai même de ne pas le lire avant notre première rencontre. Et on commencerait comme ça : à le dire.

Vous donnez des repères, des références aux comédiens que vous dirigez ? Vous évoquez des images, des films, des personnages ?
Il y a quelque chose à laquelle j'ai beaucoup pensé : c'est une série télé américaine qui s'appelle *Six Feet Under*. C'est quelque chose qui est souvent revenu dans ma tête, pas tant dans la manière de diriger les acteurs, mais plus dans une approche du rythme et du visuel. Je faisais du cinéma avant de faire du théâtre, j'y ai travaillé pendant dix ans. Je sens que j'ai des obsessions de composition, de cadre. Je travaillais dans le dessin animé, et en tant que dessinateur on a 24 images dans une seconde, mais ces 24 images doivent être composées, au risque sinon de tout rater. Et j'ai un peu la réminiscence de cette pratique sur scène, cette notion de l'équilibre, un équilibre personnel bien sûr...

Vous faites des story-boards pour vos mises en scène ?
Oui. Il y a certaines séquences délicates que je storyboarde. C'est de l'ordre du cadrage mental. Quand je suis sur le plateau, je sens quand la scène tangue, quand l'image n'est pas bien construite. [...]
Vous aviez parlé d'une musique liminaire ?
Liminaire en cela qu'elle se situe avant que l'action ne démarre, qu'elle est assez longue et raconte déjà quelque chose qui est de l'ordre de l'acte manqué. Cette introduction musicale fait partie intégrante du spectacle : les comédiens sont sur des chaises, en attente de jouer. Parfois ils se lèvent, croyant commencer, sauf Louis, qui, lui, reste assis. Et à la fin, alors que tous sont découragés et ne se lèvent plus, Louis se lève, et c'est lui qui commence la pièce. C'est une musique originale de Jean-Pierre Cohen, avec qui je travaille souvent. ■

« Eux, les héros »
Entretien avec Guillaume Vincent

C'est une pièce que je connais depuis dix ans. Et depuis dix ans, je ne sais pas pourquoi, je pensais tout le temps à ce texte-là. Et notamment dans la réalité du métier. En dix ans de parcours, j'ai passé la serpillière à Avignon, suis rentré au TNS, ai été assistant dans un opéra, ai dirigé moi-même des pièces de théâtre... J'ai l'impression d'avoir vécu toutes les strates, toute la hiérarchie du théâtre, sous tous les angles différents, et cette pièce me revenait sans cesse en mémoire. Notamment aussi pendant le combat des intermittents à Avignon, je trouvais que la pièce de Lagarce contenait beaucoup du théâtre, à la fois politiquement, avec cette histoire d'intermittents et beaucoup de ce qu'est la réalité du théâtre, je trouvais qu'il arrivait à saisir une chose très forte. Après, je trouve que c'est une pièce quand même particulière par rapport à l'œuvre de Lagarce : 70 % du texte vient de Kafka, ce qui en fait une œuvre hybride. On retrouve bien sûr quelques grands monologues écrits « à la Lagarce », avec les obsessions de sa langue. Du coup, c'est peut-être ce qui nous a « autorisés » à en faire un montage, à couper, réagencer des choses, parce ce qu'il y avait une matière que je trouvais hybride au départ.
On ressent beaucoup dans *Nous, les héros*, le sublime qui côtoie le vulgaire sans arrêt. Et je trouve effectivement que dans le théâtre on est sans arrêt dans le constat du sublime qui côtoie le vulgaire... C'est ce que dit Mme Tschissik dans la pièce : on aspire au sublime mais est-ce que l'on peut y aspirer vraiment quand on joue dans des conditions pareilles, quand tout vous fait dire l'inverse ? [...]
Mon projet de départ en montant la pièce était de prendre neuf comédiens qui soient entièrement différents, qui viennent de milieux différents, qui aient des codes de jeux différents, etc. Et rien que dans la démarche d'aller voir, un magicien par exemple, un travesti, des gens avec qui j'avais été en contact, on se rend compte, à la fois des points communs qu'il peut y avoir, puisqu'on fait des choses devant des gens et en même temps de tous les chemins qu'on a pris qui font qu'on ne fait pas tout à fait la même chose. La recherche en amont de gens potentiels pour ce spectacle était assez passionnante, parce que j'avais contacté un travesti de chez Michou, un magicien... Et j'apprenais du coup aussi comment ils étaient payés, combien ils gagnaient, mais aussi comment ils en étaient arrivés là, comment ils étaient rentrés dans ces milieux, du spectacle mais qui sont très différents du milieu du théâtre public. J'avais aussi essayé de contacter une actrice de boulevard, des choses comme ça. Avec toute la recherche en

© Élisabeth Carecchio.

Nous, les héros, de Jean-Luc Lagarce, mise en scène de Guillaume Vincent, Théâtre national de Strasbourg, 2006.

amont, j'avais vraiment envie que tous ces gens différents puissent à la fois rendre compte de leur pratique, de leur métier...

... de leur diversité...

... et essayer de maintenir ces différences-là sans les écraser par une mise en scène etc. Pour le reste de l'équipe ça a été un peu difficile, je parle de la lumière, de la scénographie etc., parce que je leur disais : « Non, on ne va partir avec rien, on va improviser avec les acteurs, on va voir ce qu'ils nous proposent. Je ne veux pas qu'on écrase les choses par une esthétique. » Je voulais quelque chose qui soit un peu improbable. Bon finalement, après on a été obligés, on s'est mis à construire un décor. L'utopie du projet, je pourrais vous en parler, le projet en lui-même aussi, mais la réalité m'a fait dévier quelque peu du projet initial. [...]

Au début, quand on répète, en général au théâtre les gens se connaissent un peu, savent avec qui ils ont travaillé. Là il y avait tout un temps d'appréhension, de « Ah mais tu as travaillé avec qui ? », « Ah bon tu as fait ça ? », etc. Ça devait déborder un peu par ailleurs. Du coup, j'avais interviewé chaque acteur et on avait retranscrit tout. Et après pendant une des scènes du repas, on avait inclus ces paroles, chaque jour c'était différent, il y avait des fois trois ou quatre personnes qui parlaient en leur nom avec des chose qu'ils avaient dites sur le métier de comédien.

En frontal ?

En fait ça se passait de manière telle que le public ne se rendait pas compte forcément à la première intervention personnelle qu'on quittait le texte de Lagarce. En même temps c'était quand même assez visible, parce que c'est quand même assez différent une langue parlée et une langue écrite. C'était un moment assez particulier dans le spectacle qui durait cinq, six minutes, et on retrouvait ça aussi à la fin. Lorsque ça commençait, ils avaient tous leur costume, puis un costume de mariage et après je leur disais : « Vous arrivez comme vous êtes venus au théâtre. »

Ils avaient trois costumes dans le spectacle ?

Voilà, il y avait le costume dans lequel ils sortaient, le costume du « mariage », d'ailleurs c'étaient des fiançailles. C'étaient des propositions, la plupart des costumes de mariage étaient des costumes à eux aussi, sauf pour le fiancé et la fiancée, et ensuite c'était le costume dans lequel ils vivaient et dans lequel ils étaient arrivés au théâtre.

Nous, les héros, de Jean-Luc Lagarce, mise en scène de Guillaume Vincent, Théâtre national de Strasbourg, 2006.

Ça a un côté « poupées russes » !

C'était comme ça, un peu l'oignon qui se dépèce. J'avais eu envie de ça aussi parce que Lagarce avait écrit pour des comédiens. Et moi j'avais envie d'écrire, enfin de faire ce spectacle pour ces comédiens-là. C'est-à-dire que si ça avait été un autre acteur, il n'aurait pas eu le même costume, du coup tout aurait été vraiment différent en fait.

Du fait sur mesure…

Voilà. Donc c'est vrai que c'était un peu improbable, ça jouait beaucoup sur une ambiance flottante… Des fois, quand ça marchait, j'étais content du spectacle, des fois ça pouvait être un peu moins percutant.

C'est quoi la différence entre quand ça marche et quand ça ne marche pas ?

Difficile à expliquer… Je pense que c'est pour ça qu'on fait du théâtre. On n'est jamais à l'abri ni du sublime… ni du pathétique *[rires]*. […]

Vous avez travaillé combien de temps ?

Au départ, le temps de répétition devait être très long mais comme on a eu du mal à trouver des coproducteurs, etc., on a répété très peu pour ce genre de spectacle, un mois et demi. Ce qui est bien c'est que l'on a répété en deux temps. D'abord dix jours, puis un mois. J'avais besoin d'avoir dix jours avec eux, pour savoir comment on va les appréhender etc. Et puis pouvoir réfléchir en fonction des propositions. La proposition d'espace s'est faite avec une improvisation, d'ailleurs, au début. Au début, il n'y avait pas du tout d'espace. Je leur disais : « Faites ce que vous voulez, installez votre loge là où vous en avez envie. »

L'idée c'était des loges, quand même ?

Oui, bien sûr, l'idée c'était des loges.

Et après alors, la dimension scénographique, comment est-ce que vous l'avez décidée ?

Justement, les photos ne sont pas très belles, parce que c'était complètement improbable. Les comédiens, en répétant, voulaient un espace exigu, parce qu'il en était question dans la pièce, donc on s'est dit : « Tiens, on va mettre une table, on va rapprocher la table le plus possible pour faire une travée. » Au début on ne savait pas, ça marchait assez peu, et puis finalement on a gardé ça. Au début, je ne voulais absolument rien fabriquer, que ce ne soit uniquement que de la récup'. Et finalement, on a fabriqué cette table. Et on a voulu un décor qui ne soit pas trop recherché…, on ne voulait pas faire un spectacle esthétique, c'est-à-dire que je ne voulais pas un travail dont on puisse dire : « Ah la lumière, ou la scéno, est belle. » Je voulais, au contraire, que ce soit plutôt moche, pour qu'il n'y ait que les acteurs qui soient mis en valeur. Et il y a eu juste cette chose qui est plus criante dans une « esthétique », au fond, une immense photo des comédiens, sur un fond blanc. Pour dire que vraiment, le décor c'est eux, ce n'est que d'eux dont il s'agit.

C'est « Eux, les héros »…

Voilà. Justement, je voulais replacer l'idée que le comédien soit au centre, en posant cette photo, en interrogeant aussi sur la notion du titre de la pièce *Nous, les héros*, qui paraissait un peu mystérieux... Qu'est-ce que c'est qu'être un héros, après la publicité émouvante de l'héroïsme comme Nike, etc. ? Disons que c'était plutôt une question qu'une réponse, ce décor. Il y avait l'idée de les mettre au centre, et donc que ce soit eux le décor. Du coup il y avait une photo presque anthropologique, puisqu'ils sont photographiés de manière la plus neutre possible...

Vous avez supprimé le motif de la guerre ?

Oui. C'est une décision qui a été prise avec la dramaturge. Cette histoire de la guerre, c'était une chose que je n'aimais pas forcément chez Lagarce, c'est le côté qu'on peut lui reprocher, un peu sentimental, même si voilà, c'est quand même un beau passage. On avait donc décidé de couper la guerre, parce que l'on était assez mal à l'aise avec, d'un côté chez Kafka la guerre qui semble poindre un peu, soit celle de 1870, soit celle qui va arriver, de 1914. Et pour nous, là il y a quand même un jeu de références avec Nuremberg, etc., à la guerre de 45. Et ce côté un peu, ce gros paquet, « la guerre », comme une sorte d'abstraction assez « facile » de « c'est la guerre, alors tout de suite il y a une émotion qui se dégage parce que c'est la guerre »... On a voulu saper ça.

Pour aller plus vers l'ordinaire encore.

Oui, pour être dans une chose où il n'y a pas la guerre.

Et Max alors ?

Max va à la guerre, mais du coup ça reste très énigmatique. Ce choix dramaturgique a été assez discuté avec François Berreur qui nous a permis de jouer cette version-là mais nous a bien fait savoir qu'il n'était pas d'accord avec notre option. D'autant qu'on avait fait un autre remaniement dramaturgique, c'était de mettre la scène « des intermittents » au début du spectacle.

La scène de l'avenir de Monsieur Tschissik, les « assurances obligatoires »...

On a commencé le spectacle par cette scène-là. Comme si les autres attendaient la sortie de scène des autres...

... ah oui, en s'engueulant...

... et hop ! les autres arrivaient.

Pourquoi ?

Le début normal est très très très difficile.

Ah oui, « belle acoustique de la salle », ouf...

« Impossible », même. C'est vraiment une difficulté. Après, peut-être effectivement c'était un manque, on s'est dit : « c'est difficile donc on ne le fait pas », bon ce n'est pas une bonne raison.

Pourquoi est-ce difficile, ça démarre trop faible non ?

Je ne saurais pas l'expliquer mais en tous cas, quand on le lit, ça peut marcher mais théâtralement c'est

© Élisabeth Carecchio.

Nous, les héros, de Jean-Luc Lagarce, mise en scène de Guillaume Vincent, Théâtre national de Strasbourg, 2006.

difficile. Et je sais que quand on l'avait joué en amateur à la fac, ce début était très périlleux. Quand j'ai vu le spectacle d'Olivier Py je ne savais pas s'il avait réussi à faire quelque chose de ce début mais il me semble que c'était aussi un peu difficile, ce « belle-acoustique-de-la-salle » justement. Mais ce n'était pas la raison première pour laquelle on l'a changé. Je trouvais que c'était important que tout d'un coup ça commence par « l'assurance obligatoire », ça peut être quelque chose de très contemporain par rapport aussi à la réalité du métier, de commencer dans la réalité pécuniaire de l'affaire, du théâtre. [...]

Le motif de la guerre nous mettait assez mal à l'aise. Avec François Berreur, on est restés en désaccord sur ce point-là. Après, c'était assez drôle, parce que quand on a entendu quelques extraits de son *Journal*, on a vu que Lagarce avait un peu peur du côté un peu ringard et un peu vieillot de la pièce, il se dit : « Mais est-ce que c'est pas un peu ringard ? »

Et le côté ringard, à quoi tient-il ?

Pas ringard, c'est peut-être un peu fort, disons désuet.

Il tient certainement à d'autres choses que la présence de la guerre ?

Oui, il tient sans doute à cet emprunt à Kafka et à l'amour de Lagarce pour les « lampions de théâtre », les accordéons et tout ça, qui est une esthétique que moi j'aime bien mais qui n'est pas forcément la mienne. Le côté sentimental me touche comme tout-un-chacun mais je n'avais pas envie de négocier avec le sentimental. Et je trouve d'ailleurs que dans les pièces de Lagarce que j'ai vues, quand les comédiens sont trop empreints d'une chose sentimentaliste ça aplatit vraiment le texte, ça en fait quelque chose de moins intéressant. Je me souviens de ce qu'avait fait Catherine Hiegel dans *J'étais dans ma maison et j'attendais que la pluie vienne*, mise en scène par Joël Jouanneau, elle prenait le texte avec une espèce de concret, qui n'était pas du tout de l'ordre de « je suis en train de dire un beau texte et c'est beau ce que je dis », mais tout était très concret. Et je crois que quand j'ai vu Hiegel j'ai compris à quel point ça pouvait être bien Lagarce. Mais c'est sur un fil parce que l'on peut très vite sombrer dans quelque chose de plus éthéré, de plus « je dis un beau texte, et les mots que je dis sont beaux, et c'est bien écrit ». [...]

J'avais eu la chance de voir aussi Herbstmeyer qui avait joué dans les mises en scène de Lagarce et qui permet aussi de comprendre un certain nombre de choses sur, justement, des choses dont on pourrait dire « ou elle joue très vite les choses ou il y a quelque chose de plus dynamique ». Si la pensée chez Lagarce semble passer parfois par des circonvolutions, « s'embourber », en tous cas comme a pu le jouer Herbstmeyer on n'a pas ce sentiment d'« embourbement », on a plutôt le sentiment d'une dynamique de la parole, pas d'une chose qui vous tire vers le bas ou vers des cieux abstraits.

Comment traite-t-on les points de suspension, ces respirations qui font le découpage ? Parce qu'il y a peu de découpage, il y a les intermèdes musicaux.

Ce que Py avait fait qui était assez « malin », c'est que sa scénographie, c'était un grand cube sur trois étages qui tournait, donc le banquet pouvait se passer en bas et il y avait une scène qui pouvait se passer en haut. Il y avait trois niveaux de jeu, plus tout le tour ce qui faisait cinq six espaces de jeu simultanés. Ce que nous, on n'avait pas puisque l'on a voulu travailler en plateau nu. Donc au départ, on a un peu joué avec un certain système de « on resserre sur deux personnages en lumière », les espaces de jeux existent mais de manière beaucoup plus...

... relative ?

Voilà, à l'extérieur. Il y avait une espèce de jeu comme ça. Et c'est vrai que cette problématique de l'espace, de « où ils sont », etc., quand on répète une scène seule, on ne la voit pas, mais quand on doit traiter de ce qu'il y a avant, ce qu'il y a après la scène, dans l'ensemble, là on est vraiment à des questions de mise en scène assez complexes. Ce repas, par exemple, je pense que Lagarce n'a pas voulu faire un repas réaliste, par ce séquençage, et nous en avons fait un repas très réaliste. Je ne sais pas si Lagarce n'aurait pas renié ce spectacle mais bon. [...]

Moi j'avais envie d'un vrai repas, avec des vrais verres, de la vraie vaisselle, de la vraie bouffe, etc. Py, il y avait peut-être des choses, je crois qu'ils grignotaient, il y avait à boire. Mais jamais je ne l'ai vu avec un vrai repas. Finalement, mon travail de mise en scène sur le repas était assez classique dans la mesure où j'ai voulu faire un vrai repas. Mais toutes les choses que j'ai pu voir ce n'était pas du tout un vrai repas.

C'est une question qui est traitée dans la pièce même, à un moment le grand-père dit : « C'est vrai quand même, la scène du divan sans divan... » Est-ce que l'on peut faire la scène du divan sans divan ?

Je ne sais pas, cette histoire de repas peut être, je pense, beaucoup plus abstraite.

Et pour la musique, vous avez fait comment ?

© Élisabeth Carecchio.

Nous, les héros, de Jean-Luc Lagarce, mise en scène de Guillaume Vincent, Théâtre national de Strasbourg, 2006.

Il n'y avait pas de musique, c'était assez rêche comme spectacle.

Est-ce que l'on peut dire que les interventions de comédiens, qui tenaient leur propre propos dans les représentations, insérées dans le spectacle, sont ce par quoi vous avez remplacé les intermèdes musicaux ?

Non, en fait elles existaient juste à deux moments, au moment du repas et à la fin. Au départ on voulait faire un projet beaucoup moins classique, c'est-à-dire qu'on voulait mêler les deux choses, les imbriquer beaucoup plus, et puis finalement c'était un peu violent de faire ça, on a préféré que ça existe de manière improbable, un peu comme deux bulles, de ne pas marquer la chose, faire trop volontariste.

Vous avez fait d'autres modifications structurelles, le déplacement de la scène de Tschissik, supprimé le personnage de Mademoiselle aussi ?

Mademoiselle, on l'a supprimée pour des raisons financières.

Mais pour la fin alors, comment ça se finissait ?

C'est mieux pour la fin, parce que dans la version avec le père, c'est le père qui congédie la mère, c'est donc sous-tendu d'une « histoire d'amour ». Alors que quand c'est Mademoiselle c'est beaucoup moins fort je trouve, il y a vraiment une perdition sur cette version-là. Là c'était joué par le grand-père et du coup je trouve que ça se racontait mieux peut-être avec le grand-père, aussi parce qu'il avait eu beaucoup du texte de Mademoiselle. C'était la scène de la fin, sauf qu'elle était dite par le grand-père et la mère.

Et le grand-père congédiait la mère ?

La mère congédiait le grand-père.

Ouh là... Il n'y avait pas de père non plus dans votre version ?

Non, non.

Version sans père et sans mademoiselle...

Version sans père et sans mademoiselle et sans la guerre. [...] *Sulamith* aussi, on l'a entièrement coupé. Pourtant ça marche très, très bien d'un point de vue théâtral, à chaque fois que je l'ai vu représenté ça a très bien marché. C'est vrai que sans la guerre, sans *Sulamith*, etc., il y avait quelque chose de très différent. Effectivement, le passage de Karl a été écrit pour Py, qui a des aspirations esthétiques à écrire une pièce. C'est assez incongru dans la pièce d'ailleurs, le personnage est sans arrêt dans la démission et puis hop, tout d'un coup, il a écrit une pièce. Et de l'avoir supprimé, ça donnait un caractère beaucoup plus... pas nihiliste, mais on se disait qu'il n'avait pas sa porte de sortie, sa fenêtre n'était pas visible.

« Comment est-ce qu'on dit ? / elliptiques »

Le retour du refoulé

(...)

Juste la fin du monde
Entretien avec Joël Jouanneau

Drame bourgeois et pièce frappadingue
Entretien avec Olivier Py

Une **dramaturgie** de l'**ellipse**

« **Comment** est-ce qu'on dit ? / **elliptiques** »

Si l'écriture du dialogue procède chez Lagarce par expansion, par nappage de couches superposées, par recherche sans frein du propos juste, du « ça, exactement ça », il n'est peut-être pas tout à fait paradoxal d'y voir dans le même temps une dramaturgie de l'ellipse, particulièrement sensible dans *Juste la fin du monde*.

Une parole trouée

L'ellipse est d'abord un fait de langue. En vertu du principe d'écriture mimétique du dialogue, elle semble prospérer naturellement, dans des tournures usuelles qui n'y perdent rien de leur intelligibilité et n'attirent pas l'attention : on ne se demande généralement pas « quel air ? » quand on entend l'expression : « Elle veut avoir l'air. » Sur ce terreau mimétique, qu'analyse Larthomas dans sa somme sur *Le Langage théâtral*, fleurissent toutefois des singularités. Une tendance notamment à l'aphérèse (par analogie avec ce mécanisme linguistique qui consiste à supprimer les premiers éléments d'un mot : bus pour autobus, steak, Colas ou Ricain) : « toujours été ainsi » (p. 27, 41, 58, 61), « toujours été comme ça » (p. 12, 51), « pas toujours comme ça » (p. 56), où il faut indifféremment rétablir « ça a, tu as, il ou elle a ». « Là que ça commence » (p. 19) ; ou encore « Vous me retrouvez toujours / Jamais perdu bien longtemps / n'ai pas le souvenir » (p. 60). Un mécanisme analogue de la langue parlée se trouve dans la phrase nominale : « Petit sourire. Juste "ces deux ou trois mots" ? » (p. 40). Plus surprenantes, parce que moins banales, et accrochant par là davantage l'attention (et la diction !), des suppressions d'éléments de sens. Ainsi sur le modèle commun « Comment veux-tu ? Tu sais très bien » (p. 9), qui semble servir de paradigme, et que reprend la tournure analogue « Ne commence pas » (p. 40), se développent des variations : « Moi ? Tu demandes ? / J'ai trente-quatre ans » (p. 40), « Tu me parles comme ça, / jamais je ne t'ai entendue » (p. 41), « Moi ? C'est de moi ? / Je suis désagréable ? » (p. 64). On peut citer aussi l'ellipse syntaxique, sous forme d'asyndète : « Tu me touches : je te tue » (p. 66).

Évidemment le procédé participe à la construction des personnages : on pourra remarquer à cet égard qu'il n'est pas utilisé de la même façon dans *Nous, les héros*. La première observation est qu'il contribue à établir la communauté familiale : tous en font usage, sauf la pièce rapportée, Catherine, et celui qui s'en est détaché, Louis, et la communication ne semble pas en souffrir. Dans une certaine mesure on parle la même langue, et on en partage les tics, en un idiolecte ; dans une certaine mesure (bien limitée !), on s'entend, on s'entend à demi-mot. Ainsi Louis peut-il répondre à l'ellipse de sa mère par une autre ellipse en bouclage, dans une relation de connivence : « Non. Juste le petit sourire » (p. 40). À cette caractéristique peut se combiner un autre trait plus pertinent peut-être, mais qui s'appuie sur elle : il opère, lui, non sur la langue mais sur le lexique, sur le choix des mots. On entend ainsi des propos lourds d'implicite. Une formule comme celle de la Mère, « j'avais oublié toutes ces autres années » (p. 11), échappe *a priori* au spectateur, mais ne suscite aucune question chez ses enfants : que sont ces autres années ? Celles où Louis a été absent, celles où il s'est avéré différent ? Et qu'entendre sous l'expression « depuis sa mort à lui » (p. 21) lâchée par Suzanne, alors qu'elle n'a fait aucune référence au père dans le discours qui précède ? Même question quand elle prononce « c'était l'histoire d'avant » (p. 26). D'avant quoi ? est-on tenté de demander. Ou « en effet » à la fin de sa longue tirade : « Ce que je veux dire, c'est que tout va bien et que tu aurais eu tort / en effet / de t'inquiéter » (p. 24). Et que penser de « ils deviendraient à leur tour enfin des tricheurs à part entière » (p. 40) ? Les adverbes sont meurtriers.

L'économie langagière trouve cependant son apogée dans un procédé dont le texte use peu, et qui tire sa force de cette rareté : l'aposiopèse, qui n'est pas syllepse mais réticence. « Dommage que tu ne puisses le voir. / Et si à ton tour… », dit puis tait la Mère (p. 18), juste après la même rétractation chez Catherine : « Parce qu'il aurait été logique, nous le savons… »

Et la question se pose ici moins de savoir ce qu'elle n'ose pas formuler – à coup sûr, de quelque façon qu'on l'interprète, son regret que son fils aîné ne soit pas père –, que pourquoi elle ne peut le formuler, mais aussi pourquoi l'aposiopèse ne reçoit pas de réponse, ni sur le mode de la connivence ni dans la demande d'éclaircissement. C'est peut-être pour cette raison que la réplique de Louis suscite la colère d'Antoine : « Mais merde, ce n'est pas de ça qu'elle parlait ! »

Dire ou ne pas dire

L'ellipse dans la variété de ses formes peut devenir un signe linguistique de la difficulté à dire. Il en est d'autres, notamment l'extraordinaire fréquence d'emploi dans le dialogue du verbe *dire* même : on peut en compter, au bas mot, deux cents occurrences, sans compter une centaine d'emplois de verbes de locution, *parler* notamment ou *raconter* (au sens de dire), mais aussi *répondre* ou *reprocher*. Beaucoup portent sur le comment dire, sur le choix des mots : « on dit ça », « on dit comme ça ? », « comment est-ce qu'on dit ? » Mais de façon plus frappante, plus d'un quart des emplois du verbe « dire » sont faits à la forme négative, et notamment avec le complément « rien ». *Ne rien dire* devient un mode de défense (« je n'ai rien dit », au sens littéral ou, par ellipse encore, rien dit de mal, d'offensant : « Ça va là, je m'excuse, je n'ai rien dit, on dit que je n'ai rien dit ») ; mais c'est aussi la marque d'un reproche ou au moins une incitation à parler, comme celle de Louis à Catherine : « Vous ne dites rien, on ne vous entend pas » (p. 31) ; voire l'objet d'un consensus qui se dénonce lui-même comme constat d'échec : « Je ne dis rien si tu ne veux rien dire » (p. 49). Mais il peut tout aussi bien faire l'objet d'une attente: « Ne me dites rien, je vous interromps, / il est bien préférable que vous ne me disiez rien et que vous lui disiez à lui ce que vous avez à lui dire », demande Catherine à Louis (p. 31). Et la réponse de ce dernier donne un tour d'écrou à cette machine déceptive de l'échange, puisqu'il assure : « Je n'ai rien à dire ou ne pas dire » (p. 32). La communication est sans cesse remise en question : censurée, par Antoine, envers Suzanne, (« Suzanne, fous-nous la paix ! »), Catherine (« Laisse ça, tu l'ennuies », p. 13), la Mère (« Le dimanche… – Maman ! – Je n'ai rien dit. », p. 25) ; rompue, dans des sorties silencieuses et furibondes ; singée, dans les cartes postales « comment est-ce qu'on dit ? / elliptiques » de Louis à sa famille, réduites à des formules convenues et des messages sans importance. La parole est perçue comme piège : « Ne commence pas. – Quoi ? – Tu sais » (p. 40), réplique Antoine à Louis, la seule fois que ce dernier s'essaie à une confidence ; l'expression « ta gueule » semble devenue un signe de connivence dans la fratrie, Suzanne et Louis en jouent et quand la jeune fille se l'entend adresser par Antoine, « elle rit, là, toute seule ». Le mutisme semble la norme : Suzanne s'affirme « proportionnellement plutôt silencieuse », assure donner de moins en moins souvent son avis (on n'est pas obligé de la croire). Antoine se présente comme un martyr et un militant du silence : « Les gens qui ne disent jamais rien, on croit juste qu'ils veulent entendre, mais souvent, tu ne sais pas, je me taisais pour donner l'exemple » (p. 54).

Juste la fin du monde, de Jean-Luc Lagarce, mise en scène de Joël Jouanneau. Paris, Théâtre de la Colline, 2000.

Mais ce sont d'intarissables taciturnes ! Ils n'ont pas la parole facile, mais abondante. C'est que si le silence est norme, la parole est crise, comme en témoignent les interminables tirades que les trois membres de la famille adressent en tête-à-tête à Louis autant que leurs disputes lorsqu'ils sont ensemble. Elle est explosion. Explosion du silence pourrait-on dire, du silence où elle retombera inéluctablement, que ce soit dans la caresse furtive de la mère (p. 62) ou dans la promesse ultime d'Antoine : « J'ai fini. / Je ne dirai plus rien » (p. 75). Peut-il en être autrement quand l'enjeu est énorme et contradictoire ? D'un côté une attente qui s'avère exorbitante : le besoin de parler au frère et d'entendre des réponses. Ce que souligne la Mère, mais ici encore, sans surprise, une ellipse : « Ils voudront t'expliquer », dit-elle (p. 36), et le lecteur attend comme d'habitude le complément dans la suite de la phrase, mais il ne viendra pas. De l'autre côté la certitude ou l'intuition que la réponse se bornera à deux ou trois mots, à un sourire, perçu comme « la trace du mépris, la pire des plaies » (p. 37). Et la conclusion du dialogue entre la Mère et Louis consacre l'échec :

« – Petit sourire ?
Juste “ces deux ou trois mots” ?
– Non.
Juste le petit sourire. J'écoutais.
– C'est ce que je dis. »

De la crise au sens dramaturgique, l'usage de la parole présente deux caractères : le sentiment destructeur d'une urgence, du peu de temps qui voue les explications à la maladresse et à la brutalité (et en ce sens l'unité de temps que la didascalie liminaire remet en cause semble bien nécessaire) ; mais aussi l'accumulation d'un passé qui l'explique et la voue à l'échec. Ce qu'expriment les souvenirs d'Antoine : Louis a fait jadis un usage précis et terrible de la parole en reprochant aux siens un manque d'amour (« je ne garde pas de trace que tu n'aies fini par dire qu'on ne t'aime pas », p. 69) et cette accusation a mis en lumière ce manque comme une défaillance de la parole même : « Nous ne savions pas te le dire... On ne se le disait pas facilement, rien jamais ici ne se dit facilement » (p. 70). Dans cette logique, parler c'est aimer. La parole serait preuve d'amour : c'est dans cette douloureuse utopie que prend tout son sens la tension entre flux verbal et non-dit. Mais aussi in fine la caresse silencieuse de la Mère, absolution en même temps que sanction du crime de mutisme.

L'ellipse comme figure dramaturgique

On ne peut parler de dramaturgie de l'ellipse que si cette dernière prend une place significative dans la construction du drame. Or, rappelons-le, l'enjeu de ce drame tel que le définit le prologue est bien de dire – « annoncer / dire / seulement dire / ma mort prochaine et irrémédiable » –, et la fable est celle de cet échec. Ce non-dit central, dramatique, trouve ses racines et ses ramifications dans le tissu profus et elliptique que l'on vient de décrire. L'échec de l'un (« sans avoir rien dit de ce qui me tenait à cœur », p. 61) est le pendant mais aussi la conséquence inéluctable de l'échec des autres (« on m'aimait déjà vivant comme on voudrait m'aimer mort / sans pouvoir ni savoir rien me dire », p. 31). Mais de l'échec des autres, Louis semble avoir cristallisé les conditions, par sa réserve, par sa sécession, par ses reproches passés, par ses choix de vie. Ainsi le non-dit dramatique (l'annonce de la mort) procède-t-il d'un non-dit existentiel dont la présence se dessine dans tous les trous du dialogue : telle est la fonction de l'ellipse.

Si on prend par ailleurs le terme au sens strict, défini par Fontanier *comme suppression de mots qui seraient nécessaires à la plénitude de la construction mais que ceux qui sont exprimés font assez entendre pour qu'il ne reste ni obscurité ni incertitude*, la dramaturgie de l'ellipse est peut-être à lire aussi dans l'absence de didascalie. Non-dit de l'auteur, ou plutôt non-écrit, rendu parfaitement lisible par les propos des personnages, en didascalies internes. On ne verra là ni coquetterie de l'auteur ni tour de force, mais bien plutôt une projection poétique sur l'écriture du texte du fonctionnement de la parole : il est des choses qu'il n'est pas besoin de formuler, qui émergent spontanément de leur contexte et les non-dits didascaliques se superposent exactement à ces mouvements, regards et sorties, des personnages.

Bien plus, c'est la structure même de la pièce, dans ses silences d'écriture qui font un sas invisible entre l'épique et le dramatique, entre les monologues rétrospectifs de Louis et les joutes familiales, qui évoque la figure de l'ellipse. On peut se demander si ce n'est pas cette radicalité du dépouillement qui a heurté les premiers lecteurs de *Juste la fin du monde*, condamnant le dramaturge au silence pendant deux ans. Et constater qu'il l'abandonne pour une forme plus complexe, plus souple, plus ludique et au fond plus conventionnelle, dans *Le Pays lointain*[14].

E. D. ■

14. Voir, page 63, l'article « Comme un roman ».

Le **retour** du **refoulé**

Dans l'analyse précédente de l'ellipse dans la dramaturgie de Jean-Luc Lagarce, deux niveaux sont spécifiés :
– il y a d'abord l'*ellipse* proprement dite ; celle-ci opère au niveau rhétorique, qui recouvre toutes les stratégies du sujet parlant. C'est l'aphérèse, les raccourcis, l'aposiopèse (porteuse de sous-entendus). Dans tous ces cas, l'interlocuteur complète ce que lui livre son partenaire à demi-mots ; on s'entend. Ces ellipses sont des figures conscientes du discours ;
– il y a ensuite le *non-dit* ; son fonctionnement est différent ; aussi appartient-il à un autre niveau, qu'on dira structural, du discours. Le non-dit en effet met en jeu le rapport au symbolique ; il pose le problème de l'interdit. La question n'est pas comme dans l'ellipse : « Qu'est-ce que je *veux* dire ? » (avec ou sans clin d'œil), mais : « Qu'est-ce que je *peux* dire, ne peux pas dire ? » Non pas : « Qu'est-ce que je te cache (te suggère) ? », mais : « Qu'est-ce que je *me* cache, sur quoi je bute, qu'est-ce qui m'échappe ? »

Que recouvre ce non-dit ?
Divers segments agglomérés en un magma qui fait bouchon ; divers segments symétriquement disposés et qui s'empêchent respectivement de sortir. Ça ne passe pas. C'est :
– le reproche de Louis (ne pas être assez aimé) ;
– le reproche symétrique d'Antoine et de Suzanne à son égard (les avoir laissés tomber, ne pas donner, ni prendre de nouvelles).
Mais c'est surtout, au fond de tous ces reproches, le non-dit majeur, qui est tout le contraire d'un « malentendu », car tous leurs silences et tous leurs embarras le « hurlent » : l'élucidation à jamais refoulée de sa « différence » – l'homosexualité. Point aveugle (au centre de la perspective), trou noir piégeant toute la lumière (si bien que ce point surlumineux apparaît, par contraste, comme la zone la plus noire).

Le fond du problème

Censurée. On ne parle pas de l'homosexualité de Louis (de même qu'on s'interdira de parler dans tous les commentaires de son œuvre de l'homosexualité de Jean-Luc – ce serait impudique, indiscret, malvenu). On ne parle pas de la mort de l'amant « un an avant » (Louis la censure ; il faut lire *Le Pays lointain* pour comprendre à quoi cette date fait allusion). On ne parle pas du sida. Cependant, si on lit bien, on voit qu'au centre même de la pièce (au cœur de « l'intermède » qui la partage en deux), Louis nous livre cette petite chanson comme une pierre de rosette – elle donne le code à déchiffrer (il se revoit enfant marcher dans la nuit et la peur l'étreint) :

« Je suis enfant
je me répète cela
"la pire des choses
serait que je sois amoureux,
la pire des choses,
que je veuille attendre un peu,
la pire des choses"… »

« Être amoureux », « la pire des choses » ; « attendre un peu » (dans la peur, dans la nuit, comme une proie, comme un chasseur), « la pire des choses »… « La pire » : parce qu'elle est interdite, mais la peur de mal faire, de transgresser (jamais dite) se noue au délice de marcher et d'aller plus loin. « La pire des choses », « être amoureux », « marcher dans la nuit » (on peut voir que Lagarce boucle comme par hasard son texte sur cette image, emblématique, du « marcheur de nuit »), est « la meilleure des choses », celle où l'être fait la connaissance de son désir, elle est la source, la frappe, le secret, la « bonne (petite) chanson »…
Le réel est *euphémisé* : on dit que Louis « n'aura pas d'enfant », qu'il est compliqué, qu'il ne fait rien comme les autres, qu'il « fait des histoires », « des histoires pour rien ». « Juste une technique, conclut son frère Antoine, pour noyer et tuer les animaux ». On dira : pour noyer « le poisson ». Et quel est ce poisson ? (L'homosexualité.) Le silence même de Jean-Luc nous contraint à la parenthèse, à cette rhétorique de la litote, réserve pieuse, génuflexion, comme si nous lâchions un mot obscène, comme si l'homosexualité était la « pire des choses », ou bien plutôt, car les temps changent (soi disant !), par un retournement hypocrite, comme si « elle » allait de soi, la suspicion de gêne ou d'interdit étant alors pointée du doigt comme l'indice d'un esprit borné, en retard sur la libération des mœurs, certainement « hétérodur » et homophobe… – « Homosexuel », avez-vous dit ? Et alors ? Pourquoi faudrait-il qu'il le mentionne ? N'est-ce pas sa « *life* » ? N'êtes-vous pas

Juste la fin du monde, de Jean-Luc Lagarce, mise en scène de Rodolphe Dana. Noisiel, festival d'automne, 2006.

en train de confondre (suprême bévue !) l'intime et l'intimité, l'anecdote (particulière) et sa retranscription littéraire (universelle) ? Ou est-ce que, par hasard, ça vous gênerait ? *(la bouche pincée, le sourire ironique)* – « L'homosexuel ou la difficulté de s'exprimer », celui qui a écrit cette pièce (Copi), est-ce qu'on le soupçonnera aussi d'homophobie ou d'homosexualité honteuse ? Remarquons en passant que la pièce en question, à l'inverse de celle-ci, purge « la chose », dès le titre, avec le mot : il n'y est plus dès lors nulle part question d'homosexualité ; le héros y peut alors s'y livrer à des « choses » mille fois « pires »... Fin du dialogue.

Reprenons l'hypothèse précédente : il y a du non-dit ; ce non-dit est au centre ; il est « l'objet invisible » qui structure la pièce. Mais il y a trois non-dits. Premier non-dit ; celui que Louis est venu révéler à ses proches (il va mourir d'une maladie que Jean-Luc ne veut pas nous dire). Deuxième non-dit, celui que Suzanne, Antoine, la Mère successivement proclament au cours de cinq longues tirades (une pour Suzanne, une pour la Mère, trois pour Antoine) qui sont cinq « *acting out* » dans lesquels ces trois personnages accouchent, dans les spasmes, de ce qu'ils ont sur le cœur (incomplètement pour les deux femmes, complètement pour Antoine). Laissons pour l'instant le troisième en réserve et remarquons que cette opposition entre ces deux premiers non-dits, l'un qu'on lâche, malgré soi, alors même qu'on voudra le taire (les non-dits n° 2), l'autre qu'on garde à part soi alors même qu'on voudrait le dire (le non-dit n° 1 de la mort de Louis), clive à la fois la structure et le climat tragique / comique de la pièce.

© Brigitte Enguerand.

Juste la fin du monde, de Jean-Luc Lagarce, mise en scène de Bernard Lévy. Scène nationale de Sénart, 2003.

La structure

L'opposition des deux non-dits explique que la pièce se joue sur deux tableaux.

Premier plan, premier non-dit, c'est le plan *théâtral* ouvert par les monologues de Louis adressés, hors champ, au public. Deuxième plan, deuxième non-dit, c'est le plan *dramatique* ouvert par les tirades de Suzanne, de la Mère, d'Antoine. « Monologues » d'un côté, « tirades » de l'autre : ce n'est pas pareil ; il convient de les distinguer soigneusement.

Au cœur de la pièce enfin, entre les deux parties, il y a l'intermède, que E. D. analyse comme un morceau musical, une danse, un vaudeville, un scherzo. En clair, si on veut raconter l'action qui s'y déroule : Louis court (ou fait mine de courir) après une famille qui court en réalité après lui. Sa mère le cherche parce qu'elle l'a entendu se disputer avec Antoine. Catherine court également après Antoine pour la même raison (elle croit qu'il s'est disputé avec Louis). Les hommes donc courent, et les femmes courent après les hommes. En apparence, les uns et les autres se fuient. En réalité (cela fait la gaieté de cette danse), ils se cherchent. Mais comme des chats et des souris. Ils se cherchent, croient se chercher, mais ils se manquent. Ils se fuient en se cherchant, se cherchent en se fuyant. Que leur manque-t-il ? Cela s'appelle un « lieu commun », un « terrain d'entente », un endroit sans portes battantes, uniment éclairé, non miné par l'envers du non-dit. À intervalles réguliers, justement, Antoine et Suzanne « se retrouvent » ; eux partagent un « terrain d'entente » qui forme comme un abri qui les protège de la panique ; ils se disent tout. Antoine et Suzanne disent « nous » et la jeune fille « crie » à son frère la vérité que tous deux ne comprennent pas et qui tient au manque d'amour et au narcissisme fondamental de Louis, son manque de générosité, ses non-dits, sa manie du secret :

« Toujours été ainsi, désirable,
je ne sais pas si on peut dire ça,
désirable et lointain,
distant, rien qui se prête mieux à la situation »

(la distance précisément dont Louis fait en ce moment l'épreuve).

Or l'action de la pièce, comme E. D. le remarque, développe en grand la forme dont l'intermède fournit la structure embryonnaire.

À bon chat, bon rat. L'intrigue ressemble à une *corrida* : elle est une danse autour d'une invisible *muleta*. Dans ce modèle, Louis tient la place du toréador. Il est au centre et il revient dans l'arène pour s'affronter au taureau. Sa famille est cette arène et ce taureau furieux.

C'est exagéré ? L'action n'est pas si cruelle ? Qu'on voie. Antoine, par exemple. À un moment, le taureau saigne – Antoine pleure. Et que dit à son frère ce taureau qui pleure (qui saigne) ? Ces mots de taureau furieux : « Tu me touches : je te tue » (p. 66). E. D. les a déjà pointés comme magnifique exemple de

raccourci. Et que nous disent-ils ? La haine, le désir de meurtre. Ils nous disent la corrida. La famille (le frère) peut tuer. Le matador va se faire encorner.
Et Louis ? Louis n'est pas gentil (c'est un matador) ; Louis attend juste que la bête se calme pour pouvoir lui porter l'estocade. Et en quoi consiste l'estocade ? C'est le premier et le troisième non-dits que nous pouvons maintenant replacer au centre du drame. Le message de Louis fonctionne en effet comme un missile à deux étages.
Premièrement, il consiste en cette information que Louis est censé venir délivrer : « Je vais mourir » (non-dit n° 1). Deuxièmement, il recouvre le secret que Jean-Luc partage avec Louis et dont la puissance inhibitrice interdit tout « passage à l'acte » : c'est le « pourquoi je meurs ? » (l'homosexualité, le sida) (non-dit n° 3, en réalité n° 0). Or le deuxième étage commande le premier, car : comment Louis pourrait-il dire qu'il meurt sans expliquer pourquoi ? Conséquence : le toréador se fige sur son secret ou bien louvoie de porte en porte, comme dans l'intermède, cherchant le moment propice, l'instant d'une impossible vérité. Louis diffère l'estocade. Son silence, sa douceur n'ont cependant rien de doux.
Il faut lire, dans la scène 10, comment lui-même démonte la dimension profondément « haineuse » et destructrice de sa visite.

« Je vomis la haine, dit-il. Elle m'apaise et m'épuise
et cet apaisement me laissera disparaître enfin. »

Ou plus loin :

« Je vous tue les uns après les autres, vous ne le savez pas. »
« Je suis un meurtrier et les meurtriers ne meurent pas,
il faudra m'abattre.
Je pense du mal.
Je n'aime personne. »

Corrida : le torero qui tue pour se sauver ou encore (c'est plutôt cela) qui se sacrifie pour tuer, pour emporter avec lui ses ennemis dans la mort. Louis précise :

« Vous souffrirez plus longtemps et plus durement que moi
et je vous verrai, je vous devine, je vous regarderai. »

Il les imagine après l'enterrement revoyant son sourire (son sourire, sa bonté les tuent !) sur la photographie :

« Vos doigts se la repassent en prenant garde de ne pas
la salir ou d'y laisser de coupables empreintes.
"Il était exactement ainsi"
et c'est tellement faux,
si vous réfléchissiez un instant
vous pourriez l'admettre,
c'était tellement faux,
je faisais juste mine de. »

Mais il y a aussi le deuxième étage : c'est le non-dit principal (n° 0), celui de Jean-Luc et de Louis. Secret emballé au centre du premier secret et dont la charge inhibitrice empêche Louis de faire ses révélations. Ce non-dit là est aussi notre secret ; lové au centre de la bombe comme le ver dans le fruit. Incapable d'agir, Louis est un tueur novice : roi déchu, torero impuissant.
Il écoute, à la fin, en acquiesçant, le réquisitoire de son frère (scène 3 de la deuxième partie) : non, il n'est pas bon ; non, il n'est pas le seul malheureux, le seul à souffrir, le seul à avoir peur (ici peut-être Antoine se trompe) ; non, il n'est pas doux. Et son silence est encore le pire bien sûr. Ce silence les « accable ».

« ANTOINE. – Tu es là,
tu m'accables, on ne peut plus dire ça,
tu m'accables,
tu nous accables. »

Le personnage précise à son tour : ce qui « l'accable » dans ce silence, c'est la peur et la culpabilité qu'il leur refile. Ce silence hurle ; il est un « silence qui tue ». À cause de ce silence, Louis les rend responsable de tout ; il est l'hostie innocente, la victime consacrée, celui qui n'est pas violent, qui ne prend pas parti, qui ne se met pas en colère (comme son frère, l'autre, le monstre), qui ne dit jamais un mot plus haut que l'autre, qui ne dit jamais mot. Petit ange. Ce salaud.
Mais nous savons, nous, aussi bien que son frère Antoine, aussi bien que tout le monde, ces hypocrites de la pudeur, homophobes ou homophiles, qui trouvent obscène qu'on en parle (mais pas Copi qui, lui, annonce joyeusement la couleur !), le secret du polichinelle, ce non-dit n° 0 qui n'est pas autre chose que ce que la psychanalyse nous enseigne depuis

© David Anémian.

Juste la fin du monde, de Jean-Luc Lagarce, mise en scène de Philippe Delaigue. Valence, Théâtre de la Fabrique, 2002.

son origine à nommer par son nom : le « refoulé ». « Homosexuel », mot honni, non prononcé ; il est le signifiant refoulé autour duquel s'enroule l'hélice des discours : sa disparition fait comme une écharde, un accroc dans le maillage symbolique, un manque ; Louis est un « signifié » en souffrance, un absent qui « fait retour » et déchire, par son retour, le tissu familial. Présent dans son absence, Louis impose au groupe ce tête-à-tête « accablant », silencieux, avec ses propres démons. Dira-t-il, dira-t-il pas ? Tout est suspendu pour finir à cette unique condition : que le groupe ait la force de dire « le mot », d'enfreindre l'interdit, d'expulser le bouchon qui empêche la communication. Et ce verrou, si on le considère, n'est pas tant dans le tabou de l'homosexualité de Louis que dans la *négation* dont ce tabou le frappe à l'intérieur du champ symbolique.

Louis souffre parce que « Louis », le signifiant « Louis », est « en souffrance ». Louis « n'appelle » pas, Louis n'écrit pas, parce que originellement Louis n'est pas reconnu pour ce qu'il est, parce qu'il n'y a pas de nom pour nommer ce qu'il est, ce qu'il fait, ce qu'il aime, (la nuit où il se tient), « la pire des choses »... Et que si Louis a tant le sentiment de ne pas être aimé (jamais assez aimé) comme son frère le lui reproche, c'est aussi parce qu'originellement Louis n'a pas sa place, qu'il est exclu de l'échiquier symbolique. Parce qu'il n'est pas « appelé ».

Le refoulé

« Appelé » : ce n'est pas un hasard si la pièce démarre par cette question (I, scène 2).

Suzanne ayant présenté Catherine à Louis, celle-ci s'excuse dans une première longue tirade bafouillante. Louis parle du petit garçon d'Antoine et Catherine :

« LOUIS. – Il y a aussi un petit garçon, il s'appelle comme moi.
Louis ?
CATHERINE. – Oui, je vous demande *pardon*. »

Pourquoi « pardon » ? Tout le non-dit est là, obscène, le voilà qui ressort.

Si Catherine demande pardon à Louis, en effet, c'est qu'il y a eu véritablement *faute*. Et quelle est la faute ? Celle d'avoir donné le prénom de l'oncle à son neveu ?

Mais non, Louis la rassure :

« LOUIS. – Cela me fait plaisir, je suis touché, j'ai été touché. »

Non-dit, mensonge, hypocrisie. La culpabilité est ailleurs bien sûr et tout le monde le voit (l'entend : le silence hurle). Catherine s'enferre, regarde son mari qui justement « ne dit rien » :

« ANTOINE. – Je n'ai *rien dit*, ne me regarde pas comme ça !…
Qu'est-ce que j'ai dit ?
Ce n'est pas ce que j'ai dit qui doit, qui devrait, ce n'est pas ce que j'ai dit qui doit t'empêcher,
je n'ai rien dit qui puisse te troubler. »

Mais si le trouble de Catherine venait précisément, comme on le comprend, et comme Antoine fait semblant de ne pas le voir, de ce silence, de ce déni, et du non-dit qu'ils recouvrent ?

« Je suis mal à l'aise », commente Louis.
Catherine et Antoine commencent à se disputer :
« ANTOINE. – Qu'est-ce que j'ai dit ?
CATHERINE. – J'ai entendu,
j'ai entendu. »

Et qu'a-t-elle *entendu*, sinon ce non-dit que le silence d'Antoine et le silence des autres hurlent ?
Alors, puisque le groupe se tait, puisque personne n'est capable de casser le tabou, puisque décidément le nœud qui les noue ensemble est trop vieux, trop serré, impossible à dénouer, Catherine enchaîne, en toute cruauté (la voie est libre).

« CATHERINE. – Il porte le prénom *de votre père*,
je crois, *nous* croyons, nous avons cru, je crois que c'est bien. »

Et puis ?

« CATHERINE. – Et puis,
et puisque vous n'aviez pas d'enfant, puisque vous n'avez pas d'enfant,
– parce qu'il aurait été logique, nous le savons… –
ce que je voulais dire :
mais puisque vous n'avez pas d'enfant. »

Le syntagme sera répété cinq fois et encore une fois, on entend très clairement ce que la périphrase, ce que le silence (ici l'aposiopèse : « nous le savons… ») nous hurlent. Louis qui laisse, comme Antoine nous

Juste la fin du monde, de Jean-Luc Lagarce, mise en scène de Anne-Margrit Leclerc. Théâtre du Jarnisy, 2005.

l'a appris, perfidement aux autres le soin de s'expliquer, met tout de suite le doigt sur la plaie. Il demande :

« LOUIS. – Et là, pour ce petit garçon,
comment est-ce que vous avez dit ? "L'héritier mâle" ?
Je n'avais pas envoyé de mot ? »

Antoine sort de ses gonds : « Mais merde, ce n'est pas de ça qu'elle parlait ! » Mais de quoi parlait-elle au juste ?

Réponse 1 : de son petit garçon, de sa tristesse qu'il n'ait pas encore rencontré son oncle, que ce dernier n'ait pas envoyé de mot de félicitations à sa naissance (versant soft, lisse, souriant, consensuel, « tabouïque », familial).

Réponse 2 : du prénom donné à son petit garçon, du fait qu'ils l'ont appelé « Louis » *comme le grand père* (dit-elle), du fait donc que dans cette histoire dynastique le nom du mâle (de « l'héritier mâle ») saute une génération et passe directement du « père du père de l'enfant mâle » (le grand père) au petit-fils de la branche cadette (celle d'Antoine) en déboutant de ses droits le fils, « héritier » naturel du nom, représentant vivant de la branche régnante. Détournement, « illogisme » comme le note Catherine, confiscation : mais « puisque vous n'aviez, n'avez, n'aurez pas d'enfant »... « Louis » perd et passe ; il perd son nom, son titre, « manque à l'appel » ; destitué, il est le non-dit. Et pourquoi ? Les lapsus de Catherine libèrent la vérité inconsciente (le tabou qu'on ne peut détruire) : il faut, nous dit-elle, chercher « le père » pour trouver « le mâle ». (Homosexuel), Louis n'est pas un père, n'a pas d'héritier, il n'est pas un « mâle » ; Louis n'est donc plus un « Louis » pour « nous » ; perd sa place dans le jeu ; il n'est plus un atout, une figure ; il est un *revenant* dont la présence absente nous hante et nous accable sous le poids de notre mauvaise conscience (car le groupe est bien coupable d'avoir expulsé « Louis ») et de notre lâcheté (car nous sommes incapables de changer à nouveau la donne, de nous dire maintenant « les choses », de faire sauter le tabou).

Le non-dit *fait l'ellipse* de cette double faute. Et la pièce, *a contrario*, pousse ses radicelles, tel un lierre vénéneux, dans les failles de la parole et de la prescription symbolique, aiguillant joyeusement l'inconscient des spectateurs vers ce « pot aux roses » que nous *nous* cachons.

B. C. ■

(...)

15. Voir, page 35, l'article « Comment est-ce qu'on dit ? / elliptiques ».

« Les points de suspension sont toujours au nombre de trois. Ils marquent une suppression, une interruption ou un sous-entendu. Dans une citation, ils indiquent une coupure dans le texte et se mettent généralement entre crochets [...] et plus rarement entre parenthèses (...). »

Précis de ponctuation.

Suspension

Les points de suspension – ... – suspendent. Ils induisent un suspens, plus rarement un suspense. Ils sont à ce titre un procédé typographique privilégié de l'écriture dramatique, analogue le plus souvent au soupir de la partition, ils donnent une indication de *tempo* et fonctionnent comme une didascalie. Mais au-delà du blanc qu'ils dessinent, ils sont aussi un signe énonciatif. Forme extrême, qui se désigne elle-même, du texte troué, ils réclament une interprétation, ils donnent du jeu. *Nous, les héros* en fait dans le dialogue un riche usage, relativement classique, dont on peut esquisser une typologie :

– aposiopèse[15] (« Il est vrai – Je ne veux pas vous ennuyer plus mais... il est vrai que la scène du divan, *sans divan*... ») ;

– temps de recherche (« Et au milieu de tout ce malheur... et tu es là à... à... je ne sais pas... tu es là à refuser de grandir, à ne pas vouloir vieillir ») ;

– emphase (« Tout l'après-midi encore – est-ce que je peux dire ça ? – tout l'après-midi encore, j'ai réfléchi à mon *Grand-saut-par-la fenêtre*... / Cela me plaisait assez, l'image du petit singe écrasé cinq étages en contrebas ») ;

– interruption bien sûr, comme dans cet effet comique récurrent où les tentatives de Mademoiselle (« Moi par exemple... ») sont immanquablement suivies du couperet didascalique « l'interrompant sans même y prendre garde ». On observera que dans ce dernier emploi, ils ne suspendent pas la parole, mais le propos, ils tranchent, ils proscrivent le temps de silence que suggèrent les autres usages du signe et que les élèves ont presque toujours tendance à exprimer.

© Danièle Pierre.

Nous, les héros, de Jean-Luc Lagarce, mise en scène de Philippe Sireuil. Bruxelles, Belgique, Théâtre Varia, 2000.

Les effets se télescopent parfois, comme dans ce couple de répliques :

« Tu seras tenu pour toujours…
– Tout m'arrive toujours pour toujours ! »,

où l'interruption laisse deviner l'aposiopèse.

Parenthèses

De toute autre nature sont les points de suspension entre parenthèses, variante du signe qui les place entre crochets. Les codes typographiques leur confèrent une fonction énonciative, puisque ils signalent conventionnellement la coupure à l'intérieur d'un acte de citation. À cet emploi, Lagarce a recours, non sans lui imposer une légère modification, dans la citation du *Journal* de Kafka mise en exergue de *Nous, les héros*, puisque le signe n'y est pas médian, mais final : « Les spectateurs se figent quand le train passe (…). »

Mais l'écrivain peut se les approprier au cœur de son propre propos et modifier ainsi leur usage. On se rappellera par exemple que Georges Perec en fait un emblème tragique de la disparition au centre de *W ou le Souvenir d'enfance*.

Le procédé est employé dans le *Journal* de Jean-Luc Lagarce. Une note de l'album *Un ou deux reflets dans l'obscurité*[16], qui en présente quelques pages, précise : « (…) Ce signe n'indique pas une coupe. Il est de Jean-Luc Lagarce qui l'utilise aussi fréquemment dans son écriture théâtrale pour marquer une pause, un changement de scène, un temps. » Voire. Inauguré semble-t-il dans son théâtre avec *Vagues Souvenirs de l'année de la peste*, il y revient régulièrement jusqu'au *Pays Lointain*, dont la structure formelle se distingue ainsi de celle, fortement marquée, de *Juste la fin du monde*. On peut se demander quelles y sont ses fonctions.

La première met en jeu la fable même, et son traitement. De sa valeur typographique initiale, ce signe complexe, qui combine mise en suspension et mise entre parenthèses, garde pour le lecteur sa fonction de coupe : il découpe un propos dans un autre propos, plus large et qui restera inconnu. C'est semble-t-il sa fonction dans le *Journal* : dessiner un archipel d'écrits dans un océan de non-dit. Elle est analogue dans le texte dramatique, à la notable différence près que ce dernier est une composition, un *continuum* : le trou, le manque qui y est ainsi désigné, s'apparente plus à l'ellipse telle que nous

16. *Un ou deux reflets dans l'obscurité*, *op. cit.*, p. 75.

Juste la fin du monde, de Jean-Luc Lagarce, mise en scène de Cédric Revollon. Nice, Théâtre de la Semeuse, 2005.

l'avons plus haut définie qu'à la réticence ; il ne crée pas le même effet de lacune, de rétention. Il ne semble donc pas utile de tenter d'explorer ce qui y est englouti et dont l'absence ne nuit pas à la cohérence et à l'intelligibilité de l'œuvre. En revanche la discontinuité ainsi arborée présente les séquences comme des fragments, comme l'effet d'un prélèvement. On est dans l'héritage épique, dans une dramaturgie où la scène se développe pour elle-même et non pour la suivante, selon l'exigence brechtienne, mise au service ici de l'évocation de mœurs : « Scènes de la vie des comédiens », pourrait-on sous-titrer la pièce. Mais aux antipodes de Brecht, Lagarce utilise cette fragmentation pour un paradoxal effet de réel, ou plutôt de captation de réel : la légèreté du découpage, qui reprend le propos après l'avoir suspendu, évoque le montage cinématographique tel que le pratique par exemple le documentaire.

La segmentation par les (...) donne par ailleurs du point de vue dramaturgique du jeu, tel que peuvent en avoir les pièces d'une charpente. On est tenté d'appeler les segments qu'ils découpent scènes, mais outre l'absence de continuité, ils se distinguent de la scène traditionnelle par le fait qu'ils n'indiquent pas leur distribution. Conjugué à l'absence de didascalie, le bref saut temporel que la présence du signe induit interdit rapidement de savoir qui est présent sur scène au moment où tel et tel parlent. On peut supposer des entrées, notamment dans l'incipit, telles celles de Mme Tschissik et du Grand-Père. Des sorties, notamment au dénouement, comme par exemple celle de Karl qui construit le seul moment d'intimité entre Joséphine et Raban. Mais ce système d'écriture laisse une totale liberté de distribution à tout moment : *a priori* la longue séquence du repas mobilise tous les personnages autour d'une table, mais libre à tout interprète de faire sortir ou déplacer un personnage qui ne parle pas dans tel segment. On a ainsi une distribution à géométrie variable, particulièrement appréciable dans l'énergie de l'ensemble, où les aspirations individuelles tentent de composer entre elles dans une exigence de survie collective, celle-là même que stigmatise la fête, mais s'entrechoquent, se heurtent sans cesse : « Une fête ? Quelle fête ? », demandera le fiancé. Les scènes intimes ne manquent pas dans la pièce, mais à rester dans le flou de la distribution et dans la promiscuité d'un lieu où l'on ne peut que « marcher sur les pieds de l'autre », cette intimité semble à tout le moins éminemment précaire. On repère çà et là des conversations parallèles (Max, Eduardowa, Mademoiselle *vs.* Raban, Joséphine, p. 21 *sqq.*) ; d'autres sont surprises et commentées (Max : « Et toute la soirée, comme toutes les soirées, se démaquillant lentement, ils évoqueront avec tendresse et grand sérieux leurs embarras de constipation... », p. 26) ; la parole dessine ainsi des affinités que l'on peut tracer dans l'espace : le trio des jeunes gens, le couple des deux hypocondriaques un peu perdus, l'assistance de Mademoiselle à l'ingénue peuvent faire penser à la vieille ficelle de l'aparté, sans qu'il soit jamais signalé. Mais la perspective que tous restent en scène, voire, pour certains, la menace que tous soient en permanence dans ce huis clos, pose constamment de passionnantes questions sur l'énonciation : qui écoute ? Comment voler un instant de confidence ? À qui s'adresser ? La relation entre l'intime et le social est à inventer dans le jeu et dans le traitement spatial : elle se décline dans une gamme qui va de la complicité à la sécession en passant par la marginalité, la clandestinité ou la provocation.

Dans une perspective poétique, l'usage des points de suspension entre parenthèses découpe des morceaux choisis. Lagarce joue des possibilités de composition que lui ouvre cette relative autonomie de la scène comme fragment. Elle lui permet notamment de dynamiser des entrées, comme le jaillissement de Mme Tschissik (« Provinciaux ! Provinciaux et rien d'autres ! », p. 12) ou l'égarement du Grand-Père (« Je ne comprends pas. Où est-ce que nous sommes ? », p. 23) ; d'en suggérer d'autres, comme des coups de théâtre, qu'il s'agisse du coup de gueule de la Mère (« Hors d'ici ! hors d'ici ! Fichez-moi le camp ! J'ai dit : hors d'ici ! », p. 78) ou du départ de Max. Elle autorise quelques effets de chute : ce peut être une conclusion, désespérée de Karl (« Et c'est à cela que vous voulez que je consacre ma vie ? », p. 43), souveraine chez Mme Tschissik (« Je me suis retirée dans le rien ; je suis niée par la vulgarité du monde », p. 52) ; ou une mise en perspective narquoise, quand Mademoiselle ponctue la querelle généralisée par une seule question : « Je sers les digestifs ? » Mais le plus souvent, la clôture par les (...) fait naître le sentiment que la conversation est *shuntée*, que la substance du fragment est épuisée ou laissée en suspens, pour laisser simplement la place à un autre. Le développement du segment joue de la brièveté, comme la passe d'armes entre Mademoiselle et M. Tschissik sur les taches, qui tient en trois répliques. Ou s'orchestre telle une entrée concertante, comme dans le long fragment où le personnage de Karl est mis sur la sellette : il commence par un dialogue à deux avec sa mère, puis toutes les voix entrent une à une pour apporter leur note et transformer, comme l'a bien prévu Karl, le face à face en procès.

E. D. ■

ATELIER

La parole naît du silence. De cet axiome dramaturgique, Lagarce explore les possibilités d'écriture. Si la parole est combat contre le silence dans *Juste la fin du monde*, l'usage de ce soupir que sont les (...) dans *Nous, les héros* relève de la légèreté, d'une fluidité discrètement rythmée : l'incipit de chaque segment est prise de parole, comme une prise de rôle, entrée en jeu. Entre les parenthèses, dans les pointillés se glissent, on l'a vu, du temps, des propos, mais aussi de l'espace, par les déplacements. Jouer les signes c'est explorer ces déplacements, c'est chercher les différents moyens rythmiques, scénographiques, distributifs d'indiquer le suspens sans s'y appesantir, c'est choisir un traitement, épique ou dramatique, de l'attaque de chaque segment. C'est aussi reposer sans cesse la question de l'adresse et de l'écoute. On devra par exemple se demander ce qu'il advient de la tirade de Max sur les femmes selon qu'on la donne en monologue, en adresse public, en confidence (à qui ?), en confidence surprise (par qui ?), etc. On pourra de même chercher les différentes configurations de la clandestinité lors des échanges entre Raban et Mme Tschissik, entre le chaud et le froid. On pourra tout particulièrement travailler l'enchaînement des segments entre les pages 26 et 31. Il présente la singularité de s'articuler autour d'un intermède musical bien défini : le chant de Mme Tschissik. Or toute la séquence tourne autour d'elle, qu'il s'agisse des commérages et médisances des femmes, des éloges des jeunes gens, des confidences de son mari au Grand-Père, ou de l'approche fiévreuse de Raban.

Juste la fin du monde
Entretien avec Joël Jouanneau

Pouvez-vous développer votre définition de *Juste la fin du monde* comme « poème dramatique » ?
Rappelons en préalable qu'il fût un temps où cette appellation faisait pléonasme : Eschyle, Euripide, Sophocle étaient désignés comme poètes. C'est dire si le théâtre, dès l'origine, est lié au poème. Mais aujourd'hui, se dire *poète*, si l'on écrit du théâtre, est perçu comme orgueil, et c'est non seulement dommage mais faux, car enfin le mot poète, tout comme le mot artiste, ne donne pas de label d'excellence : on peut être un mauvais poète quand bien même il soit préférable d'en être un bon. L'appellation *poème dramatique* ne porte pas en soi non plus de label d'excellence. C'est pour moi très simplement une pièce où c'est la langue qui construit les personnages et fait avancer l'action. L'inverse fait du verbe un ustensile, et pourquoi pas, au service du personnage et d'une histoire qui lui préexistent : on peut alors parler de pièce synoptique, ou dramaturgique. *Par les villages*, de Peter Handke est un poème, *Le Partage de midi* de Claudel aussi, *Oh les beaux jours* de Beckett également et *Quai Ouest* de Koltes. *Le Diable et le Bon Dieu* de Sartre non, pas plus que le *Caligula* de Camus, pièces synoptiques s'il en fût, le langage servant les idées. Un même auteur peut d'ailleurs alterner les deux positions : le *Zucco* de Koltes est plutôt un synopsis pour le théâtre, mais la séquence entre les deux policiers est de l'ordre du poème. Dans *Juste la fin du monde*, il est clair que l'intrigue, appelons-ça comme ça, tient en deux lignes : un jeune homme revient dans sa famille après une très longue absence pour régler ses comptes et lui annoncer sa mort prochaine. Et il est probable que l'auteur, lorsqu'il se lance dans l'aventure, ne sait pas encore qu'il repartira sans rien dire, et que ce sont les autres qui vont lui régler son compte. On ne peut pas mettre sa mort dans la bataille. Et c'est la langue qui va tout induire, dès le monologue d'exposition, mais aussi dès les premiers mots échangés entre les membres de la famille, porteurs tous, de malentendus et de sous-entendus : rien de ce qui se dit ne pardonne. C'est là le poème.

Juste la fin du monde, de Jean-Luc Lagarce, mise en scène de Joël Jouanneau. Paris, Théâtre de la Colline, 2000.

Quelles conséquences cette définition a-t-elle eues sur le travail de la phrase et de la langue, sur les adresses, sur le traitement de l'espace, notamment le passage du narré (les monologues de Louis) au drame ?
Évidemment décisives. Si la langue est première, elle doit l'être aussi dans le travail, c'est elle qui doit produire un lieu, des images, des déplacements, les regards entre les personnages, la musique. Il nous a fallu d'abord être à l'écoute intime et musicale du texte avant que de le mettre en scène, et durant ce travail il me semblait mettre en scène de l'écriture. Prenons le décor, il devait éviter tout naturalisme et permettre au verbe de trouver sa plénitude, ce devait donc être un lieu sans béquilles pour l'acteur, lequel ne devait tenir debout que par la force des échanges de mots, leur incandescence. Prenez le premier monologue de Louis : vous avez la possibilité de lui intégrer des points près d'une dizaine de fois. Il se trouve que Lagarce le fait tenir en une seule phrase, avec des tirets, des parenthèses, des blancs. Cela vaut bien de se demander pourquoi et la réponse est alors simple : Louis est parlé plutôt qu'il ne parle. Ce n'est

qu'à la toute fin de cette phrase qu'il sait pourquoi il est revenu, et qui est déjà très contraire à ce qu'il pensait être sa motivation lors des quatre premières lignes. Il quitte ainsi une position romantique (je vais mourir) pour donner à entendre la part d'orgueil de sa démarche (je veux jusqu'au bout être responsable de moi-même.) Ce travail, difficile pour les acteurs, impliquait un respect de la ponctuation, impliquait que soient donnés à entendre et à voir un terme s'il est en italiques, un espace blanc ou une parenthèse, et c'est de ce travail que naissaient les regards, les mouvements, les adresses.

Comment comprendre et traiter l'intermède ?

Je n'ai pas su le faire, je l'ai supprimé après l'avoir tenté. C'est un de mes regrets aujourd'hui. Mais dans la grammaire qui était celle du travail, cet intermède ne s'articulait pas. Je crois que je saurai le faire mais il faudrait tout reprendre autrement, les lumières et l'espace surtout. L'auteur n'y est pour rien, c'est de mes limites dont il est ici question.

Y a-t-il place dans cette pièce pour le sourire ?

Il est toujours là, pas même caché, et ce sourire est lui aussi fruit de la langue plus que des situations, désigné par la reprise des temps conjugués, des interrogations des personnages sur leur bien-parlé (comme ça qu'on dit ?) face à celui qui écrit. Je serai tenté de dire que ce sourire est constant, il se trouve dans la place de la virgule, son pourquoi. Et d'ailleurs ce sourire était dans l'écoute du public, et c'est pourquoi le terme de drame ne convient pas, c'est vraiment une tragédie *Juste la fin du monde*, celle de celui qui dit « j'étais », dit « je suis », mais ne peux plus dire « je serai » et en ce sens elle est le lot commun : le futur est un leurre. *Sois de nouveau* écrit plus justement Beckett. Soulignons d'ailleurs que passé, présent, futur cohabitent dès les trois premières lignes de la pièce, et n'oublions pas non plus que le cri final dont il est question, s'il est décrit comme un *hurlement* se veut aussi *un beau et joyeux cri*. De fait c'est peut-être le rire qui n'a pas sa place, tout comme les larmes. Lagarce parle souvent dans ses textes du *bord des larmes*, et pour ma part j'aime bien cet endroit de mon rire qui s'étrangle. ■

Drame **bourgeois** et pièce **frappadingue**
Entretien avec Olivier Py

(...) Et donc, quand tu as pris *Nous, les héros*, Mireille dit que tu leur as dit : « Je vais faire exactement le contraire de ce qu'aurait fait Jean-Luc. »

Ah bon j'ai dit ça ?

C'est ce dont elle se souvient.

C'est-à-dire que je pense que Jean-Luc aurait fait une mise en scène uniquement sur le texte et extrêmement dépouillée, parce qu'il n'était d'abord pas très à l'aise avec tout ce qui est de l'ordre de la mise en scène, dans l'espace, etc., de la spectacularité. Et puis, parce que son idée était toujours de faire *Le Malade imaginaire* et *Nous, les héros* comme une sorte de diptyque, et qu'il avait fait un spectacle – qui à mon avis était un des plus réussis – *Les Solitaires intempestifs*, mis en scène avec presque rien – il n'y avait pratiquement pas de décor... – qui était une réussite. Ça lui allait mieux. Alors que moi j'avais déjà tenté le théâtre que l'on fait aujourd'hui, qui est un théâtre qui fait avec le spectaculaire, avec la scénographie, avec la musique. Et en même temps il disait tout le temps qu'il aimait les films de Fellini, qu'il avait une tentation de quelque chose de plus onirique, de plus fou, mais qu'il ne savait pas maîtriser.

Et toi, ça a été ton parti sur ce texte parce que c'était ta tasse de thé, le domaine que tu avais envie d'explorer, ou parce que cela t'est apparu comme une évidence sur le texte ? Avec le sentiment de le tirer vers ton goût ?

Non, quel que soit le texte que je monte, je n'ai jamais l'impression que je le tire, ou que j'en fais une interprétation. J'essaie de voir les choses au contraire avec fidélité, et ça passe quelquefois pour des trahisons, c'est paradoxal. Je ne me rappelle pas très bien comment cette scénographie assez folle est arrivée. C'est un texte qui posait des questions dramatiques non résolues. Ce n'était pas seulement la question de la longueur, mais ça ressemblait un peu à un « roman dit » qui méritait un traitement. Je pense que Jean-Luc aurait fait des coupes. Moi je ne voulais pas faire de coupes, parce que je ne me sentais pas de faire ça. Alors il fallait trouver des traitements. Je sais que j'ai quelquefois fait quelque chose qui a beaucoup déplu, c'est de superposer les paroles. C'est toujours une chose à laquelle on est très réfractaire au théâtre. En fondu enchaîné, ou même mettre un monologue avec un dialogue en même temps, sur des passages que je ne trouvais pas particulièrement indispensables mais que je ne voulais pas couper non plus. J'ai fait cela une ou deux fois. Il y a une ou deux scènes de chaos ou de dispute dans la pièce que j'ai contractées. C'est le souvenir que j'en ai : de la musique... C'était un spectacle très spectaculaire. Moi, c'est un spectacle que j'ai adoré. J'en étais extrêmement fier, j'ai toujours cru qu'on allait le reprendre. Je ne sais pas ce qu'il en reste. Il y avait une captation-témoin sur laquelle on avait retravaillé un jour. Je ne sais pas ce qu'elle est devenue. C'était le jour où Irina était tombée, elle avait fait une très méchante chute.

Il y avait une tour, c'est cela ?

Il y avait une tour de deux étages – c'était un très grand carré –, qui permettait que l'on voie tous les personnages tout le temps, c'était surtout cela qui m'avait importé.

En effet c'est une question que l'on se pose : que faire de tous les personnages dans ce découpage ? La solution était donc qu'ils soient toujours à vue...

Ils étaient toujours à vue, à différents endroits de cette maison qui était comme une maison de poupée, en quelque sorte. Et c'était très amusant d'inventer tous les parcours des comédiens. Alors que Jean-Luc *a priori* imaginait, pour ne pas avoir à faire trop de mise en scène, seulement une table, la table du banquet, point. Nous, on avait démultiplié les espaces, il y avait des loges, des câbles, des greniers, des toits...

Et qu'est-ce que cela racontait ? Il y avait des domaines réservés, des étages spécifiques ?

Oui, il y avait trois étages : l'enfer, le purgatoire et le paradis, et différentes faces du cube. On voulait que les éléments du théâtre, les loges, les accessoires, etc., soient présents, au niveau de la cave. Puis au dessus, la table du banquet que l'on n'en finissait pas d'installer, de débarrasser... Et au-dessus encore, les aspirations lyriques : l'orchestre, un cheval de bois, et c'était aussi là que se passaient les scènes d'amour. C'était très amusant à faire.

L'orchestre ?

Il y avait un accordéon et un tuba.

Et la musique, qu'est-ce que c'était ?

Elle avait été composée par le musicien avec qui je travaillais à l'époque, Jean-Yves Ribot. On avait fait des chansons en bulgares, parce qu'il y avait tout le côté Europe de l'Est aussi, qu'on choisit de traiter, ou pas, dans la pièce. À cette époque-là, c'était à faire. Maintenant c'est un sujet moins d'actualité. À l'époque, la chute du mur n'était pas si loin, donc ce monde de l'Est qui était voué à un destin incertain et plus déconstruit que construit, cela nous importait beaucoup. C'était le thème politique de la pièce, on tenait à parler de l'Est aussi. C'était très important.

Et la guerre qui est au lointain, le spectateur était invité à l'associer aussi ?

Ce n'était pas encore la guerre de Bosnie, parce que l'on était avant. Mais le spectacle, à ce moment-là, devait parler d'une certaine conscience que l'Occident se devait d'avoir, ou d'une construction de l'Europe qui devait s'étendre à une inquiétude pour l'Est. Donc on chantait en bulgare. Comme ça la langue n'était pas trop repérable. Il a fallu trouver toutes sortes de chansons qui rythmaient le spectacle. Jean-Luc voulait des intermèdes musicaux, qui n'étaient pas précisés. On faisait donc des chansons en bulgare. Cela venait surtout d'Élisabeth, Irina et moi, qui faisions ça tout le temps, des cabarets. C'est un monde qui lui était un peu étranger, et qui lui plaisait. Il avait imaginé des intermèdes musicaux. On s'était disputés d'ailleurs à ce propos, car il avait un musicien qui était catastrophique. Je lui avais dit : « Si on fait des intermèdes musicaux, il faut le faire bien. »

Et les costumes ? Renvoient-ils aussi à cette atmosphère de cabaret ?

Non c'était assez sobre, d'autant que je me souvienne. On n'avait pas trop forcé le côté Europe de l'Est.

La fable c'est que quand ils arrivent sur scène, ils sortent de scène.

Nous on le faisait comme ça : une sortie de scène avec des costumes de scène qu'on enlevait petit à petit, des miroirs dans lesquels on se démaquillait, mon costume de singe...

Le côté Kafka aussi était présent. J'étais très influencé par le Théâtre du Radeau à cette époque-là, qui faisait dans une sorte de forain.

Dans l'écriture, le côté Kafka est stupéfiant. Quand on regarde, ce texte est un montage au petit point de textes hétéroclites, hétérogènes de Kafka. Tu savais cela, quand vous avez monté la pièce ?

Oui, bien sûr, et l'on essayait plutôt de s'en dégager. Je ne voulais surtout pas que la pièce passe pour un montage de Kafka, d'autant plus qu'il y avait eu ce malentendu sur *Les Règles du savoir-vivre dans la*

© B. Enguérand.

Nous, les héros, de Jean-Luc Lagarce, mise en scène de Olivier Py. La Rochelle, La Coursive, 1997.

société moderne, une pièce de Jean-Luc évidemment, mais avec quand même un « hypotexte »... J'avais donc tout fait pour l'on oublie – et dans la communication et dans mes références – pour que l'on n'imagine pas qu'il s'agisse d'un énième montage de Kafka. C'est quelque chose qui est peu repéré dans son écriture, comment il a détroussé Kafka... La forme rhapsodique, c'est exactement cela. Le plus incroyable, c'est dans *Les Solitaires intempestifs*. C'est comme un jeu.

Il y a un côté quasiment Perec, surtout dans *Nous, les héros* parce que c'est crypté, et on voit très peu les coutures.

Avec cette authenticité que c'était très autobiographique.

Et quel sens cela prenait pour lui ?

Je crois que l'on a, c'est peut-être un peu audacieux comme thèse, le cas d'un homme qui ne savait plus comment écrire, vraiment. Il y a une période assez longue où il n'y a presque plus d'écriture. Et tout le rapport à la maladie, à la mort c'est : que faire, comment faire ? Et cette idée que la réécriture, le palimpseste est la forme la plus fondamentale, et la plus intime. Et il arrive à ses textes les plus intimes.

Oui, c'est pascalien. « Agenouillez-vous et vous croirez », « Écrivez et vous écrirez »... Et Kafka ?

Je ne sais pas... Il avait ses auteurs favoris, comme tout le monde, il n'était pas d'une originalité absolue dans ses lectures. Bien qu'il ait fait des études de philosophie, il avait plutôt des lectures romanesques. C'est un homme qui ne parlait jamais de philosophie. C'est l'aspect romanesque, je crois, qui l'intéressait. Oui, cette forme du récit l'a vraiment obsédé : comment faire le récit ? Comment faire ce récit ? Très intéressant. Avec une idée, que je ne partage pas du tout, et là il y a une différence générationnelle : une idée politique, selon laquelle ceux qui n'ont pas fait Mai 68 n'ont pas d'histoire.

C'est le hold-up de la génération 68 !

C'est une idée contre laquelle j'étais totalement révolté, jusqu'à dire des bêtises : « Mais qu'est-ce c'est que 68 ? » Pour lui, par contre, c'était formateur. C'était une forme tragique dans laquelle il a trouvé un lyrisme. C'est l'impossibilité de lyrisme qui produit un lyrisme de l'impossibilité. Il y a ça dans la langue : on ne peut pas faire de récit de ce que l'on vit, et c'est cette impossibilité de faire le récit qui crée le récit, et c'est parce que l'on ne peut pas formuler que ça finit par créer une fugue sur l'impossibilité de dire.

C'est aussi post-Beckett, cela.

C'est de là qu'il vient ! Je n'ai jamais lu ses deux premiers textes qui ont été montés au Petit-Odéon. Lui comme moi avons d'abord été montés au Petit-Odéon. Avec du Ionesco, et un substrat Beckett.

© Lin Delpierre.

Olivier Py.

Ionesco, Beckett, Duras, c'étaient des références que moi je vomissais ! Ce n'était pas un fan de Claudel par contre.

Tu étais déjà fan de Claudel à l'époque ?

Oui, j'étais même plus dangereux que ça ! J'étais fan de Montherlant, de Bloy, de tous les auteurs « interdits ». J'adorais le théâtre de Montherlant ! J'adore toujours, d'ailleurs. Quel français on lit quand on lit Bloy ! C'est du feu ! Moi, je voulais surtout tout faire pour sortir du non-dit, de la non-histoire, du non-récit, de l'impossibilité de lyrisme, etc. Et au fond, en prenant cette voie-là je n'avais plus d'autre solution que le grotesque.

Est-ce qu'il avait senti ça en t'écrivant le personnage de Karl ?

Oui, c'est certain. Puisque c'est le personnage de quelqu'un qui n'arrive pas à devenir adulte. Il sentait bien qu'il y aurait toujours un côté gosse chez moi, et puis qui faisait le singe ! Or, je me suis un peu calmé, mais j'étais un pathologique du gag ! J'étais un tiqueur-blagueur fou, proche du syndrome de la Tourette ! Il l'écrit plusieurs fois dans son journal, que je suis totalement déchaîné.

C'est Karl qui propose *Sulamith* et qui avance toutes ces idées de mises en scène...

... délirantes, baroques ! Bien sûr que c'est moi !

En parlant de Kafka, c'est en même temps le Karl de *Amerika*, c'est amusant comme hasard.

Bien sûr, c'est fou !

Karl part de qualités qui ne sont pas celles de Kafka, qui sont les tiennes.

Tout à fait !

Et donc, Kafka dans ton spectacle ?

Je ne l'avais pas traité, à part ce côté Europe de l'Est non défini. Il y a eu une mise de scène de *Nous, les héros* par Guillaume Vincent à Orléans, que je trouve personnellement pas tout à fait aboutie, pourtant le point de vue me semblait intéressant, d'oublier complètement le côté Europe de l'Est et d'aller directement à ce que la pièce à travers ce décor voulait atteindre, à savoir la vie des acteurs aujourd'hui. C'est fou, il y a même un texte entier sur la question de l'intermittence, des droits, etc. Alors que ce n'était pas du tout un sujet à la mode. Si je devais le refaire aujourd'hui, je le ferais dans ce sens-là. J'oublierais tout le bric-à-brac exotique de l'Europe de l'Est.

Tu penses que c'est le cœur du texte ?

Oui.

Peut-être que le cœur du texte change selon les générations...

Oui, avec le monde. Il y a cette version, avec le père-sans le père aussi. J'avais habillé Mireille en père. Pour marquer que le Père était absent, on lui avait mis les habits du Père. Puisqu'elle prenait les répliques du père. Mireille était sublime. Il y avait une très très belle distribution.

Dont tu avais hérité...

En grande partie. C'était la distribution du *Malade*, pratiquement.

Et quant aux problèmes de montage ? Je parle de la petite respiration entre ce que l'on pourrait appeler des scènes, ces points de suspension entre parenthèses...

C'était résolu parce que pour nous il n'y avait de sortie de scène, donc il n'y avait pas de scène. La maison pivotait, donc on voyait un autre angle, ceux qui étaient à l'avant-scène passaient à l'arrière. On ne donnait pas du tout l'impression de fragmentaire, mais de continuité. Le dialogue était pris en cours, j'avais « tullé » volontairement toutes les scènes pour donner l'impression de ruche infernale se débattant dans un monde en transformation, comme une grande machine qui n'a plus de sens, telle ces machines agricoles russes ou ces locomotives oubliées qui rouillent, avec des voies ferrées pas finies... Tout ça, c'était des rêveries importantes.

Et des rêveries liées à l'imagerie de ce que devenait l'Est à travers les braises du mur...

Oui, d'ailleurs quand j'ai fait *L'Apocalypse joyeuse* c'était pareil. Entre temps, on avait fait un voyage en Russie qui nous avait beaucoup marqué, un souci de l'Est. Élisabeth était bulgare, moi j'avais un lien aussi intime, j'étais passé à l'Est avant la chute du mur. Il y avait une sorte de passion pour le destin improbable de tous ces pays, peut-être pas avec une lecture politique ou historique très profonde, c'était peut-être simplement un monde imaginaire.

Une sensibilité qui poursuivait celle de Lagarce...

C'est très lié à l'époque. C'est une époque où un homme politiquement correct devait marquer sa solidarité avec les pays de l'Est. Ca s'est un peu défait aujourd'hui. On a arrêté de les voir comme des victimes. Je crois que c'était surtout cela, de l'empathie pour la victime qui prédominait. « Mon Dieu, quand même, les gens de l'Est ! » (...) Entre temps j'avais quand même fait une grève de la faim de 28 jours pour les pays de l'Est ! Cela me revient maintenant. C'était beaucoup plus présent. J'étais allé à Sarajevo pendant la guerre. On avait des bruits de guerre. Au contraire, dans la mise en scène il y avait un côté carnet de route de Sarajevo, j'avais pris beaucoup de notes ! C'était important.

C'est une thématique qui est quasiment tienne, l'errance des comédiens ? Ce voyage c'est aussi le voyage d'une humanité qui est paumée...

Avec la Bosnie j'ai toujours un problème, parce que ma vie d'homme de théâtre et de chef de troupe et mon engagement pour la Bosnie ont été incompatibles. Les comédiens m'ont beaucoup reproché cet engagement, c'est quelque chose qui les exaspérait. Sur les trente comédiens de *La Servante*, pas un ne s'est senti solidaire de ce combat-là. C'était deux vies séparées, et même à la limite dont il ne fallait pas parler. Sarajevo était un sujet explosif, qui faisait un peu affaire Dreyfus. Je me mettais très facilement en colère. Ca m'avait créé des amitiés théâtrales en dehors de champ-là. Jean-Luc est très dur sur cet engagement-là dans son journal. Il dit que c'est ridicule, trouve que ça n'a aucun sens... Il était révulsé par cet engagement. Avec tort et raison. Il a tort sur le fond, mais sans doute raison sur l'aspect un peu ridicule qu'il pouvait y avoir dans les modes.

Il y est très sensible...

Oui, peut-être plus sensible au savoir-vivre qu'à la vie.

***Nous, les héros*, c'était donc une façon de nouer les deux fils ?**

(...) J'ai déconnecté un peu les deux, mais ça restait très présent. (...)

Et quel a été le retentissement de la pièce, de ton spectacle ?

C'est un de mes spectacles qui a le moins marché. Parce que Lagarce, tout le monde s'en foutait. Le nombre de gens qui sont venus me dire : « La mise en scène est géniale, mais alors le texte, c'est quand même pas un grand auteur », « Oh il a voulu monter cela parce c'est son copain... » À la limite, Nordey s'en est un peu mieux sorti que moi, parce que lui ne le connaissait pas personnellement, je crois, donc on pouvait penser que c'était un choix plus objectif. Et *J'étais dans ma maison et j'attendais que la pluie vienne*, ce côté durassien, plaisait. *Nous, les héros* est une pièce plus « frappadingue ». Elle est faite pour des acteurs qui font partie de mon univers, avec l'idée que nous prendrions en charge tout ce qui était folie, intermèdes musicaux, la scène délirante sur la *Sulamith*, qui me ressemble évidemment. C'était quelque chose qu'il composait, je crois, avec nous.

C'est une pièce de troupe...

Oui.

Formidable, mais en même temps de nos jours très difficile...

Pas tellement. Quand Sivadier travaille, il travaille avec l'idée d'une troupe. *Les Illusions comiques*, j'ai l'impression que c'est une pièce de troupe, écrite pour les copains, par les copains...

Tu n'envisagerais pas de proposer à nouveau *Nous, les héros*, dans une toute autre perspective ?

Non, je ne le referais pas. Et puis Jean-Luc n'a vraiment plus besoin de moi, si tant est qu'il ait jamais eu besoin de moi.

Comment expliques-tu cet engouement, qui n'a d'égal que le mépris dans lequel il était tenu, semble-t-il, en tant qu'auteur, de son vivant ?

Je me suis beaucoup posé la question ces dernières années. Je crois que c'est lié. C'est le mythe littéraire absolu. Pas publié, méconnu, il meurt, et la bibliothèque entière arrive. Qui a réalisé un truc pareil ? Il y a le mythe rimbaldien... C'est si l'on peut dire, en terme de succès littéraire, le timing parfait. Le succès n'a pas lieu tout de suite. Ce n'est pas quand il meurt, mais quand les textes sont publiés. Il meurt, créée sa maison d'édition de manière quasi-posthume, et l'on découvre tous ses textes avec une grande cohérence littéraire. C'est le plus troublant. Des univers très différents, des formes très différentes, mais une cohérence du style, purement stylistique, qui confine à l'obsession, qui est rare !

Même si peut-être là encore *Nous, les héros* est un peu différent...

Non, *Nous, les héros* n'est pas différent stylistiquement. C'est toujours la même langue. « Le talent fait ce qu'il veut, le génie fait ce qu'il peut » : c'est toujours la même langue, depuis le début. Je crois que cela a joué : c'est le mythe littéraire. C'est tout de même un peu surprenant ! Gabily ne connaît pas le même succès. L'œuvre de Jean-Luc est une œuvre très facile à aborder, vraiment. L'écriture de Didier [Didier-Georges Gabily] est complexe, référentielle. L'œuvre de Jean-Luc est très facile, très lisible, qui ne pose pas de problème formel majeur, pas de problème référentiel, pas de problème de thématique qui puisse être choquante, gênante, voire subversive !

Il a complètement gommé cela...

Et c'est surprenant, car le personnage est beaucoup plus subversif que l'œuvre ! Même le *Journal*, ses petits essais filmiques... Mais cela n'apparaît pas ! J'ai dit une fois – et on a cru que c'était péjoratif, mais c'est seulement objectif – que la forme est celle du drame bourgeois. Donc le drame bourgeois est fait pour le succès ! Une obsession sur la thématique familiale... Quand je lis *Le Retour à la citadelle, Le Pays lointain, Nous, les héros*... C'est toujours la même pièce. C'est drôle à quel point les autres éléments de sa vie plus...

... sulfureux...

... sulfureux, mais aussi vécus plus au quotidien sont absents ! (...)

Il n'y a pas de difficulté thématique d'approche de l'univers lagarcien, de la phrase lagarcienne ? Toi qui as fait une lecture entière de *Juste la fin du monde* ?

Non, parce que c'est assez jubilatoire pour les acteurs. Il y a un exercice d'acteur à opérer qui est intéressant à faire. Une écriture réellement blanche, c'est beaucoup plus difficile à assumer au fond, j'ai l'impression. On est très vite dans une volupté d'acteur. C'est un théâtre qui plaît aux acteurs, qui est fait pour les acteurs, c'est vrai.

C'est amusant que tu dises cela, parce que Raskine dit justement : « Attention, le grand danger c'est le plaisir de l'acteur ! »

Moi je dis exactement l'inverse !

Il faut du souffle peut-être ?

Non, pas spécialement. Le mètre n'est jamais long. Tous les acteurs peuvent faire ça. Tous les acteurs ne peuvent pas jouer Claudel. Jouer Jean-Luc, oui. Ca fait tout un faisceau de choses qui ont dû produire ce succès, qui me dépasse un peu, tout de même. Je ne pense pas que ce soit fini en plus ! Parce qu'il y a encore des choses à découvrir.

Il semble qu'en plus sur *Juste la fin du monde* il y ait une deuxième génération d'approche...

La pièce est trop montée, on la connaît par cœur. En plus, ce n'est pas une pièce qui permet dix mille versions. Je ne comprends pas bien. À mon avis, *Nous, les héros* permettrait beaucoup de mises en scène différentes, et plus riches et plus difficiles. Le succès théâtral tient aussi au fait qu'il s'agit de pièces courtes, que l'on peut monter facilement. Pour moi *Nous, les héros* c'est la vraie réussite. À mon avis, c'est la seule grande pièce de Jean-Luc. Parce que je ne tiens pas vraiment *Le Pays lointain* pour une pièce. Plutôt pour une sorte de testament, d'un roman qui a été fait sous forme dialoguée, puisque la pièce c'est *Juste la fin du monde*, qui est une bonne pièce.

***Nous, les héros*, c'est aussi peut-être la pièce qui s'aventure dans d'autres domaines que le drame bourgeois...**

Oui...

... le vaudeville, on peut dire cela ?

Il y en a, oui, et l'épique.

Il me semble que dans *Juste la fin du monde* et *Le Pays lointain*, il y a déjà une sorte d'« épique soft » : c'est cette voix qui parle, qui fait surgir doucement le drame, de façon quasiment imperceptible.

Oui, ou qui s'interdit le registre épique.

Cela, c'est aussi le théâtre d'une génération...

Bien sûr, il est très charnière : voir comment on passe d'un théâtre du non-dit, de l'impossibilité de dire, et comment il aborde ce qui se créée aujourd'hui, que l'on appellerait le renouveau du lyrisme, dans lequel moi, j'ai basculé pour le meilleur et pour le pire...

Avec ivresse !

Pas toujours avec ivresse, mais avec une impossibilité de supporter l'ennui ! Pour Beckett et Duras, je ne le comprenais pas du tout. Pour le théâtre de Beckett, s'entend. Mais enfin, dans ses derniers projets il voulait monter *Le Cid*. Même dans son choix de répertoire, quelque chose se passait, les temps avaient changé. Il voulait faire tous les grands classiques, les classiques les plus classiques.

Sauf Claudel... qui n'est pas un classique.

Je n'ai pas souvenir qu'il ait jamais fait référence à Claudel, à Hugo encore moins. Par exemple, je n'ai pas souvenir qu'il ait jamais fait la moindre référence à Vitez, plus contemporain et qui déjà s'inscrivait dans une recherche de lyrisme. C'était toujours un peu le roman des années 1980, qui était prédominant. L'élégance ! J'ai toujours eu du mépris pour l'élégance.

© B. Enguerand.

Nous, les héros, de Jean-Luc Lagarce, mise en scène de Olivier Py. La Rochelle, La Coursive, 1997.

La retenue ?

Oui, la retenue, le savoir-vivre au fond

C'est ce que l'on appelle le savoir-vivre contre la vie, c'est ça ?

« La vie peut nous trahir, le savoir-vivre jamais. Le savoir-vivre m'appartient, la vie non. » C'était une idée comme ça.

C'était une norme ?

J'aimerais le croire. C'était aussi beaucoup une éducation.

D'où l'éternel retour du roman familial…

C'est un peu étrange.

C'est peut-être le propos de *Juste la fin du monde* : « Je ne peux pas vous parler, parce que vous m'avez appris à ne pas parler. »

Oui, certainement. Mais dans sa vie intime, privée – que finalement je connaissais assez peu, car il développait des bulles propres à chaque personne, qui fait que le reste restait dans l'obscurité – je suis un peu surpris qu'il n'y ait pas eu de vraiment de compagnon. Il y a une sorte d'échec, c'est comme cela, de la vie amoureuse qui se perd dans le sublime et le ridicule de la débauche. Il y a quelque chose qui manque, je crois, à son expérience, un manque que je retrouve dans son écriture, l'incapacité de fonder quelque chose, dans un lien avec quelqu'un.

Tu veux dire une autocensure, ou une impossibilité de vivre ?

Les deux. Cela paraît consenti, ou ça paraît un projet spirituel, alors que cela semble plutôt comme une douleur. Ca le ramène toujours au fond au lien familial, qu'il ne peut pas créer ailleurs.

C'est pour ça que *Le Pays lointain* est un très beau titre.

Oui, un très beau titre.

Et *Nous, les héros*, comment tu perçois ce titre ?

Tout ce que l'on veut, sauf ironique. C'est le sens même du monologue que j'ai fait dans *Les Illusions comiques*. Il s'agit bien d'une vie héroïque, il n'y a aucun doute, C'est une vie héroïque qui est là, pour lui comme pour nous… Je crois que, au fond, j'ai toujours eu par rapport au sida le syndrome du rescapé. Je ne voulais pas savoir qu'il était mourant, je ne voulais pas savoir qu'il était malade. Je ne sais pas comment dire… J'avais l'impression de redoubler de vitalité à son contact, parce que je ne lui pardonnais pas du tout d'être malade, certainement.

Un **théâtre** en trompe-l'œil

« Nous trichons »

Comme un roman

Au bout du compte

Espaces incertains

Il faut bien l'admettre, elle est risible

Le complexe de Frankenstein

« Loin dans les méandres de la parole »
Entretien avec François Berreur

Une faille de chagrin au milieu du Français
Entretien avec Michel Raskine

« Nous trichons »

Dire ce refus de l'inquiètude

« À ne pas admettre sa propre vie, ses propres lâchetés, son arrangement, toujours, avec la réalité, à ne pas vouloir s'interroger sur ses actes ou sur son immobilité, pleine toujours de la bonne conscience de la réflexion, à ne parler que des autres, si lointains dans la géographie ou l'histoire, et morts, ou exotiques, ou si incompréhensibles, à ne parler plus que des combats que nous leur intimons de livrer et les questions que nous leur ordonnons de se poser, et les jugements définitifs que nous assenons sur leurs vies, leurs erreurs, leurs victoires et leurs imbéciles défaites, nous mourons, nous sommes morts, nous regardons le spectacle, tout nous est spectacle, la vie nous quitte, nous ne nous interrogeons plus, nous nous aimons tels que nous avons patiemment décidé d'être. Nous trichons. »

« Dire ce refus de l'inquiétude », pour le calendrier de la saison 1994/1995 du Théâtre de la Roulotte, in *Du luxe et de l'impuissance*, Les Solitaires intempestifs, 2004, p. 43.

Mauvaise foi

Quand cessons-nous de jouer un rôle ? Quand sommes-nous pleinement nous-mêmes, authentiques, sincères ? Inversement, quand ne sommes-nous pas en représentation ? Poseurs, tricheurs, insincères ? – Réponse de Jean-Luc Lagarce : jamais ; la solitude elle-même, étant une pose ; la sincérité, un moyen.

Une pose, la solitude ?

La question est au fond de *Juste la fin du monde*. En ce point de non-retour où, semble-t-il, pourtant la tricherie n'est plus permise – mais n'est-ce pas exactement le contraire ?

On pense à ce que Malraux dit dans *L'Espoir*, au fait que la mort « transforme l'existence en destin » : pourquoi cet instant « de change » ne serait-il pas le point culminant du mensonge, l'ultime parade, le summum de l'hypocrisie ? À cause de la solitude ? Mais qu'est-ce que cette solitude qui s'exporte, se met en scène, qui prend la pose ? « Solitaire intempestif » : qu'est-ce que cette solitude militante, cette solitude qui *résiste* (se décerne des brevets de résistance) et prétend crâneusement se jouer des barrières (du temps, de l'histoire, de la bêtise, de la prédestination sociale) ? Jean-Luc Lagarce nous met en garde : cette solitude (intempestive) est d'abord un *théâtre* dont nous ne devons pas être les dupes.

Ne pas être dupe. Cela commence par ne pas être dupe de soi (le soi n'est-il pas le grand truqueur, celui auquel je céderai toujours ?). Cela a aussi une limite : c'est celle de l'intelligence et du détachement, celle du « celui à qui on ne la fait pas » – la peur de se mentir ne mène-t-elle pas tout droit à l'ironie et au refus du sens ? Ne pas être dupe : « les non-dupes errent » martèle Jacques Lacan (la position du « non-dupe » traduit la peur du Père, elle est un symptôme adolescent, un complexe infantile).

Alors tricher, ne pas tricher ?

Sortir de la triche en dénonçant qu'on triche – ce serait la première idée, la solution du théâtre dans le théâtre (le personnage est un comédien qui triche et qui, en trichant, montre qu'il joue) ? Ou, au contraire, sortir de ce « complexe de la triche », sortir de cette angoisse (l'insincérité, la peur d'être dupe), sortir de l'intempestive solitude, du souci de soi, de la parade? En choisissant l'engagement plutôt que « le spectacle » (cela implique que le théâtre soit donc le contraire d'un « spectacle », c'est-à-dire un « engagement ») ?

À moins qu'il ne faille renoncer tout de bon au théâtre – à ses tricheries comme à ses engagements – afin de vivre purement et simplement avec les autres plutôt qu'aux yeux des autres ?

Où est la vérité ? En exergue du spectacle[17], Lagarce cite cet extrait de Peter Handke : « ... Dans vos crises de désespoir vous avez peut-être constaté que vous n'êtes pas du tout désespérés. Désespérés, vous seriez déjà morts. On ne peut pas renoncer ; *ne jouez donc pas les solitaires intempestifs* : car si vous continuez à avoir de l'inclination pour vous-mêmes, ne voyez-vous pas dans l'abandon où vous êtes une lueur des dieux[18] ? »

Nous trichons : par exemple, nous ne sommes pas du tout désespérés. Et si cette tricherie était un bon signe ? Si elle était pulsion de vie, la marque qu'au fond nous ne « renonçons » jamais – le signe le plus évident de notre *vitalité* ? « Lueur des dieux » ? Nous trichons ? Et alors, interroge Peter Handke ? Ne sommes-nous pas *en-vie* ?

17. *Les Solitaires intempestifs*, créé par la Roulotte en 1992.

18. Peter Handke, *Par les villages*.

Mauvaise passe

Ainsi : « *Totus mundus agit histrionem* », « tout le monde fait l'histrion ». C'était la devise du Théâtre du Globe. « Tout le monde » c'est, au premier chef, bien sûr, la troupe d'acteurs de *Nous, les héros* ; c'est aussi le groupe qui compose la famille de *Juste la fin du monde* : c'est enfin Lagarce lui-même qui écrit *Nous, les héros* en réinjectant les personnages des *Préparatifs de noce à la campagne* et des pans entiers du *Journal* de Kafka.

Patrick Le Bœuf qui analyse, dans un extraordinaire article[19], ce processus, signale que la pièce de Jakob Gordin, *Der Wilde Mensch*, que les acteurs de *Nous, les héros* sont censés avoir jouée avant d'entrer en scène, a inspiré *La Métamorphose*. Métamorphose : le thème est, à vrai dire, au cœur de l'œuvre de Lagarce comme il l'est de celle de Kafka ; ce thème est aussi celui de l'immaturité et de l'adolescence. L'humain, le non-humain, la vérité, le mensonge, le passé qu'on vomit, l'avenir qu'on redoute : les « héros » y sont pris à la glue de l'*entre-deux*, dans cette zone sourde où tout migre, se mélange, recroise, ratatine. Il n'y a plus, dans cet espace obtus de la métamorphose, de frontière fixe, de loi, ni d'identité stables. À la fin cependant, avec un peu de chance, quelque chose d'un peu monstrueux s'expulse (le cafard, « *der wilde mensch* ») et un nouvel être (la jeune sœur de Gregor, une nouvelle pièce, l'Amérique de Karl) apparaît dans la lumière du matin.

Comment opérer sa « mue », parvenir, sans mourir, à *s'extirper de soi* ? On se rappelle peut-être ce que disait Françoise Dolto parlant de la souffrance de l'adolescence : « Un adolescent, c'est un homard pendant la mue : sans carapace, obligé d'en fabriquer une autre, et, en attendant, confronté à tous les dangers. »

Cela, ainsi, peut finir tragiquement : *exit* le soi, *exit* le monstre – le « truqueur ». On connaît la fin, si gaie et si triste, de *La Métamorphose* : « Et ce fut pour eux comme la confirmation de ces rêves nouveaux, lorsqu'en arrivant ils virent leur fille se lever la première et étirer son jeune corps. » Gregor est mort ; « ils » revivent.

Genèse de l'être, genèse de l'œuvre.

À cette époque, la Roulotte joue en tournée *Le Malade imaginaire* avec la même équipe que pour *La Cantatrice chauve*. Dans la foulée, Lagarce écrit

19. Patrick Le Bœuf, « L'écriture de *Nous, les héros* : dialogue entre Kafka et Lagarce », in *Problématiques d'une œuvre I, colloque de Strasbourg*, Les Solitaires intempestifs, 2007.

© Atelier 55.

Préparatifs de noces à la campagne, d'après Franz Kafka. Adaptation et mise en scène de Jean-Luc Lagarce. Besançon, Espace Planoise, 1984.

Nous, les héros et l'offre, le dernier jour, comme un cadeau surprise à la troupe (Bernard Bloch leur faussant compagnie, Lagarce supprime en une nuit le rôle du père, ajoute celui de Mademoiselle pour donner un rôle à Emmanuelle Brunschwig). Emprunts, détournements, rebondissements, collages, réemplois : c'est le même « entre-deux », la même « tricherie », la même « métamorphose » à l'œuvre. Lagarce peut se recommander d'illustres aînés (à commencer par Molière). Le métier d'auteur dramatique, tel qu'il l'exerce, est un travail ténébreux et sale (« *der wilde mensch* »). Jouer n'est-il pas « jongler » ? Le Bœuf cite Kafka : tout est permis à l'auteur dès lors qu'il a en vue la Terre promise (sauver son peuple, faire vivre sa troupe, protéger sa tournée – son « exode ») ; il n'y a à cela ni mensonge ni « tricherie » ; il traverse tout « à pieds secs, comme les Juifs, si je puis dire, traversèrent la mer Rouge[20] ». Où est alors le mal ?

Nous, les tricheurs

Tous trichent. Qui tous ?

Raban : qui va épouser Joséphine tout en jurant son amour à Mme Tschissik (il voudrait que ce soit elle qui l'enlève !).

Mme Tschissik : qui joue les divas en mettant ses fourrures au clou et fait des tremolos sur le néant de sa vie : « Je me suis retirée dans le rien ; je suis niée par la vulgarité du monde » (p. 51).

La Mère : qui « triche » sur l'assurance sociale, qui fait semblant d'avoir une vraie troupe avec de vraies ambitions artistiques (elle trouve réellement « formidable » l'acoustique d'une « baraque à frites »), qui ment à sa fille (« Souriez, recommande-t-elle à son gendre, souriez un peu, jouez la comédie », p. 38), qui ment à Mademoiselle (qu'elle chasse à la fin comme une voleuse), aux Tschissik qu'elle déteste (« Nous ne pouvons pas la renvoyer... », p. 28), à Max (qui torture la petite Eduardowa et qui professe des opinions socialistes).

Karl : qui se prétend mal aimé, rêve de beaux suicides (p. 25), qui refuse de devenir un homme et de changer de costume.

Max : qui ne peut résister au désir de séduire (« il me faudra l'aimer jusqu'à l'épuisement, il viendra vite... »), qui roule les mécaniques puis s'écrase devant la Mère.

Eduardowa, Joséphine qui se laissent bêtement torturer par les hommes. M. Tschissik qui s'énerve contre Eduardowa alors même qu'il voudrait lui apprendre à réagir. Mademoiselle qui méprise les

© Isabelle Fournier.

Affiche de *Nous, les héros*, de Jean-Luc Lagarce, mise en scène de Michel Belletante. Pont-de-Claix, L'Amphithéâtre, 2007.

Tschissik, travaille tout ce qu'elle peut au salut de la troupe (« mais la situation n'est pas bonne – elle ne l'a jamais été, elle ne saurait l'être aujourd'hui », p. 54), qui attend en silence que Karl se déclare, etc.

En quoi consiste leur tricherie ?

Mme Tschissik en fait, à la fin, la théorie quand elle stigmatise la lâcheté de Raban, ce « petit épargnant de l'amour » : « Vous l'auriez abandonnée, lui avoue-t-elle en parlant de Joséphine, je vous aurais peut-être suivi. » Mais le jeune homme a-t-il pris ce risque ? Non, il a préféré, douillettement, se fiancer à l'héritière de la troupe, et le voilà maintenant qui revient avec sa mine de circonstance (« Je viens vous faire mes adieux », p. 82) et la rend responsable de sa propre lâcheté ! Aux cartes, le tricheur ment à ses adversaires ; au jeu de la vie, il se ment à lui-même. Ses attaques, ses raisons sont des *alibis*.

« Vous voudriez, lui dit-elle, connaître les deux fins d'une même histoire, sans rien décider. Ce n'est pas la règle, la vie, ce n'est qu'un tour. » « Vous vouliez des promesses et des certitudes et la garantie encore

20. *Journal* de Kafka, 22 octobre 1911, cité par Patrick Le Bœuf, *ibid*.

d'une vie douce et claire. Qui peut rêver cela sans rien donner, sans rien risquer jamais ? » (P. 82.)
Raban triche : on ne peut *tout* avoir, *tout* garder, gagner sur *tous* les tableaux. Vivre c'est le contraire : il faut accepter de perdre, sa mise, son temps, ses efforts ; il faut se dépenser, sans compter ; il faut vouloir changer. Et comment changer en restant dans « l'entre-deux », comment changer en restant comme avant ?

Cette faille centrale des personnages explique la structure de la pièce, montée, nous dit E. D., comme un « compte à rebours ». Les personnages, en effet, sont des pendules oscillant, tout le temps de la pièce, d'un extrême à l'autre. Tricheurs : ils tergiversent. Tels des enfants sur une balançoire. En avant, en arrière ; tantôt se risquant, tantôt renonçant – « s'arrangeant », se faisant une raison. À la fin, cependant, les voilà qui s'envolent par paquets – s'arrachant à leur pesanteur : ils sont emportés par l'élan. Max, Karl, Mademoiselle s'enfuient. Raban, les Tschissik, le Grand- Père « s'accommodent ». Mais la Mère ? Joséphine ? Mais Eduardowa ? Dira-t-on qu'elles renoncent ou au contraire qu'elles ouvrent les yeux, qu'elles choisissent de continuer sans plus jamais se raconter d'histoires ?
En tout cas, la balançoire s'arrête. La structure explose, mais plutôt comme une bulle que comme une bombe, la fin étant déjà encodée (et visible) dans le début (il s'agit d'un « démaillage », dit E. D., d'un « effilochage »). Chacun continue sur son erre. Et il n'y a qu'une vérité : c'est qu'« au bout du compte[21] », aucun, malgré son animosité et toutes ses protestations d'inconfort et de désespoir, ni aucune ne s'est suicidé.

Ni Joséphine, ni Mademoiselle, ni la Mère : « Le mieux, probablement, serait que je m'achète un revolver et que je me le colle sur la tempe et que je renonce à la vieillesse douce et heureuse que je m'étais imaginée » (p. 49).
Ni Karl : « Tout l'après-midi encore – est-ce que je peux dire ça ? – tout l'après-midi encore, j'ai réfléchi à mon *Grand-saut-par-la-fenêtre*... Cela me plaisait assez, l'image du petit singe écrasé cinq étages en contrebas » (p. 24).
Ni Eduardowa : « Si j'étais sans un amour qui m'enlève un jour, je préférerais mettre ma tête dans un sac » (« Et sous le sac, lui rétorque Mademoiselle, tu continuerais à prier chaque jour qu'on le soulève ! ») (p. 77).

La vie (comme dit Handke) est la plus forte. Et peu importe si les uns passent à l'acte et si les autres renoncent, leurs réussites et leurs échecs sont relatifs à de pauvres combinaisons que le théâtre souffle. Héroïques, oui : ils survivent à leur déconfiture. Et leurs succès, dérisoires, ne l'emportent que sur leur propre lâcheté.
Mais quels succès ? Décamper comme un voleur dans la nuit (Karl) ? S'engager dans l'armée (Max), une fois qu'on a bien fait « courir la bête » (« Risible, commente Mme Tschissik ? Non ? On ne croit à rien : jamais il ne risquera ses lunettes dans la bataille ») ? Est-ce « décider » que décider ça ? La vérité sans doute (et c'est l'ultime ironie) serait à chercher dans la bouche du tricheur en chef, à savoir le Grand-Père, qui enseigne à Max la vanité de ce soi-disant héroïsme : « C'est comme une décision d'enfant qui vous engloutira sans raison, sans jamais que vous puissiez laisser de trace. Il n'y aura pas d'héroïsme, juste une disparition, sans bruit, vous vous trompez » – si la Mère ne sapait par avance toute cette hystérie verbale : « Vous ne m'entraînerez pas sur le terrain mouvant des mots. Pas moi. »
La triche est coextensive au désir d'« être », de « laisser une trace » ; elle va de pair avec le langage, qui plie la vie dans ses marques.

Louis, des deux côtés à la fois

Si la tricherie est dans les mots, il ne faut pas s'étonner si :
– le plus grand tricheur est censément l'*auteur* qui crée un monde de mots (nous entraînant « sur le terrain mouvant des mots[22] ») ;
– le moins tricheur (le plus sincère) est peut-être l'*acteur* (ce « héros ») qui sort de scène en ayant épuisé le pouvoir des mots.
Cela pose deux questions : l'une relative à la scène (lieu de trucage ou de vérité ?) ; l'autre relative à Louis (l'écrivain).
Sur ce dernier, le trajet précédent confirme l'idée de départ.
« *Words, words, words*... » Porter, comme le fait Louis, la vérité, surgir au milieu des siens comme une apparition, leur annoncer la nouvelle de sa mort prochaine, c'est prendre la posture de l'Ange – confisquer pour toujours le beau rôle : laisser aux autres le mauvais. Dès qu'on comprend cela, tout s'éclaire et de la tergiversation de Louis (car ce « tricheur », au fond, voudrait être sincère et sa sincérité l'inhibe) et du ratage programmé de sa mission.

21. Voir l'article portant ce titre, page 66.
22. « KARL. – Si nous parlons sérieusement, je vous connais, je perdrai. Je ne résiste pas à vos conversations sérieuses. Aucune conversation sérieuse ne se termine à mon avantage. Je n'ignore pas que toute conversation sérieuse *m'entraîne* et *m'entraîna* toujours, et *m'entraînera* encore, non seulement dans un immédiat désagréable... mais au-delà, dans quelque chose de bien pire encore » (p. 170).

Juste la fin du monde, de Jean-Luc Lagarce, mise en scène de Anne-Margrit Leclerc. Théâtre du Jarnisy, 2005.

La pièce se retourne ainsi, en son milieu, comme un gant. Le Christ devient larron et Louis ce qu'il est malgré lui : un tricheur.

Ou plutôt, il y aurait comme deux faces ou deux images non superposables de Louis, deux points de vue concurrents et également vrais sur la même histoire, celui de Louis sur les autres et celui des autres sur Louis, selon un schéma qui correspond d'ailleurs tout à fait à la structure de la pièce, composée de blocs alternés (sur une face, le récit de Louis ; sur l'autre face, les relations des autres avec Louis), l'ensemble produisant un effet analogue à celui qu'on ressent, par exemple, en entrant dans un ascenseur et qu'on se trouve, par le jeu de deux miroirs symétriques, face à *soi vu par derrière*, et tel donc qu'on ne se voit pas, mais tel que les autres nous voient.

Et que voient-ils ici ?

Ce cirque, cette fable, cette simagrée : « le retour du fils prodigue » (l'on sait que pour son retour, le père dilapide les biens qu'il réservait aux autres). Ou encore, cette autre fable, ce jeu d'enfant : « le roi du silence ».

Louis est le fils prodigue ; Louis est le roi du silence. Il triche en ne disant mot (son silence qui lui est, d'un côté, imposé[23], est également et objectivement, *pour les autres*, une stratégie), parce qu'il laisse les autres se mouiller ou bégayer, s'emporter, mélanger leurs phrases – et les contraint donc à « tricher », pour mieux les prendre ensuite sur le fait, les démasquant, ou gentiment, toujours ironiquement, d'un clin d'œil (il cite alors les mots de son frère) les *zappant* comme on zappe une rediffusion : « Ta gueule, Suzanne ! » Le « cinéma » de Louis devient peu à peu évident et son frère, à bout de course, le dénonce comme la tricherie suprême :

« Tout ton soi-disant malheur n'est qu'une façon que tu as,
que tu as toujours eue et que tu auras toujours,
– car tu le voudrais, tu ne saurais plus t'en défaire, tu es pris à *ce rôle* –
que tu as et que tu as toujours eue *de tricher*,
de te protéger et de fuir. »

« Se protéger et fuir » : c'est bien toujours la même lâcheté (celle de Raban, de Karl, de Max), qui consiste à tout quitter et à tout retrouver. Et ainsi tout garder : le dehors et le dedans, la famille et la liberté, la fidélité des siens et sa négligence pour les siens. Rien risquer, rien donner. Se préserver. Antoine enfonce le clou :

« Tout ton malheur n'est qu'une façon de répondre,
une façon que tu as de répondre,
et d'être là devant les autres *et de ne pas les laisser entrer.*
c'est ta manière à toi, ton allure,
le malheur sur le visage comme d'autres un air de crétinerie satisfaite,
tu as choisi ça et cela t'a servi et tu l'as conservé[24]. »

Ces mots si durs d'Antoine nous font ainsi entendre autrement la démarche de Louis, comme si le texte,

23. Voir l'article « Le retour du refoulé », p. 38.

24. *Juste la fin du monde*, p. 73.

Juste la fin du monde, de Jean-Luc Lagarce, mise en scène de Cédric Revollon. Nice, Théâtre de la Semeuse, 2005.

parvenu à ce point du travail, découvrait une partie du « pot aux roses ».

Pourquoi Louis est-il revenu ? Est-ce ce que Louis nous confie au départ (son désir de mettre la vérité sur la table) n'est pas le prétexte allégué d'un tricheur ? Un truc pour se donner une fois encore le beau rôle ? Un « arrangement » de plus pour flouer son frère et sa sœur et empocher, une nouvelle fois, la mise ?

Oui, non. Le spectateur est partagé.

N'y a-t-il pas la maladie de Louis ? N'y a-t-il pas l'évidence de sa mort prochaine – mais n'y a-t-il pas, dans *Nous, les héros*, l'arrivée de la guerre ? Ne voit-on pas que Louis est en même temps coincé, muet, tétanisé, « mal à l'aise », incapable de livrer son secret, que la famille se referme sur lui comme les mâchoires d'un piège à loup : qu'il ne peut pas « l'ouvrir » ?

Oui, bien sûr. Mais tout se passe comme si cette vérité de Louis, comme dans *Nous, les héros* la vérité de Karl, de Max et de la Mère, apparaissait *en troisième lieu*, au prix d'une longue et tortueuse traversée, par laquelle le sujet remonte par les canaux de sa propre « tricherie », et est obligé de se voir par les yeux de ses frères et sœurs, pour se saisir tel qu'en lui-même, c'est-à-dire *des deux côtés à la fois*, dans le miroir enfin brisé de sa mauvaise conscience.

« LA MÈRE *[elle s'adresse à Louis et lui parle de Suzanne et d'Antoine]*. – Ils voudraient tous deux que tu sois plus là,
Plus présent, plus souvent présent,
Qu'ils puissent te joindre, t'appeler
(…) Tu serais un peu *responsable*
Et ils deviendraient à leur tour,
Ils en auraient le droit et pourraient en abuser,
Ils deviendraient à leur tour enfin *des tricheurs à part entière*.
Petit sourire ?
Juste "ces deux ou trois mots" ?
LOUIS. – Non.
Juste le petit sourire. »

Truqueur, pas truqueur ?

Louis s'échappe, tel le chat de Lewis Carroll, nous laissant avec son sourire et son air souverain de ne pas exister.

B. C. ■

« Tricheur à part entière »

Truqueur, pas truqueur ? Louis est un savon : lisse, doux, nébuleux, fuyant – insaisissable. Il se retranche derrière son sourire, éludant les questions dès que celles-ci deviennent des demandes. Ainsi de cette demande réitérée par sa mère et son frère : de cesser de se dérober, d'être vraiment là, ouvert aux autres, d'être quelqu'un sur qui l'on peut compter. Être quelqu'un. Répondre. Sortir de (du) *soi*.

Antoine et la Mère touchent ici au but. C'est qu'il n'y a pire tricheur que celui qui se met *hors-jeu*. À quoi servirait-il de lui faire une passe ? Pour avoir la joie de le voir marquer ? Les autres, tous les autres, truquent, mais au moins ils parlent et répondent comme ils peuvent aux demandes qu'on leur fait. Mal souvent, ou, comme Antoine, la rage aux lèvres, mais au moins ils sont là, présents, en chair et en os, ils existent pour les autres. Le vrai tricheur, c'est l'autre, « l'inrockuptible », le « solitaire intempestif », le fidèle (fidèle *qu'à soi*), celui qui « ne triche pas ». Celui-là est le vrai, ou, comme dit la Mère, « le tricheur à part entière ».

Conclusion : il faut jouer. Jouer pour exister, pour se mettre en jeu. Jouer pour être quelqu'un. Mais s'il est vrai que le problème reste entier de savoir comment rester soi-même en devenant quelqu'un (c'est tout le problème de *La Métamorphose*), on voit que la réflexion a changé d'angle. La question en effet n'est plus de savoir s'il faut jouer, mais comment – plus de savoir comment rester soi-même, mais comment jouer vraiment : comment *jouer en étant vrai*. La question de Louis a rejoint la question du théâtre.

Comme un roman

© J.-P. Maurin.

Juste la fin du monde, de Jean-Luc Lagarce, mise en scène de François Berreur. Maison de la culture de Grenoble, 2007.

En jeu : le prologue de *Juste la fin du monde* comme narration

À qui s'adresse la première voix que l'on entende au prologue de *Juste la fin du monde* ? Elle dit « je » parlant de Louis, « les » en évoquant les autres, ceux à qui l'annonce doit être faite. Elle ne mentionne ni n'installe aucun destinataire, sinon un problématique « toi, vous, elle » qui développe « aux autres » en fin de monologue.

D'où parle cette voix ? D'un ailleurs non spécifié, qui n'est pas l'ici de la pièce, de « la maison de la Mère et de Suzanne », qui l'oblige à dire « retourner » et non revenir.

Mais surtout quand parle-t-elle ? La parole naît d'un après, d'un « plus tard », qui appelle le passé simple : « Je décidai. »

Le système énonciatif du prologue est ainsi celui d'un récit : non pas l'ici, le maintenant, le vous et moi du discours, partant de la parole théâtrale, mais la distance temporelle, spatiale et physique qui fait entendre la voix d'un narrateur, celle qu'installe spécifiquement le recours au passé simple.

Que dit cette voix ?

Un premier exercice, qui s'avérera plus d'une fois nécessaire pour la mise en place de la voix, de la respiration, de l'adresse, voire du sens, peut être ici proposé[25] : réduire cette longue phrase unique à son noyau.

Deux méthodes peuvent être proposées :

La première, objective et drastique, consiste à éliminer toutes les propositions subordonnées, tous les segments entre tirets, entre parenthèses et en incise, mais aussi toutes les expansions circonstancielles, épithètes, apposées.

Réponse obtenue : *Je décidai de retourner les voir*.

Si la déperdition d'information semble trop grande, la seconde peut réintroduire, au risque de l'arbitraire, mais peut-être aussi au bénéfice du débat, des compléments circonstanciels du noyau utiles à l'intelligibilité du propos.

Proposition de réponse : *Plus tard (...) je décidai de retourner les voir pour annoncer (...) ma mort prochaine et inévitable.*

25. Voir, page 99, l'article « Poétique de l'accordéon ».

Ainsi réduite à sa substance nucléaire, l'information reçue appelle plusieurs observations.

Sur la pauvreté de sa matière, qui est celle d'une sous-exposition, en même temps que sur sa puissance tragique. Les questions se pressent autour d'un non dit qu'elle instaure et qui jamais ne sera explicité : après quoi, notamment ? Le départ du fils prodigue ? La mort du père, suggérée par « à mon tour » ? La découverte de la maladie incurable, plus vraisemblablement[26] ?

26. On notera toutefois que l'incipit du *Pays lointain*, si on considère cette dernière pièce comme une expansion de *Juste la fin du monde*, donne un tout autre éclaircissement, celui précisément qui est refusé ici : à l'énigmatique « Plus tard l'année d'après » succède une intervention de L'amant, mort déjà : « Une année après que je meurs, que je suis mort ? », « Exactement », répond Louis.

Entrée *in medias res* : le prologue n'est pas celui de la comédie grecque et latine, ni un simple avant texte comme le discours de l'Annoncier dans *Le Soulier de satin* ou des bonimenteurs brechtiens ; il n'est pas un personnage comme dans les drames à la grecque de Cocteau ou Anouilh. Il n'en met pas moins en place comme eux une mise en perspective du drame. À l'énorme différence près qu'elle se donne non comme dramatique, mais comme temporelle. Ce début est un après : pas seulement après l'événement tabou, mais surtout après le drame qui va être représenté. Par là il mobilise des critères d'analyse qui sont *a priori* ceux de la narratologie et non de la dramaturgie : anamnèse, focalisation, narrateur intra-diégétique. On s'en passera ici. On notera en revanche cette transgression, qui se double d'une autre, propre justement au narratif. Si l'on reprend la question « de quand parle-t-il ? » et qu'on relise les informations temporelles, « j'allais mourir à mon tour », confrontée à « c'est à cet âge que je mourrai, / l'année d'après » (si on coupe le texte ainsi, l'écriture tabulaire permettant deux lectures), s'instille l'hésitation inhérente au fantastique : le narrateur est-il mort ? La narration est-elle d'outre-tombe ?

Narration et drame

Les monologues de Louis confirment l'impression née du prologue. Scandés par les notations temporelles, ils égrènent une histoire, ils racontent une agonie, le long – et si bref ! – apprivoisement de la mort : « il y a dix jours je décidai de revenir ici » (I, 6) ; « au début, ce que l'on croit (...) c'est que le reste du monde disparaîtra avec soi, ... ensuite, mais c'est plus tard, ... parfois, plus tard encore, c'était il y a quelque mois... mais lorsque un soir..., parfois, "les derniers temps"... » (I, 10) ; « et plus tard..., les semaines, les mois qui suivent... » (II, 1) ; « après, ce que je fais, je pars » (épilogue) : *Juste la fin du monde*. Et cette narration est bien d'outre tombe : « Je meurs quelques mois plus tard, / une année tout au plus. »

Une médiation

La scansion narrative tend *a priori* à médiatiser le drame. Elle le donne, si on reste dans la veine de ce fantastique discret, comme une évocation. Évocation inversée puisque c'est ici le mort qui convoque les vivants. Ainsi peut-on relire le passage des « autres » lointains à « toi, vous, elle » en conclusion du prologue : il est en même temps proprement acte de théâtre, puisqu'il suscite la re-présentation. Si le narrateur s'y fond par la suite, mais non sans interruption, dans les scènes restituées, le souvenir de sa parole liminaire impose, comme dans toute narration, et contrairement à tout théâtre, un point de vue : les échanges sont donnés comme issus de sa mémoire, et le protagoniste est par là auteur. Ainsi se voient motivés certains des traits les plus frappants du dépouillement dramaturgique. À l'évidence, le montage brutal des scènes, qui n'a même plus besoin des signes d'ellipse que l'on trouvera entre les séquences de *Nous, les héros* : la fragmentation est prélèvement dans le vécu, et cette sélection apparaît comme le travail de la mémoire. Sans doute aussi l'absence de didascalies : la scène est mentale ; toute indication de décor – cadre de vie trop connu, depuis longtemps fui ? –, toute indication d'activité – depuis longtemps ritualisée ? N'est-on pas « un dimanche évidemment » ? – est superflue.

ATELIER | Changement de genre

Improvisation : faire d'une nouvelle de Kafka un matériau dramatique. Par exemple *Un champion de jeûne* ou *Joséphine et le Peuple des souris* (d'où vient un personnage de *Nous, les héros*). Choisir le narrateur.
Divers procédés sont à explorer. Par exemple il est mis en situation, son contenu s'anime, il devient didascalie...
Jouer le passage : le fragment « aux autres, à toi, à vous, à elle » fait surgir les autres personnages.
Jouer le décalage : Louis narrateur est-il absent/présent sur le plateau ? Dans le deuxième cas, où est-il ?
À qui s'adresse-t-il ? Peut-on envisager un double espace scénique ? D'autres signes de la double énonciation/double temporalité caractéristique de ce prologue ?

Une dédramatisation

Juste la fin du monde : le modalisateur, comme le jeu avec l'expression « ce n'est pas la fin du monde », suggère qu'il ne faut pas « en faire un drame ». Le spectateur, averti d'emblée que le protagoniste mourra, ou plutôt invité à admettre qu'il est mort, porte *a priori* sur la scène de famille un regard détaché, distancié. L'enjeu est au terme du prologue recentré sur une seule question : Louis mènera-t-il à bien son projet d'annoncer sa mort et de donner par là « l'illusion [qu'il est s]on propre maître » ? Tragique intime, infinitésimal, qui trouve tout naturellement son micro-sommet dans l'incipit de la deuxième partie, dans le constat d'échec : « Sans avoir osé dire ce qui me tenait à cœur (...) je repris la route. » De partager avec le protagoniste narrateur ce qui reste secret aux autres personnages, le spectateur est nourri envers leur agitation d'un double sentiment, porté à se dire « comme tout cela est dérisoire, à la lumière de la mort » aussi bien que « c'est atroce que des moments ultimes et voulus décisifs n'apportent pas la clarté et la paix ». C'est cette double postulation que devra prendre en compte l'interprétation.

Si la confidence initiale condamne le drame à l'inanité sonore, qu'elle soit prononcée d'un au-delà atténue dans le même jeu le tragique, en lui appliquant un effet de sourdine. Ce n'est pas en effet la même chose que de dire « je vais mourir dans quelques mois » – c'est le pathétique –, d'amener par l'économie dramatique le spectateur à la certitude que le héros va mourir – c'est le tragique – et de conclure (conclure ?) « Je meurs quelques mois plus tard », c'est l'épique. Ce choix dramaturgique essentiel, que l'on peut qualifier de choix de la pudeur quand on pense à la mort de l'auteur, pose évidemment une question centrale d'interprétation. Procède-t-il d'un espoir, partant du principe que le narrateur triomphe de la mort par la narration, le protagoniste par la représentation, l'auteur par l'écriture ? Relève-t-il de l'exorcisme ? Témoigne-t-il d'un doux humour, « politesse du désespoir », selon la définition qu'en propose Boris Vian ?

Vers l'épique, *Le Pays lointain*

C'est strictement le découpage, plus la séquence « aux autres, à toi, à vous, à elle », qui fait ici passer du récit au drame, et qui institue Louis en virtuel régisseur, en même temps qu'en narrateur. On a là une forme minimale de l'épique, tel que l'instaura et le définit Brecht, mais un épique exténué, qui retravaille le processus de distanciation dans la recherche d'une émotion pudique et de frontières dramaturgiques incertaines.

La réécriture par *Le Pays lointain*, qui explicite certains traits de la fable et lève certaines ambiguïtés, va radicaliser cette forme épique. Qu'on pense au feuilletage emblématique de certains personnages : UN GARÇON, TOUS LES GARÇONS, LE GUERRIER, TOUS LES GUERRIERS. Aux prises de parole déclaratives, plus proches de Brecht que de Novarina, malgré une forme que l'on croit reconnaître : « Histoire d'un jeune homme qui décide de revenir sur ses traces... », « Histoire donc, ce que tu as dit, histoire d'un jeune homme » ; « Je raconte (...) On écoute. »

Aux installations chorales : « Et parfois nous les filles nous mettrons ensemble, les filles, les femmes de ta vie, le groupe des femmes de ta vie. Cela fera choral. »

Au débat métathéâtral : « On fera la scène sans argent.

LOUIS. – Je ne suis pas sûr qu'on fera la scène UN GARÇON TOUS LES GARÇONS. – Je raconte. »

Le Pays lointain, de Jean-Luc Lagarce, mise en scène de Joël Jouanneau. Paris, Théâtre ouvert, 2001.

Aux prises de parole qui sonnent comme des prises de rôle :

« LA MÈRE. – Je suis sa mère. (On se met comment ?) »

L'échange, le drame se jouent ici sur deux plans : entre la narration et le drame noyau de *Juste la fin du monde* se glisse une strate, qui est celle de la reconstitution, de la mise en place du revivre. On pourra mesurer combien ce jeu doit autant à Pirandello qu'à Brecht, et comment il se libère des deux influences. On appréciera avant tout comment l'installation ludique de ce théâtre dans le théâtre se démarque du léger décalage, de la discrétion et de l'économie dans une évocation fantastique de l'épique qui font la marque de l'énonciation dans *Juste la fin du monde*.

Narrativité dans *Nous, les héros*

Le jeu avec la forme narrative prend une tout autre forme, non épique, et une importance moins cruciale, dans *Nous, les héros*. Il n'entre en effet pas dans le texte dit, il ne fait pas entendre la voix d'un narrateur, mais il se glisse de façon étrange dans certaines didascalies. On en relèvera les exemples les plus frappants. Deux fonctionnent sur le même schéma, en un jeu d'écho qui instaure un comique de répétition. Le premier : « Ils la regardent tous, longuement et en effet, involontairement, il faut bien l'admettre, elle est risible » (p. 14) ; le second : « Ils la regardent tous, longuement et en effet, il faut bien l'admettre, tout le monde veut pleurer aussi » (p. 82). Différente *a priori* semble la notation « C'est Joséphine qui chante là » (p. 84). Mais le point commun entre les trois est de rompre avec la nudité factuelle et impersonnelle de la didascalie classique, d'introduire par les modalisateurs (*en effet, ... il faut bien l'admettre*) et par le présentatif (*c'est ... qui*), un point de vue, ou plutôt, pour garder la métaphore optique, une accommodation. Quelque chose est notée qui préexiste à sa notation, à sa découverte, comme s'il fallait faire effort pour le découvrir, pour admettre la réplique qui précède, disant le risible ou l'envie de pleurer, pour identifier la voix qui chante. Contrairement à l'immédiateté de la didascalie, s'instaure ici un suspens. Est-il accessible à d'autres que le lecteur ? Est-il, osons le mot, jouable ? Et dans quel esprit : s'agit-il d'ajuster la perception du spectateur à celle des personnages qui cherchent, observent, trouvent ? S'agit-il à l'inverse d'installer un décalage, une étrangeté ?

Narration et drame, plutôt qu'épique vs. dramatique : dans cette porosité des catégories, qu'explore à sa façon chacune des deux pièces, la mise en œuvre de la fable participe de cette dramaturgie *dissolvante* en laquelle Patrice Pavis voit la marque de Lagarce, et l'on peut leur appliquer, *mutatis mutandis*, l'analyse qu'il propose de *J'étais dans ma maison et j'attendais que la pluie vienne* : « La dramaturgie, en réalité, se dissout dans la textualité : on distingue mal à présent l'action, les conflits, l'intrigue, la fable, l'espace et le temps, comme si ces catégories perdaient, dans ce type d'écriture, toute consistance, ou du moins se reformaient et se reformulaient en d'autres termes[27]. »

27. Patrice Pavis, *Le Théâtre contemporain*, Nathan Université, 2002, p. 184.

E. D. ■

Au bout du compte

Au bout du compte : l'expression fait partie des leitmotive qui hantent les répliques de Lagarce, soulignée par la graphie en italiques ou entre guillemets, parfois laissée en suspens, parfois caractérisant comme il se doit un échec.

Appliquée au mouvement indéterminé de *Nous, les héros*, que laisse-t-elle voir ? L'expression un peu floue, qui annonce un bilan volontiers déceptif, en mettant en perspective des éléments disparates, peut-elle permettre d'échafauder une structure dramatique marquée par ailleurs par ses contours fuyants ?

Dénouement

Si l'on fonde le découpage de la pièce sur les signes d'ellipse – (...) – qui détermineraient l'équivalent de scènes, et les intermèdes musicaux, qui feraient approximativement fonction d'entractes, que lit-on au bout du compte, c'est-à-dire en prenant le texte à rebours ? Au-delà du doux mélange de choses qui finissent, de choses qui commencent, de choses qui perdurent, se dessinent des lignes de rupture, qui construisent les cinq dernières scènes comme un mouvement, celui d'un dénouement.

De l'ultime de ces ruptures – le licenciement de Mademoiselle –, les conditions se mettent en place, objectives et subjectives, mais rien ne dit qu'elle sera consommée : en témoignent l'étonnement de la Mère et la contre-offensive de Mademoiselle (« ce n'est pas une raison... ») : *au bout du compte*, Mademoiselle qui, autant que la Mère travaillait à la cohésion de la troupe, semble devoir payer in fine les pots cassés, dans cette causalité boiteuse.

La pénultième, entre Joséphine et Raban, se donne comme un contrat paradoxal : c'est de façon symptomatique la seule scène intime entre les fiancés. Elle met un point d'orgue à la thématique de l'union comme fin, qu'elle radicalise (« tu ne m'aimeras plus jamais »), et installe un pacte de substitution, éminemment fragile, triplement limité par une négativité (« ne pas inutilement me faire du mal »), une restriction (« J'essaierai »), une ellipse encore, qui dessine exactement les contours de cette peau de

© Danièle Pierre.

Nous, les héros, de Jean-Luc Lagarce, mise en scène de Philippe Sireuil. Bruxelles, Belgique, Théâtre Varia, 2000.

chagrin, dans une phrase nominale, minimale (« Juste à mes côtés »).

L'antépénultième, entre Joséphine, Karl et Raban, se marque par l'emploi de l'irréel du passé. La rupture est ici renoncement, à un projet commun, à un rêve fusionnel, elle est en même temps contractuelle, marquée par le jeu choral. *Au bout du compte*, les trois jeunes gens s'accordent à tourner le dos au projet adolescent et au mol idéal (« nous aurions passé la vie ensemble à apprendre des choses douces et inutiles »), sans que soit cernée une cause identifiable à ce pacte à rebours.

Vraie et franche rupture en revanche, la scène précédente s'inscrit dans le prolongement de la grande scène violente entre la Mère et Max, mais n'est pas donnée explicitement comme sa suite logique : « ce n'est pas à cause de notre dispute », dit l'un, et l'autre de répondre « je ne veux pas que vous partiez ». Le sentiment de rupture est nettement exprimé (« j'ai pris ma décision », répète Max ; « pour la première et dernière fois », conclut Eduardowa) ; la causalité en revanche est nouée (guerre, mariage...) et les perspectives indécises, jusque dans l'esprit de Max qui assure successivement « je vous quitte définitivement » et « je serais heureux si vous vouliez bien imaginer qu'un jour peut-être je reviendrai », pour estomper une fois encore la ligne de rupture. Que la scène précédente, la troisième entre Raban et Mme Tschissik, commence quasiment par les mêmes termes – « je voudrais vous faire mes adieux » –, n'est pas sans ironie, d'autant que c'est pratiquement une scie chez le jeune homme. Mais ici aussi Lagarce explore la figure de la rupture molle, dont Mme Tschissik connaît bien des variantes insidieuses : Raban n'use pas ici de « l'estocade finale », de « l'arme définitive » qu'est le serment d'amour dans l'adieu comme ultime recours stratégique, sous forme de chantage affectif, chez l'amoureux transi. La désinvolture de l'accueil (« Eh bien, *au revoir, adieu*, tout ça... ») souligne que la démarche de l'amoureux a le tranchant d'un coup d'épée dans l'eau.

Vraies ou fausses, spatiales, temporelles et affectives, irrémédiables ou douteuses, ces ruptures se font écho, voire plus, dans une logique qui est proprement celle du dénouement : les liens se défont, achèvent de se défaire. Si leur nombre et leur juxtaposition toutefois suggèrent la liberté d'un jeu formel qu'on pourrait nommer variation, rien ne semble arbitraire dans cette accumulation qui construit une fin, où le spectateur peut presque comme dans la dramaturgie classique voir se dessiner le devenir des personnages, si tremblée soit l'esquisse.

Catastrophe

Si l'on continue de remonter le fil de la pièce, le sentiment de cette logique dramatique se précise à lire dans la scène qui précède et peut-être détermine ces cinq ruptures la catastrophe aristotélicienne : scène majeure, une des seules à donner la parole à presque tous les personnages (sauf Mademoiselle) et à se terminer par un arrêt sur image. Elle est catastrophe au sens où elle offre un retournement dramatique, dans la pure tradition classique : c'est la Mère, celle qui se voulait le ciment du groupe, au prix de concessions, de pressions et d'artifices, qui le fait exploser ici en chassant Max. Explosion dramatisée par la violence de son irruption que rien ne préparait, sinon le conflit culturel et au fond idéologique développé trois scènes plus tôt. Ce schéma fait de la Mère le personnage central de la pièce, semblable au héros tragique qui tombe dans le malheur à cause d'une faute ou plutôt d'une

© Élisabeth Carecchio.

Nous, les héros, de Jean-Luc Lagarce, mise en scène de Guillaume Vincent, Théâtre national de Strasbourg, 2006.

erreur qu'il a commise involontairement, par *hubris*, et qui ruine son projet au temps même où il a réuni les circonstances de son accomplissement. La scène est de surcroît catastrophe au sens non dramatique du terme dans la mesure où tous les efforts qui suivent pour réparer ne sont que de vains simulacres, propres à souligner que le processus est irréversible. Ce qui, dans la fable, s'exprime par la ruine de la fête, proclamée par la déploration de son héroïne (« La fête est finie. La fête est gâchée »), validée par les interrogations perfides des autres (« La fête ? quelle fête ? Il était question d'une fête ? », s'interroge Raban ; et Mme Tschissik d'enfoncer le clou : « Champagne ? Il n'y avait pas de champagne ?… Une fête sans champagne ? »).

Au bout du compte, c'est la fête qui est catastrophe dans la mesure où elle a catalysé les tensions au lieu de les apaiser ou de les sublimer. L'on peut penser que la troupe survivra aux départs de Max et de Karl, voire à celui de Mademoiselle, dont on a noté pourtant le rôle conciliateur, fédérateur. Mais elle ne fera pas front commun à la guerre, comme le souhaitera la Mère. Et surtout elle ne pourra pas se renouveler comme le projet de *Sulamith*, initié par Karl et Max, semblait en apporter la promesse. Ainsi, toujours à rebours, cette longue scène de la présentation de *Sulamith*, que l'on pourrait *a priori* tenir pour un intermède, prend sa place dans l'économie dramatique de l'œuvre

Nœud

À cette exploration à rebours, le drame peut se percevoir comme le combat collectif d'une troupe pour sa survie. En termes de schéma actantiel, le sujet en est la Mère. Son procès est d'organiser ce repas de fiançailles pour solenniser la vie collective et la pérenniser : « Je veux que ce soit une fête parfaite, exactement comme je l'imaginais » (p. 37). L'expression signale cette *hubris*, que le drame est chargé de dénoncer et punir. Au-delà de la souplesse et l'apparent arbitraire du découpage, la structure dramatique s'affirme rigoureuse et chargée de sens.

Elle touche à une unité de lieu : on investit, au double sens du terme, un lieu de passage[28] pour en faire l'espace d'une fête et d'un engagement, d'une parole donnée, puisque fiançailles vient de *fiance*, comme confiance, et de foi. Le repas, la Cène, donne une dimension collective à ce qui *a priori* n'est l'engagement que de deux êtres. D'où l'insistance de la Mère et de Joséphine pour réunir, mettre à leur place les convives : « Si tout le monde s'installe ce sera très beau… » (p. 37). C'est que l'enjeu excède la vie affective du jeune couple : il s'agit de perpétuer une tradition, mais aussi une dynastie, Joséphine, assisté de Raban, est vouée à reprendre le flambeau, tant la direction de la troupe que les rôles de la Mère, que Mme Tschissik assume seulement à titre transitionnel. Il faut donc persuader tout le monde de s'asseoir et de rester.

28. Il l'est doublement : voir l'article suivant page 70.

Elle touche également à une unité de temps. Le moment de la fête, de la solennité, est exception et charnière. Tentative d'apposer son empreinte sur un avenir qui s'annonce très menacé, ce que dramatise le thème de la guerre imminente, mais ce qu'orchestrent aussi les désirs d'ailleurs que manifestent les uns et les autres. Et à ce titre, la réflexion collective sur la mise au répertoire de *Sulamith* participe aussi de fiançailles. Tentative de rompre avec ce qui du passé s'est sclérosé ou dégradé, ce qui ne peut plus rester en l'état. C'est ce qui justifie le projet de *Sulamith*, proposition de renouvellement quand il s'avère nécessaire de « renoncer à *Der Wilde Mensch* et le rayer [du] répertoire » (p. 34) ; c'est aussi ce qui cristallise autour du jeu de Karl, dont plus personne ne semble vouloir : « Les enchaînements et les intermèdes sont devenus le point faible de notre spectacle » (p. 15).

Évidemment ce projet – et c'est le nœud de l'action –, ce projet dont le sujet est la Mère, mais auquel tous collaborent peu ou prou, se heurte à d'autres projets : jamais frontalement, sinon dans la résistance opiniâtre de Karl, que la Mère définit cruellement comme « refuser de grandir, ne pas vouloir vieillir ». Il est essentiellement miné de l'intérieur, ce qui se traduit par des manquements au rituel festif, dont le premier est le choix justement des coulisses. On s'étonne avec naïveté, comme le Grand-Père : « Personne n'a fait de discours au cours de ce repas de fiançailles ? » ; ou non sans perfidie : « Des fiançailles sans champagne ? » On s'inquiète : « Si nous ne faisons rien, cette fête ne ressemblera à rien. » Et de fait elle ne ressemble à rien, elle est déplacée, intempestive.

Tissus

Si l'on poursuit la métaphore textile, on comprend mieux l'enchaînement des scènes finales.

Max a fait un accroc au tissu social en évoquant le politique : « Ne parlez pas de socialisme à table, un soir comme aujourd'hui ! – *Nous fêtons des fiançailles !* », l'a-t-on prévenu (p. 74). La Mère, à bout de nerfs et de forces, au terme de cette fête qui ne prend pas, reprend l'accroc et tire violemment : « Hors d'ici ! Hors d'ici ! Fichez-moi le camp ! J'ai dit : hors d'ici ! » (p. 78).

La catastrophe, on l'a vu, tient dans ce geste : exclure un de ses membres, c'est déchirer le tissu social, c'est trahir la *fiance*, la *fides*. Dès lors la succession de ruptures molles qui s'en suivra prend une cohérence organique : le dénouement est effilochage. Reste à savoir pourquoi ces ruptures sont molles. Parce que c'est ainsi que cela se passe dans la vie, eût répondu Tchekhov. Parce que cette dramaturgie cultive l'effet de sourdine : la rigueur dramatique y est voilée, cachée par toute sorte d'effets. Le dénouement se fait démaillage : cela se défait, une maille après l'autre. Pas de quoi en faire une tragédie.

Couverture de l'opéra *Sulamith* de Abraham Goldfaden. Édition 1886. Avec l'aimable autorisation de la maison de la culture yiddish.

E. D.

Sulamith – Dans son interview de la page 120, Élisabeth Mazev, comédienne de la troupe de Jean-Luc Lagarce, découvre que *Sulamith*, « la pièce dans la pièce » de *Nous, les héros* (livre, page 57 et suivantes) existe réellement ! C'est un opéra de Abraham Golfaden joué en Europe centrale et dans les théâtres yiddish de New York, en particulier entre les deux guerres.

Nous avons souhaité réunir quelques documents rares qui l'attestent aux pages 69, 72, 79, 93, 95 et 119. Fiction de théâtre et réalité historique se mêlent, on le voit, intimement chez Jean-Luc Lagarce.

Espaces incertains

En jeu : l'intermède de *Juste la fin du monde*

Un intermède est un divertissement, une représentation, entre deux pièces ou deux actes d'une représentation théâtrale.

Loin de se présenter comme une rupture, un entracte en spectacle, l'intermède de *Juste la fin du monde* semble s'inscrire dans la continuité du drame, tant il multiplie les références à la scène précédente, entre les deux frères. Le ballet verbal entre les cinq personnages s'y poursuit, sous une forme accélérée, en scènes brèves. Sa singularité est ailleurs, scandée par les appels entre personnages et la déclinaison de la question « Où es-tu ? » Le ballet se fait spatial : la Mère appelle Louis, Catherine cherche Antoine, les demandes fusent dans tous les sens, « je vous cherchais », « Où est ce qu'ils sont ? » « Où est-ce que vous allez ? » « Reviens ». Plus aucun repère, sinon peut être le montage entre scènes paires et impaires, ces dernières présentant Antoine et Suzanne. D'autant moins de repère que l'amorce de l'intermède semble reprendre celle de la pièce : l'esquisse d'un monologue de Louis suscite la demande maternelle et la parole des autres personnages. Et que ce monologue pourrait être la narration d'un rêve :

« Et ensuite dans mon rêve encore,
toutes les pièces de la maison étaient loin les unes des autres. »

Dans cette partie de cache-cache, onirique ou domestique, l'économie du rêve prend le rythme du vaudeville. Où sommes-nous ? Dans la maison familiale ? Dans la rêverie de Louis ? Dans un espace théâtral qui n'existe que par la parole ?

Espace mental, quoi qu'il en soit, et sentimental. Labyrinthe relationnel, où l'ironie dramatique, quand tous se cherchent, se perdent et s'égarent, les conduit à ne parler que retrouvailles : « vous vous êtes retrouvés », dit Suzanne des frères, « Vous me retrouvez toujours », reprendra Antoine, qui insistera : « Ce que je disais : *"Retrouvé"* », dans le même temps où Louis s'évoque en *Petit Poucet rêveur*, égrenant une chanson.

Sur scène les personnages sont présents et absents, Louis notamment, qui répond *in fine* à sa mère « j'étais là ». Il est clair que le jeu qui se dessine ainsi, dans cet espace cloisonné, labyrinthique, reproduit l'enjeu même de la pièce : se retrouver, toucher ou atteindre l'autre, être entendu ; « Qu'est-ce que tu as dit ? Je n'ai pas entendu », est bien la formule de la pièce, celle qui consacre l'échec de Pierre.

L'espace dramatique de *Juste la fin du monde*

L'espace dramatique de *Juste la fin du monde* se résume *a priori* à la didascalie liminaire : « Cela se passe dans la maison de la Mère et de Suzanne. » Elle est le lieu des retrouvailles, ou de la tentative de retrouvailles. Un foyer. Et un territoire, le territoire familial, mais d'une famille bouleversée, déséquilibrée. Qu'elle ne soit dite que de la Mère et Suzanne exclut les figures masculines, le père mort et Antoine *a priori* au même titre que Louis « l'absent ». Porte-

ATELIER | L'intermède comme interlude

Quelques exercices, les premiers proprement ludiques, peuvent permettre d'explorer les singularités de la séquence par une mise en espace.
On choisit une distribution. Les acteurs se bandent les yeux. Ils doivent reconnaître leurs partenaires, muets, à tâtons.
Même exercice, mais *Si tu me touches je te tue* ; le joueur qui touche Antoine est éliminé.
On choisit deux ou trois distributions : même exercice, à dix ou quinze sur le plateau.
On joue le texte dans l'obscurité totale.
On joue le texte dans l'obscurité ; seul celui qui parle utilise une lampe de poche et choisit ce qu'elle éclaire : le visage de l'autre, le sien, l'obscurité qu'il fouille.
On cherche une dramaturgie de vaudeville : course, portes qui claquent, personnages cachés autour d'un fauteuil *(Le Mariage de Figaro)*, sous la table *(Tartuffe)*, dans une embrasure de rideau, etc.
On cherche une dramaturgie onirique.
On cherche à mettre en avant le jeu textuel et le rapport en abyme de l'intermède à la pièce : les personnages peuvent ici par exemple être représentés par des marionnettes. Ou bien, dans l'obscurité de nouveau, des lampes de poche n'éclaireront que les ombres chinoises des personnages, présents dans chaque scène.

t-elle leur empreinte ? La chambre d'Antoine est préservée, celle de Louis « comme un débarras (...) on y met les vieilleries qui ne servent plus mais qu'on n'ose pas jeter ». Quelques signes sont évoqués, uniquement par la parole : les cartes postales collectionnées mais trop banales pour être affichées, les choses payées qui appartiennent à Suzanne, « là-haut ». Mais l'« ici bas », qu'elle évoque en lapsus, l'espace scénique se dessine donc en creux comme domaine de la mère. En creux et en vide : aucune didascalie, aucun indice, aucune perspective scénographique. De façon symptomatique, la scène qui pourrait inscrire le drame dans une mimèsis plus ou moins réaliste, le repas de famille, est balayée dans une ellipse, entre I, 8 et 9 : « C'est l'après-midi, toujours été ainsi / le repas dure plus longtemps, / on a rien à faire, on étend ses jambes » (p. 41). On étend ses jambes, on reprendra bien un peu de café *(ibid.)* : c'est en quelque sorte « la scène du divan sans divan », motif d'affrontement esthétique entre les comédiens de *Nous, les héros*. Affrontement comique, mais débat sérieux : quel traitement scénographique proposer à *Juste la fin du monde* ? Le dépouillement absolu de Joël Jouanneau, qui choisit un espace nu où seul figure le sac de Louis, imposant ainsi scéniquement le point de vue du voyageur ? Ou une évocation de l'univers petit-bourgeois où rien, ni souvenir ni changement, n'accroche l'attention du fils prodigue ?

L'autre caractéristique, plus dynamique, de cet espace dramatique est signalée par un système de didascalies internes qui fonctionne comme un gag récurrent : on ne peut pas y rester. Les échanges y sont sans cesse menacés d'explosions qui obligent l'un ou l'autre à quitter la pièce, à quitter la scène : Antoine sur le mode velléitaire (« – Où est-ce que tu vas ? Qu'est-ce que tu fais ? – Nulle part, / je ne vais nulle part, / où veux-tu que j'aille ? », p. 25, voir aussi p. 12) ; Catherine (« – Très bien, parfait alors, à plus forte raison. – Revenez ! Catherine ! », p. 34) ; Suzanne (« Et bras d'honneur si nécessaire ! Voilà, bras d'honneur ! – Suzanne ! Ne la laisse pas partir (...) – Elle reviendra », p. 42). Les portes claquent-elles ? C'est peut-être cette dynamique centrifuge qui, accélérée, amène au vaudeville de l'intermède. Elle prépare, quoi qu'il en soit, par petites secousses annonciatrices et comiques, la vraie sortie, celle de Louis, qui fait l'objet de la deuxième partie. La communion est impossible, l'espace commun est invivable.

© Pascal Gély/Enguerand.

Juste la fin du monde, de Jean-Luc Lagarce, mise en scène de Joël Jouanneau. Paris, Théâtre de la Colline, 2000.

© Tsukasa Aoki.

Nous, les héros, de Jean-Luc Lagarce, mise en scène de Oriza Hirata et Frédéric Fisbach. Studio-théâtre de Vitry et Toga Spring Festival, 1999

L'espace dramatique de *Nous, les héros*

L'espace dramatique de *Nous, les héros* est défini par une didascalie qui le voue à l'incertain. La juxtaposition des compléments de lieu se donne sur deux modes : celui de la précision – « dans un théâtre... dans les coulisses d'un théâtre, ... au centre de l'Europe » –, mais une précision ironique ; celui de l'alternative – « dans ce qui sert de théâtre dans cette ville-là, une salle de comité des fêtes, La Grande Brasserie, Le Café des Voyageurs, juste un entrepôt, une cour ou un recoin de cour ».

Unité de lieu, les coulisses sont porteuses d'un riche appareil de connotations. Elles sont d'abord l'envers du décor, l'espace *a priori* interdit au spectateur, puisqu'elles font de surcroît office de loge, celui où l'on s'habille et se déshabille, où l'on se maquille et se démaquille, où l'on chausse et met bas les masques. Les personnages qui l'investissent « sortent de scène » (p. 11). « Et toute la soirée, comme toutes les soirées, se démaquillant lentement, ils évoqueront avec tendresse et grand sérieux leur embarras de constipation » (p. 27). Lieu de dévoilement, de déballage, d'après la représentation, propre au débat, au *debriefing*, que les Québécois appellent *post mortem*, les enjeux professionnels y laissent place à des tensions plus profondes et plus graves : « On veut donner une image de générosité, laisser paraître des sentiments nobles et dignes, mais aussitôt dans les coulisses les vices moraux éclatent à nouveau au grand jour » (p. 14).

Les coulisses sont également sas, lieu transitionnel. L'effet est ici décuplé dans la mesure où elles sont lieu de passage dans un lieu de passage. Nomades par profession sinon vocation, les personnages n'ont aucun ancrage dans « cette ville-là » ; la question du grand-père : « Ce soir – ici – où est-ce que nous sommes ? », ne recevra aucune réponse. Tous ont la tête ailleurs, à des paradis perdus, Berlin, la Russie, Varsovie, le Kristall-Palatz de Leipzig, Vienne ; ou à des terres promises : les mêmes pour ceux qui ne voient pas plus loin que le bout de leurs souvenirs, l'Amérique, Chicago pour Karl. Mais l'ailleurs de la troupe s'avère tout aussi incertain que l'ici. La Prusse ? « La Prusse, c'est beaucoup plus loin. – *Par là* » (p. 24). Teplitz ? « Même la guerre n'ira pas à Teplitz » (p. 55). Nuremberg ? « Nuremberg est toujours plus loin qu'on ne l'imagine », affirme une sentence ionesquienne (p. 52). Qu'importe : c'est l'ici qui est insupportable. On ne rêve que de fuite : « ce sentiment qu'elle donne de vouloir toujours s'enfuir

« Eux, les héros » ? Acteurs américains du Théâtre yiddish en tournée européenne. Dans Joseph Berkowitz, *Yiddish Theatre, New Approaches.*

et trouver la sortie » (p. 15) ; « J'arriverais dans les loges, je donnerais ma lettre d'adieu et je m'en irais » (p. 24) ; « Tu veux prendre la fuite ? » (p. 38) ; « Je voudrais vous quitter. (...) Tu devrais m'aider à partir » (p. 48) ; « Lorsque nous partirons (...) nous quitterons cette vie de désarroi et nous renoncerons à cette errance » (p. 69) ; « Si j'étais sans un amour qui m'enlève un jour, je préférerais mettre ma tête dans un sac » (p. 77) ; « Karl partira la nuit comme un voleur, sans même dire au revoir » (p. 88), annonce qui attire la stupéfiante réplique finale : « Ce n'est pas une raison pour me renvoyer. » Les exigences professionnelles autant que les rêves, les espoirs et les nostalgies vouent au mouvement perpétuel et à la précarité de la pause.

Pause d'autant plus précaire que ces coulisses improvisées n'offrent pas un espace intime et confortable, une demeure. Lieu de promiscuité et de tensions, elles sont inéluctablement vouées à devenir le terrain d'affrontements : « S'il advient, dans un endroit si exigu, que l'un par exemple, marche sur les pieds de l'autre, le conflit est tout près d'exploser » (p. 11).

Et pourtant c'est en ce lieu qu'ils restent, l'espace de la pièce. Le précaire, le transitoire, l'exigu où l'on se marche sur les pieds, devient investi par la fête, salle pour repas de fiançailles. Suffit-il pour autant de planter le décor (« Empoigne la nappe, nettoie les chaises, rends toi utile ») pour « rendre ces fichues fiançailles légèrement douces et jolies » (p. 32) ? Rien n'est moins sûr. Autour de la table il y aura encore des conflits de place, des marginalités revendiquées, des exclusions. On pourra encore rêver ou craindre d'être ailleurs sans bouger, et faire ses adieux à la troupe qu'on ne quitte pas parce qu'on change de statut, qu'on se marie. On pourra tenter de provoquer en répondant à l'annonce du dessert par un horrible et misanthrope jeu de mots : « Ahhh, le désert ! » (P. 81.)

Menacé par l'espace même où il prend place, et par le temps, la guerre, le désir lancinant d'être ailleurs, le repas de fête paraît dès lors intempestif.

On peut rapprocher le climat de cette pièce de la couverture de l'édition. Des silhouettes en ombres chinoises, armées de manteaux, chapeaux et valises sont en mouvement ; on ne sait si elles progressent vers notre regard ou s'éloignent en nous tournant le dos ; elles vont leur chemin. Mais, ne s'appuyant sur d'autre sol que le nom de l'édition, qui semble les désigner, elles vont dans les nuages. Les merveilleux nuages de *l'étranger* baudelairien ?

E. D. ■

Il faut bien l'**admettre**, elle est **risible**

© Ramon Sénéra/Enguerand.

Les Solitaires intempestifs, de Jean-Luc Lagarce, mise en scène de Jean-Luc Lagarce.
Paris, Théâtre de la Cité internationale, 1992.

La dimension résolument métathéâtrale de *Nous, les héros* explore avec prédilection la question du rire. La perspective adoptée est insolite et *a priori* placée sous le signe du dérisoire, puisqu'elle se pose à l'occasion d'une plainte de l'actrice tragique : le public rit quand elle meurt ! Entre en jeu la notion de réception : d'« imbéciles peuplades pleines de crétinerie absolue », prussiennes de surcroît, ou qui mériteraient de l'être, peuvent-elles être sensibles aux finesses et grandeurs de l'art dramatique ? Mais aussi les notions de jeu et de matière, avec les mises en cause respectives de Joséphine et Karl. L'outrance, elle-même plaisante, de Mme Tschissik propose une distinction entre *risible* et *comique*, qui se complique de l'insertion, non commentée dans son discours, du terme de *ridicule*. L'on peut se servir de ces trois notions pour analyser les mécanismes du rire dans la pièce.

Le risible et le comique

Joséphine est *risible* (ridicule et hilarante) et *non comique* : il s'agit là *a priori* de l'actrice dans son jeu, qui contraste avec celui de M. Tschissik, acteur comique. L'opposition relève de la compétence : être comique est un art, « une manière comme une autre d'exercer [leur] art », être risible est un état, de l'ordre du fortuit, du naturel, de l'être (mal). D'un côté la volonté et la décision, le métier, de l'autre la gaucherie, la raideur, l'interférence entre le malaise du comédien et la force de la fiction, qui en sort ruinée. Mais le diagnostic du texte est plus grave encore que celui de la diva. Joséphine n'est pas seulement risible sur scène mais dans les coulisses, dans la vie, ce que dénonce l'étonnante didascalie conclusive : « En effet, involontairement, il faut bien l'admettre, elle est risible. » On passera ici sur la dimension philosophique, voire ontologique, de la notion, qu'a bien ouverte la leçon de Mme Tschissik, prompte à y voir l'« expression irrésistible du risible involontaire de l'humanité ». On peut en revanche se demander s'il n'y a pas dans cette difficile indication de jeu la proposition d'une dramaturgie de comédie, qui viserait à faire naître le rire ou le sourire d'un léger décalage, à peine perceptible, d'une discrète voire indéfinissable (en quoi, à bien la regarder, Joséphine est-elle risible ?) étrangeté.

Le risible et le ridicule

Entre le risible et le ridicule, pas de différence de nature mais de degré. Le premier pourrait passer inaperçu quand le second saute aux yeux, souligné par la caricature. La Mère par exemple fait un usage parfois risible, jamais ridicule, de la langue. Il s'exprime par de légers dérapages sur les expressions toutes faites. Ainsi peut-elle dire, dans des moments de confusion émotionnelle et linguistique : « le Code du travail je m'assieds les pieds dessus ! » (p. 79) ou « je mourrai de chagrin et de désespoir avant même d'avoir pu mourir de maladie naturelle » (p. 48). On reconnaît là le principe d'interférence entre des locutions voisines qui fait par exemple l'inoubliable drôlerie du directeur de l'hôtel de Balbec chez Proust. Mais le trait, parcimonieusement utilisé, ne constitue pas la Mère en « personnage comique », contrairement à un paysan moliéresque ou un Antonio chez Beaumarchais. Il suffit néanmoins à ouvrir des échappées fugitives vers l'absurde : si devenir « couturière dans une usine » (p. 56) en suscite le soupçon, que dire des « éléphants hongrois » *(ibid.)* ?

Cette légèreté du dosage se retrouve dans l'utilisation des jeux verbaux, autre moyen de susciter le rire ou le sourire. Mots d'esprit comme ouverture sur l'inconscient, tels le calembour, où Karl le réfractaire transforme le « dessert » en « désert » (p. 81), ou le détournement de sens dans la réplique de Mademoiselle à M. Tschissik : « Vous avez encore une tache ? Vous êtes un souillon ! – C'est une vieille tache ! – Alors, vous êtes un vieux souillon ! » (p. 26). Réparties cinglantes dans la polémique : « Dans les petites villes médiocres, à la morte saison, la vie est moins chère. – Elle y a moins de valeur » (p. 54). Rien qui caractérise un personnage comme le rieur ou le ridicule, dans la tradition comique, sinon peut-être les variations de Mme Tschissik dans l'ironie vacharde et précieuse : ainsi du bombardement de « bestiales innovations » ou « initiatives zoologiques », dans des « contrées difficiles », « forêt vierge de la sottise et de la vulgarité » (p. 19).

Le comique et le tragique

Cette discrétion n'empêche cependant pas Lagarce d'avoir recours à des procédés traditionnels pour construire des personnages de comédie. On peut pour les analyser se référer aux ressorts bergsoniens du « mécanique plaqué sur du vivant » : répétition, inversion, interférence des séries. Eduardowa est peut-être l'exemple le plus caractéristique de l'usage qu'en fait le dramaturge. Son corps, dans le jeu et dans la vie, tel que le décrivent Mme Tschissik et Max, est une machine mal réglée ou sans fonction, « inutilisable » : « de la foule de gestes qui constituent son jeu, dit l'une, jaillit parfois un poing ou un bras qui se retourne » (p. 15), « Elle fait des essais de séduction qui ne sont pas suivis par le reste de sa personne », ajoute l'autre (p. 22). Or, par une projection poétique de l'image physique sur le texte en tant qu'il constitue le personnage, ce jaillissement, dont Bergson fait justement un des piliers de sa théorie, ces tentatives inabouties et inutilisables font le tissu de ses répliques : Eduardowa est textuellement un pantin désarticulé. Elle s'exprime, existe, par des interventions rares, incongrues, mal reçues, qu'elle veuille voir la mer sur la route de Nuremberg, qu'elle souhaite prendre dans *Sulamith* des rôles pas possibles (le chat du désert, qui est « un symbole », ou la tsarine, qui lui vaut cette réplique à l'absurde ionesquien : « Tu es trop petite, il faut un homme »), ou qu'elle dise son mot (« Ils vont se mettre sur la gueule, oui ! », p. 75). Personnage résolument comique ? Rien ne l'en sauve ? Si. La poétique évocation d'un rêve d'amour (« Si j'étais sans amour un jour, je préférerais mettre ma tête dans un sac », p. 77), ou la brève plongée dans une conscience douloureuse (« Es-tu désespérée ? Oui ? Tu es désespérée ? Tu veux prendre la fuite ? Tu veux te cacher ? », p. 35) qui invite à réévaluer son mutisme, trop vite assimilé à la bêtise.

C'est dans l'animalité que Karl trouve son incongruité, un concentré d'incongruité, que souligne l'humble demande de son grand-père : ordonner au moins les cris et les sauts de chimpanzé fou dont il ponctue les spectacles de la troupe. Karl est un acteur comique, ce qu'Eduardowa résume dans un compliment – « rigolo » –, ce que refuse Mme Tschissik, pour qui le rigolo est la négation vulgaire de l'art comique. Mais un acteur comique insupportable, qui ne déclenche que réprobation et fureur chez ses partenaires. Karl relève ainsi du personnage comique, par la mécanisation, l'idée fixe : se renouveler pour lui serait de porter un costume à paillettes avec son masque de singe, de jouer la mort du singe, ou plus tard, dans *Sulamith*, « un être rustre entre l'animal et l'homme » (p. 59), variation subtile de sa vocation à incarner un improbable « croisement habile de l'homme et de l'animal » (p. 16). Variation mais aussi résurgence. Lagarce en effet enfouit longuement le trait après l'avoir fait entrer en résonance avec ce qui caractérise de façon « plus sérieuse » le personnage : pulsion de mort dans un « looping acrobatique et final » (« Tout l'après-midi encore – est-ce que je peux dire ça ? – tout l'après-midi encore, j'ai réfléchi à mon *Grand-saut-par-la fenêtre…* / Cela me plaisait assez, l'image du petit singe écrasé cinq étages en contrebas », p. 24) et refus d'entrer dans une normalité, d'abandonner l'esprit d'enfance. Karl semble incarner par là et approfondir une question que se pose l'auteur dans un article intitulé « Pourquoi des poètes au temps de la pauvreté » : « Comment aller son chemin dans l'amusement inefficace de l'enfance, son étonnement et son indestructible mauvaise volonté[29] ? » Il semble reprendre ce faisant, par la mise en perspective d'une conscience tragique dans le comique, la leçon de Ionesco : « Le comique étant l'intuition de l'absurde, il me semble plus désespérant que le tragique. »

Saynètes et esquisses

C'est bien aux principes bergsoniens que réfère l'exploitation comique des autres caractères. Inversion et répétition dans les adieux de Raban : tu pars ? vous partez ? lui demandent invariablement leurs destinataires, dans le quiproquo. Non il reste, mais sera autre, aliéné, rendu étranger à lui-même par l'union qu'il contracte. Et dans ce jeu symbolique du départ, de la séparation, qu'il instaure perce une angoisse qui n'est au fond guère différente de celle de Karl, mais elle se donne comme une variation risible sur le cliché familier « retenez-moi ou je fais un malheur », nourrie par son interférence avec l'ironie de la femme fatale, qui lui répond par des modulations sur une émotion ostensiblement factice, comme celle-ci :

« Je serai un homme honnête.
– J'entends la menace et j'en tremble » (p. 32).

Interférence des séries également qui tend à ridiculiser le seul monologue de la pièce, où Max médite sur sa passion des femmes : le propos, emprunté au *Journal* de Kafka, prend une couleur humoristique à la contamination avec la scène précédente où est décrit son pendant grotesque : la boulimie. Les exploits du séducteur qui n'a rien de séduisant relèvent de la même inversion valorisante et suspecte que ceux du goinfre promu au statut de « monstruosité gastronomique ». Lagarce esquisse ici, par simple collage, un procédé comique vieux comme Aristophane, mais se garde de l'exploiter. De même

Nous, les héros, de Jean-Luc Lagarce, mise en scène de Michel Belletante. Pont-de-Claix, L'Amphithéâtre, 2007.

qu'il se borne à mettre en place des couples de forces comiques, sans les développer sur quelque continuité : il dédouble ainsi l'hypocondriaque du *Malade imaginaire* dans une scène entre M. Tschissik et le Grand-Père, ou dessine l'esquisse d'un duo dans un virtuel numéro de music-hall : « l'avaleur de saucisse et son anorexique épouse, *l'estomac le plus solide du monde et la fragile buveuse de thé* », où l'on croit reconnaître, inversée, dédoublée, mécanisée, la silhouette du « champion de jeûne » kafkaïen.

29. « Pourquoi des poètes au temps de la pauvreté », dans *Du luxe et de l'impuissance*, *op. cit.*, p. 38.

© Ramon Sénéra/Enguerand.

Le Malade imaginaire, de Molière, mise en scène de Jean-Luc Lagarce. Paris, Théâtre de l'Est parisien TEP, 1994.

S'il n'exclut pas la référence aux robustes procédés moliéresques, s'il lorgne vers l'absurde dans certains dérapages verbaux, ou vers le grotesque tel que le définit Baudelaire, comme « comique absolu », à travers les délires de Karl, Lagarce semble privilégier le risible, comme catégorie exténuée du ridicule. La question reste entière : comment prendre en compte la didascalie impossible « en effet, involontairement, il faut bien l'admettre, elle est risible » ? Certainement pas par un jeu comique, au sens où l'entend Mme Tschissik, ou rigolo, comme le veulent Karl et Eduardova, ni par un ridicule où serait enfermé le personnage. Par rien peut-être. Par un arrêt sur l'image, par un infime décalage que l'intermède musical pourrait prolonger ou traduire. Le risible selon Lagarce ne suscite pas le sarcasme, sauf chez les ironistes acerbes et amers comme Mme Tschissik. Il prête plus à sourire qu'à rire. Et le ridicule même peut être chargé de plus de tendresse et de valeur humaine que de dégradation, telle que la stipule la conception aristotélicienne du comique : n'est-ce pas lui qui a gagné à M. Tschissik l'indéfectible tendresse de son épouse ? « Sourire avec douceur » ne figure-t-il pas, à côté de « ricaner aux moments inopportuns » au programme des « Nouvelles promesses » du Théâtre Granit en 1991[30] ? Éloge du risible, exigence du sourire : « Une société qui ne sourit plus, ne serait-ce qu'à peine, malgré le malheur et le désarroi, de ses propres inquiétudes et de ses solitudes, (...) est une société qui se contente d'elle-même, qui se livre tout entière à la contemplation morbide et orgueilleuse de sa propre image, à la contemplation immobile de sa mensongère propre image[31]. »

Le dérisoire dans *Juste la fin du monde*

Le lapsus de Suzanne disant « ici-bas » pour « ici » appartient *a priori* à la même catégorie que les confusions de la Mère dans *Nous, les héros*. Elle le corrige pourtant et met par là l'accent sur lui : « non,

30. « Nouvelles promesses du Théâtre Granit en 1991 », dans *Du luxe et de l'impuissance*, *ibid.*, p. 9.

31. « Nous devons préserver les lieux de la création », *ibid.* p. 21. Pour une étude de la thématique comique de Lagarce, à la lumière notamment de la notion de métacomique, on lira avec profit l'article de Peter Vantine, « "Riez, riez, vous penserez plus tard !" Le comique et le métacomique de Jean-Luc Lagarce », dans *Problématiques d'une œuvre*, *op. cit.*, p. 233-260.

pas "ici-bas", ne te moque pas de moi ». Et cette insistance même renvoie à l'étrangeté de la situation. L'ici-bas n'est-il pas le domaine des vivants ? Et l'au-delà le lieu où Louis s'adresse à nous (voir, page 63, l'article « Comme un roman ») ? Louis, de retour parmi les siens, est un revenant. Louis est pour nous un mort qui a évoqué les vivants *(ibid.)*. Il est, comme Lagarce lui-même se définit dans son *Journal*, « un mort parmi les vivants[32] ». Dans cette perspective le lapsus met en abyme le quiproquo global sur lequel se fonde la pièce, quiproquo tragique *a priori*, mais qui place tous les échanges familiaux, et notamment les disputes sous le signe du dérisoire. Et l'on peut entendre ici ce dérisoire comme forme métaphysique du risible. C'est ainsi notamment que l'ironie que partagent volontiers les membres de la fratrie trouve une étrange caisse de résonance dans l'ironie tragique que la double énonciation exploite dans leur ignorance de la situation réelle. D'un côté des petites finesses complices : « Il est passionné, c'est un homme passionné par cette description de notre progéniture » (p. 15) ; « Nous nous entendons. – C'est l'amour » (p. 56). De l'autre une incompréhension totale du tragique de la situation, donnée à savourer au spectateur : « Je n'ai rien à dire ou à ne pas dire, je ne vois pas », assure Louis (p. 34) et plus tard Antoine assène : « Tu regrettes d'avoir fait ce voyage-là, / tu ne regrettes pas, tu ne sais pas pourquoi tu es venu, tu n'en connais pas la raison » (p. 51). Entre les deux l'ironie de la situation : « Ils reviendront. Ils reviennent toujours. / Je suis contente, je ne l'ai pas dit, je suis contente que nous soyons tous réunis. / où est-ce que tu vas ? / Louis ! *Catherine reste seule* » (p. 42). À la jointure des deux, ironie linguistique et ironie tragique, un bon mot que la situation rend atroce, le commentaire d'Antoine sur ses rapports passés avec son frère : « jouir du spectacle apaisant enfin de ta jeunesse légèrement prolongée (p. 72)[33]. L'humour chez Lagarce n'est pas le véhicule d'un divertissement qu'il récuse. Pas davantage celui d'une satire, sauf quand le sujet l'appelle, comme *Les Prétendants*. Il est l'instrument léger et souple d'une philosophie qui pourrait pasticher celle de Figaro et assurer : « Je me dépêche de sourire de tout de crainte d'avoir à en pleurer. » Et d'affiner, par cette question encore : « Au nom de quel mandat, de quelle force, prétendre à l'insouciance, et rire encore et oser sourire encore sans nier la réflexion la plus secrète, la plus obscure, la construction d'un questionnement et son absence de réponse[34] ? »

E. D. ■

32. On pourra écouter sur le site de « L'année (...) Lagarce », dans les actes du colloque « Problématiques d'une œuvre », la lecture par Philippe Girard des pages du *Journal* relatives à *Nous, les héros*.

33. On trouvera dans *Lire un classique du xxe siècle : Jean-Luc Lagarce*, SCÉRÉN-CRDP de Franche-Comté / Les Solitaires intempestifs, 2007, p. 111-113, un bref relevé des formes de comique dans *Juste la fin du monde*, sous la plume de Gilles Scaringi.

34. « Pourquoi des poètes du temps de la pauvreté », dans *Du luxe et de l'impuissance*, *op. cit.*, p. 38.

Le **complexe** de **Frankenstein**

Qu'est-ce qu'un personnage théâtral ? Un ensemble de répliques réunies sous un même nom, répond Abirached. Mais qu'en est-il quand la plupart de ces répliques sont empruntées à d'autres textes, la plupart de Kafka, au premier rang desquels figure le *Journal* de l'écrivain tchèque ? C'est le cas de *Nous, les héros*. On n'étudiera pas ici le travail de citation et de centon qu'a opéré Lagarce, on renvoie à l'impressionnante[35] analyse qu'en livre Patrick Le Bœuf dans son intervention au colloque de Strasbourg. On s'intéressera en revanche à cette méthode d'assemblage qui construit les caractères de la pièce. On peut le faire à la lumière d'une idée chère à l'auteur. Il la formule dans son mémoire de maîtrise[36] : le théâtre de la seconde moitié du siècle « semble vouloir se soucier de lui-même et se donner en représentation ses propres codes ». Dans cet hommage aux comédiens qu'offre *Nous, les héros*, le jeu de miroir est constant, mais d'un miroir brisé, où l'image du théâtre ressemble à l'autoportrait collage de Jean-Luc Lagarce, qui figure en couverture de l'album *Traces incertaines*[37].

Personnages et rôles

Deux images des comédiens au travail, l'une physique, l'autre mentale, virtuelle, s'imposent à la perception du spectateur. D'un côté les personnages sortent de la représentation, surgissent en coulisses, vêtus de leurs costumes de scène ; de l'autre ils distribuent *Sulamith*, la pièce qu'ils projettent de monter pour renouveler leur répertoire, et dont Lagarce a largement puisé l'argument dans la relation qu'en donne le *Journal* de Kafka. Pour la première image, laissée à la liberté des interprètes, pas de didascalies. On peut lire cependant la description qu'en donne l'auteur, reprise dans le travail d'Olivier Py pour la création de la pièce : « Lorsqu'ils sortent de scène, lorsqu'on les voit passer dans la coulisse pour la fin du spectacle, ils portent les costumes dépareillés de la pièce ou des pièces qu'ils jouent, petits

35. Patrick Le Bœuf, « L'Écriture de *Nous, les héros* : dialogue entre Kafka et Lagarce », dans *Problématiques d'une œuvre*, *op. cit.*, Les Solitaires intempestifs, p. 177.

36. *Théâtre et Pouvoir en Occident*, Les Solitaires intempestifs, p. 124.

37. *Traces incertaines, mises en scène de Jean-Luc Lagarce, 1981-1995*, *op. cit.*

sketches étranges ou poèmes dramatiques selon les personnages. Ce furent de beaux costumes, colorés et dont on devine encore la splendeur passée.
Le Grand-Père joue un vieux roi, Karl porte son costume de singe, rapiécé de partout, Joséphine est habillée en jeune paysanne un peu ridicule, la Mère et le Père sont en habits du soir, couple de magiciens, Eduardowa ressemble à une poupée mécanique, Mme Tschissik sort de scène les mains pleines de sang après la mort terrible qui achève la pièce, M. Tschissik porte encore le poignard planté dans le dos qui termina sa carrière de traître et Raban et Max sont en jeunes hommes distingués, danseurs de tango des années 1930.
Ils occupent les loges précaires, les tables de démaquillage installées tant bien que mal ici ou là dans cette grande pièce. Ils se changent puis gagneront le repas de fiançailles[38]. »

38. Voir sur le site « Année (...) Lagarce », *Nous, les héros*, mise en scène d'Olivier Py.

Les acteurs se dépouillent-ils de leurs rôles ? Rien n'est moins sûr. C'est ce que suggère l'évocation des figures de *Sulamith*, qui se distribuent sans surprise (sauf celle de M. Tschissik à jouer le père de son épouse à la ville) ni heurt (même pas les vaines tentatives d'Eduardowa pour trouver sa place). Mme Tschissik jouera l'héroïne éponyme, jeune fille passionnément aimée et proche de sombrer dans le désespoir et la folie : « *Sombrer dans la folie* [n']est[-il pas] même, à proprement dire, sa spécialité » ? Joséphine sera Awigaïl, « riche et pure jeune fille », vouée à mourir de chagrin dans l'indifférence générale, Karl un serviteur simiesque, « entre l'animal et l'homme », Raban le héros, déchiré entre deux amours, Max sera un prétendant puis un diplomate et écrivain distingué, le Grand-Père un prêtre amoureux, la Mère une mère et Eduardowa peut-être une potiche « plantée là et (...) complètement idiote ».
D'un reflet à l'autre, on distingue d'abord deux choses. Premièrement un univers scénique éclectique, voire hétéroclite ; ce qui fait par ailleurs l'objet de nombreux débats entre les interprètes, mais est revendiqué comme une ligne esthétique par la Mère : « alterner des instants dramatiques et émouvants (...) et des scènes plus distrayantes, plus enjouées », plus conformes aux vœux du public (prussien ?). Deuxièmement c'est un théâtre d'emplois, dans la plus ancienne tradition des troupes ambulantes. La malice de l'auteur est de constituer ses personnages par jeu avec les emplois, d'aller et revenir des uns aux autres, et de faire comme si les rôles étaient une seconde nature à laquelle la première prédestinerait. C'est ce que suggère M. Tschissik quand il demande à la Mère d'élargir la gamme d'emplois de sa femme à « des rôles qui révèlent l'essence véritable et secrète de sa nature ». C'est aussi ce que suggèrent les analogies suggestives entre le triangle amoureux de *Sulamith* et celui que forment Raban, Joséphine et Mme Tschissik, ou les difficultés d'Eduardowa à trouver sa place, à la ville comme à la scène, comme l'obsession de ne pas devenir un homme chez Karl.

Le Voyage de Mme Knipper, de Jean-Luc Lagarce, mise en scène de Jean-Claude Fall. Paris, Petit-Odéon, 1982.

L'art du collage

Le jeu avec les rôles du théâtre traditionnel est-il compatible avec les sources kafkaïennes ? Il se complique en fait d'un troisième univers référentiel. On sait en effet que Lagarce a fait en l'occurrence œuvre d'auteur de troupe, qu'il a écrit la pièce pour les interprètes de sa mise en scène du *Malade imaginaire*, voire qu'il a fait la version sans père pour pallier le départ de l'interprète et donner le personnage de Mademoiselle à une comédienne. Y a-t-il correspondance terme à terme entre les deux distributions ? La conjointure avec Kafka rend l'exercice *a priori* plus que difficile, oulipien. A-t-il été mis en œuvre ? On en trouvera une esquisse dans l'article de Patrick Le Bœuf. On peut penser que le système référentiel est plus souple et que par exemple Mademoiselle qui n'a, et pour cause, pas de correspondante dans la pièce de Molière, emprunte çà et là une voix, celle de la servante forte en gueule, et une fonction, celle de protectrice de l'ingénue, qui évoquent fort Toinette

L'équipe de la production du spectacle *Sulamith*. Dans *Album for Yiddish Theatre*, New York, 1937.
Avec l'aimable autorisation de la maison de la culture yiddish.

et ses consœurs moliéresques, mais ses répliques sont empruntées à la Mère de la première version !
La création de ce personnage illustre une méthode de collage, où les univers référentiels se fondent et se confondent : Molière, Kafka, le théâtre de troupe et d'emplois, d'autres encore peut-être, comme ce film de Lubitsch à la gloire des comédiens en guerre, *To be or not to be*. Mme Tschissik a l'emploi tragique d'une grande princesse (telle Hermione dans *Andromaque*), et son mari lui voit la stature d'un grand premier rôle féminin, mais elle a « dans la vie » la séduction, la dureté, l'ironie blasée d'une femme fatale. À la *commedia*, M. Tschissik, « acteur comique », emprunte la goinfrerie et les couleurs de la « barbare bâfrerie », « non pas rouge, bariolé, bariolé et violet » ; Karl a l'animalité d'Arlequin, dont son nom est presque l'anagramme ; Eduardowa est l'ingénue traitée en gourde. Raban, amoureux transi, condamné à épouser celle qu'il n'aime pas, serait-il Horace (celui de la comédie) ? Dans un autre registre, Max, l'ami et confident, serait Pylade si Raban était Oreste, mais avec ses goûts culturels affirmés et sa contestation de l'autorité de la Mère, il est le Raisonneur, au double sens moliéresque et moderne du terme. Mais en même temps Max emprunte son nom, sa fonction et quelques-unes de ses phrases à Max Brod, l'ami de Kafka, Mme Tschissik était une comédienne qui fascinait le romancier, Karl est le héros d'*Amerika*, celui que le roman accueille à son débarquement en Amérique et laissera au moment où le Grand Théâtre d'Oklahoma l'embauche, le Karl Rossmann qui côtoie Zelda Fitzgerald, Randolph Hearst et autres icônes américaines dans *Hollywood*[39]. Raban est celui de la nouvelle *Préparatifs de noce à la campagne*, etc. Lagarce a pour construire ses personnages la même technique que pour imprégner ses comédiens de leur rôle : qu'on observe les collages qu'il réalise pour les interprètes de « son » *Malade imaginaire*[40]. Mais Karl, le metteur en scène baroque en devenir, n'est-il pas aussi le créateur du rôle pour qui il a été écrit, Olivier Py qui en porte témoignage : « On avait tous conscience que ce que nous disait Jean-Luc à travers nos personnages s'adressait à nous[41] » ?

39. *Hollywood*, in Jean-Luc Lagarce, *Théâtre complet*, vol. II, Les Solitaires intempestifs.

40. Voir le n° spécial des *Inrockuptibles*, « Le Solitaire intempestif / Année (...) Lagarce, janvier 2007-janvier 2008 ».

41. Jean-Pierre Thibaudat, *Le Roman de Jean-Luc Lagarce*, Les Solitaires intempestifs, p. 297.

La créature et son auteur

Comment l'auteur insuffle-t-il vie à cet assemblage de codes, de mythes et de bouts de papier ? Par ce qui fait de lui un auteur : l'intime et la liberté. Liberté dans le traitement de ses sources, par mélange, prélèvement, transposition, négation. Intime qui se devine dans le choix même de ses parrains. Lagarce comme Molière écrit pour une troupe, comme Molière il fait rire de malades imaginaires en un temps où il sait que la mort est sur lui. Comme Kafka il sait qu'il sera emporté jeune par la maladie, comme Kafka il est un

Le Malade imaginaire, de Molière, mise en scène de Jean-Luc Lagarce. Paris, Théâtre de l'Est parisien TEP, 1994.

diariste impénitent, avec Kafka peut-être il a d'autres affinités, qui renvoient à la difficulté d'être fils, de s'engager dans la vie affective. Avec ses deux aînés il partage une conscience tragique et comique de la vie. Tous traits qu'il diffuse sur ses personnages pour les en nourrir. On pressent que les jeunes gens, Karl, Raban et Max en sont les plus grands bénéficiaires. Mais même une silhouette grotesque comme M. Tschissik acquiert une profondeur insoupçonnée d'être mise en perspective dans un avenir et un passé : la tirade où il se voit « pauvre débris du monde » (« lorsque nous serons vieux, si je suis vieux un jour, si je ne meurs pas avant, si la mort ne vient pas me prendre », p. 70), celle où sa femme évoque sa déclaration d'amour, un peu ridicule, un peu gauche, mais vraie, sont les plus émouvantes de la pièce, empreintes d'un lyrisme feutré, marquées par un élan personnel qui tranche avec la netteté quelque peu ironique du collage. On ne s'étonnera pas d'apprendre de P. Le Bœuf qu'elles n'ont pas de source extérieure, pas de répondant chez Kafka. Que Lagarce projette certaines de ses hantises et nostalgies en M. Tschissik, en prenant pour tremplin Molière et Kafka, fait le lien, donne la vie. D'autres liens dès lors peuvent s'esquisser, et l'on se plaît par exemple à imaginer que Karl, riche d'idées modernes, de « nombreuses idées de mise en scène », soit un avatar à un bout de la chaîne de ce que, à l'autre bout, représente Louis, le fils prodigue de retour, dont le « métier était d'écrire (serait d'écrire) ». Les deux familles, famille biologique et famille d'élection, se rejoignent ainsi, et l'on est fondé à confronter les deux figures de la Mère, les deux absences du Père[42], dans ces deux « version[s] sans le père » que constituent les deux pièces. Et au-delà, les deux veines dont elles portent témoignage, le monde du spectacle et celui de la famille, qui dessinent en grande partie la carte de l'œuvre lagarcien. On mesure ainsi que l'auteur ne cesse de s'y dire sans jamais s'y exhiber, que l'intime n'y est pas l'intimité.

E. D.

42. On notera que c'est lors et à propos de l'écriture de *Juste la fin du monde* que Lagarce écrit dans son *Journal* : « J'ai tué le père ce matin et chacun sait que c'est la meilleure chose à faire. »

« **Loin** dans les **méandres de la parole** »
Entretien avec François Berreur

(...) Au fond, l'histoire du mec qui vient et qui dit qu'il vient mourir, moi ça ne m'intéresse pas tellement. Mon point de départ, c'est la tricherie, c'est-à-dire le fait que Louis se dise : « Je vais essayer de ne pas tricher », et puis que sa mère lui dise : « S'il te plaît bonjour, je ne t'ai pas vu depuis pas mal de temps, et si c'est possible de tricher un peu, pour l'amour. » Je trouve que c'est la position la plus intéressante et puis à partir de là, on peut filer des choses sur le théâtre. C'est la grande question de ce texte : comment on dit des choses vraies, et comment ces choses deviennent des choses artificielles, ou fausses, et où est la différence ?

La Mère lui dit, en parlant de Suzanne et d'Antoine : « Ils deviendraient à leur tour enfin des tricheurs à part entière. »

La phrase est extraordinaire. En tout cas, elle porte l'idée de ma distribution, parce que j'ai vieilli la distribution. (...) Louis, joué par Hervé, est plus âgé que le rôle. Et pourquoi ?

Souvent, on voit en Louis la projection de Lagarce, il est le héros, la parole du poète. Moi, j'essaie de faire qu'il ne corresponde pas du tout à cela (...) : on va à l'universel. L'idée du projet, ce n'est pas la maladie. Lagarce le répète dans son *Journal* : « Le sida n'est pas un sujet. » Et de la même façon, pour *Juste la fin du monde* : la pièce est un très beau texte sur la résistance, comment on résiste, en l'occurrence à la maladie, mais pas à la maladie du sida, à la maladie en général, et si on élargit un peu, à la mort, comment on vit, comment on devient un homme, etc. C'est la grande force de son écriture : son théâtre interroge la forme vivante et à partir de là se construisent une expression philosophique et une vision du monde. Et cette pièce est une grande pièce parce qu'elle va de l'infiniment intime à l'infiniment grand, du cadre familial restreint à la dimension ouverte par le théâtre grec. (...)

Donc, dans votre mise en scène, Louis est neutre ? C'est un réactif au sens chimique, il fait réagir les autres ?

Non, simplement je propose la version la plus irrespectueuse : Hervé Pierre a cinquante ans ; donc il n'a pas dit deux mots que le public se dit « ah, ah... », il dit qu'il a trente-quatre ans, donc il y a deux solutions, soit il ment, soit il est mort. (...)

Louis alors c'est nous, c'est le spectateur ?

Absolument. C'est bien ce qui fait l'intérêt du théâtre de Lagarce. Et l'idée que le héros soit une représentation de l'auteur, moi je la trouve très petite, ce fantasme qu'on peut avoir sur Lagarce, alors qu'au fond, cette idée c'est une identification de chacun par rapport à un personnage. C'est sûr qu'en mourant, il jouait du 100 %, il savait bien qu'un jour ça devait lui arriver : quand on dit « je mourrai l'année prochaine », c'est du 100 % parce qu'un jour nécessairement ça marche ! (...)

Ce que j'aime chez Lagarce, c'est cette part extraordinaire qu'il laisse à chacun de se projeter dans des méandres où l'on se retrouve avec soi. Au fond, je reviens toujours à cette question de l'intime de Lagarce. Et ce qui est très clair, c'est que ce n'est pas « l'intime de Lagarce », mais « l'intime de chacun de nous ». C'est là la clé de sa réussite. Et ce qui est intéressant dans les interprétations qu'on peut donner de son œuvre, c'est de voir comment on passe très vite de propositions textuelles très claires à des interprétations très personnelles. (...)

Et vous, quelle est votre interprétation ? Pensez-vous par exemple qu'on puisse dire que le projet de Louis se termine sur un échec ?

Un échec de quoi ?

Du fait qu'il a le projet de tout leur dire et il ne parvient pas à le faire...

Mais il le dit, excusez-moi ! Moi je suis dans la salle et je l'ai entendu. Pas mal, non ? Qu'est-qu'il vaut mieux de dire : à cinq personnes ou à un million de personnes ? Et où voyez-vous l'échec, quand on n'a pas dit à cinq personnes ce qu'on a dit à des milliers ?

C'est le fait de l'acte théâtral.

C'est vous qui le dites !

Comme si le théâtre réparait quelque chose que la vie...

C'est vous qui le dites !

Qu'est-ce que vous en pensez, vous ?

Moi, je ne n'en pense rien. Moi, ce que j'essaie de faire, c'est de surtout pas penser. Sur les aboutissants de l'affaire. Je pars de l'idée que c'est un théâtre qui appartient à chacun dans son rapport intime. (...)

Moi, je travaille sur le théâtral. Ce que j'essaie, c'est que chacun, si c'est réussi, voie des choses, mais pas forcément la même chose. Il n'y a pas de message. *Juste la fin du monde* est une pièce magnifique parce qu'elle est ouverte et que chacun, en fonction de sa propre histoire, va trouver des choses différentes. En cela, ma mise en scène n'a pas le projet d'amener des réponses, une vision. Elle a plutôt l'ambition d'ouvrir, de poser un questionnement. La réalité de *Juste la fin du monde*, je n'en donne pas une, je veux en donner plusieurs, chacun choisira ou pas. Il n'y a pas qu'une réalité. C'est l'histoire du papillon et du sage chinois : est-ce que je suis le sage chinois qui rêve d'être un papillon ou est-ce que je suis un papillon qui rêve qu'il est un sage chinois ? Vous vous attachez à la réalité de la famille, moi je considère que les centaines de spectateurs sont plus importants que les quatre personnes de la famille, qui ne sont tout de même que des personnages de théâtre – ils ne sont pas la réalité !

Quand je dis cela, je suis seulement le chemin de la fable, j'entre dans la fiction.

Attendez ! Ce que je vous réponds, c'est comme je sens la pièce. Je ne prétends pas détenir la vérité. Simplement, je pose en principe que ce qui est intéressant dans le théâtre de Lagarce c'est l'aspect théâtral.

Par exemple, il disait qu'il ne croyait pas à un théâtre où les spectateurs ne savent pas qu'ils sont au théâtre. Ça ne veut pas dire que c'est de la distanciation brechtienne. Jean-Luc détestait les acteurs qui faisaient oublier qu'ils étaient des acteurs. Il disait aussi sur France Culture à Lucien Attoun que, pour lui, « toute représentation a déjà eu lieu ». C'est pour cela que son théâtre fonctionne de mieux en mieux, parce que plus on le connaît, plus ça marche. Par conséquent, il n'y pas d'échec ; car il y a plus de valeur à se faire entendre des spectateurs que de sa mère… (…)

Vous croyez qu'improviser à partir de situations familières pourrait être un travail productif ?

Pour quoi faire ?

Pour fabriquer un « premier niveau » de lecture…

Le premier niveau, pour moi, c'est la lecture. Il porte sur ce que produit la lecture du texte, le rythme. C'est un théâtre où il faut être *derrière* le texte et pas

© Pascal Gély/Enguerand.

Juste la fin du monde, de Jean-Luc Lagarce, mise en scène de François Berreur. Maison de la culture de Grenoble, 2007.

devant. C'est tout sauf du théâtre psychologique. Par exemple, l'acteur qui arrive chargé de problèmes... celui-là devra changer de méthode. Je n'ai jamais vu un théâtre psychologique qui marche avec Lagarce de ma vie. Ce n'est pas comme le théâtre de Pinter par exemple, où on arrive et on exprime des choses comme une boule déjà constituée, un magma qu'on sort de soi. Chez Lagarce, les choses naissent avec la parole : la personne dit quelque chose et du coup elle redit quelque chose et ce n'est pas ce qu'elle voulait dire et, du coup, elle redit autre chose, elle est emmenée dans des choses qu'elle n'avait pas idée qu'elle allait dire.

Il y a tout de même quelque chose au fond, le « ça, c'est exactement ça » ?

Oui, mais on n'est pas forcément conscient de ce qu'on va dire comme une chose qui va nous libérer. Il y a plein de méandres psychologiques qui vont nous emmener quelque part : c'est la parole, et le travail sur l'énergie de la parole est le plus important, parce que c'est elle qui va nous emmener dans des zones qu'on n'avait pas forcément soupçonnées, de violence etc. La violence du frère ne vient pas parce qu'il a un problème. Au début, la parole ne sort pas, puis ça vient dans le rapport au texte et d'ailleurs ce n'est pas forcément une violence verbale non plus... Cet aspect technique aussi est important : comment on fait du sens, comment on a une digression qui fait quinze lignes, une demi-page, et qu'il faut garder le sens. Cette performance nécessite une énergie, un travail passionnant. Essayer de dire son texte dans son sens (dans le sens de ce qui est exprimé), cela demande déjà beaucoup de soin, de l'énergie. Après, tout ce qui est rapport d'improvisation, moi je ne sais pas trop... Pour apporter quoi ?

Deux comédiens sont face à face, un frère, une sœur, le frère a telle et telle chose sur le cœur, la sœur telle et telle chose à dire, la première phrase est la suivante, c'est la sœur qui la prononce, elle dit : « ... Jouez ! »

On peut s'engueuler pour sentir qu'on a de l'énergie à revendre, mais cette énergie il ne faut surtout pas la mettre au départ. Ne pas partir avec un mécanisme prémonté.

Ce qui est compliqué dans la phrase de Lagarce, c'est qu'il y a une « porteuse » et puis on décroche, puis on la retrouve, et puis on redécroche pour à la fin soit la retrouver soit partir dans une direction adventice. Comme si la voix se démultipliait...

Le problème est que ce qu'on avait prévu de dire ce n'est pas ce qu'on a dit. La parole nous emmène dans des zones qu'on n'a pas prévues. On dit à l'autre ce qu'on n'a pas prévu de lui dire. Parce qu'il est là justement. Parce qu'il y a de l'autre...

Hervé Pierre a un très joli schéma pour exprimer cela : avec Lagarce, dit-il, on sait où ça va, mais ce qu'il faut c'est absolument accepter de prendre comme des canaux qui nous entraînent ailleurs, car il y a toujours un moment où Lagarce nous reprend par la main pour nous ramener où l'on doit aller. Il nous prend par la main : donc il ne faut pas s'inquiéter.

Je crois beaucoup à un travail sur le texte : comment il y a une rencontre aussi entre le texte et le corps de l'acteur. En fonction de l'acteur, de son âge, l'âge de la mère par exemple, la phrase ne racontera pas la même chose. Cette énergie s'appuie sur un corps qui fait qu'on peut avec les mêmes indications obtenir des interprétations complètement différentes.

Moi ce que je proposerai comme exercice : la même scène avec la même mise en place. On verra que la scène n'a rien à voir en termes de rythme, etc., suivant les corps qui la jouent, alors que la mise en place sera la même.

Trois acteurs sur la même ligne et luttant de conviction en se volant le texte à la volée dès qu'il sent que le précédent baisse en énergie ?

Pourquoi pas ? Quand on est à la table, on va avancer très vite et ce travail sur le rythme, la ponctuation, etc. c'est un gros travail, déjà intéressant. Puis on apprend le texte – vous allez travailler avec vos élèves sur des textes appris. Or quand on apprend le texte, on se retrouve soudain très en arrière par rapport au travail à la table. Il faut mobiliser son corps, accorder le rythme du texte à sa respiration, se retrouver dans un espace, habiter la situation en jouant avec les autres : quand vous êtes avec la feuille, vous êtes protégé, vous avez la structure devant vous, maintenant elle est vous. Et ce serait intéressant de voir d'abord jusqu'où on peut aller « à la table », pour après, quand on sait le texte, voir comment on fait le chemin inverse pour retrouver le même niveau. Ça a l'air idiot. Mais rien qu'à la table, je pense que, sur un petit bout de texte, on peut déjà faire tout un travail sur la phrase, ses rythmes, etc., extrêmement passionnant.

Sur la musicalité ?

Je n'aime pas le mot. Le texte de Lagarce, pour moi, n'est pas « musical » parce qu'il n'y a surtout pas de mélodie. Si on fait de la mélodie, c'est mort. Si c'est beau, c'est cassé ; cela doit être beau mais après coup, il ne faut pas le faire entendre.

D'accord pour le travail du texte. Mais quelles consignes données pour les actions concrètes ? Il semble que, dans ce théâtre, la seule action soit d'interpeller l'autre : être en suspens dans une parole qu'on donne, une réponse qu'on attend. Physiquement, est-ce que ça veut dire : des gens presque immobiles sur la scène ?

Ah non, pas forcément immobiles !

On évoque pourtant l'oratorio pour décrire le travail de Joël Jouanneau... Ce problème du mouvement, est-ce que c'est un problème que vous ne vous posez pas ?

Si, je me le pose, mais en répétitions. (...) Dans *Juste la fin du monde*, il y a deux questions emmêlées : l'aspect scénographique et ce qui concerne l'aspect concret du jeu.

Et comment résolvez-vous ces deux questions ? Dans l'absence de didascalies, on peut avoir envie de fournir des appuis de jeu très concrets aux interprètes, selon un code naturaliste. Par exemple, au début, au moment de la première rencontre, il est midi, on peut imaginer qu'ils prennent l'apéritif ; la mère déboule sur scène avec un plateau, des coupes et du champagne.

Oui... mais j'ai une question : qu'est-ce que vous allez faire de votre champagne après ? Le problème n'est pas de savoir si je mets du champagne, mais ce que je vais en faire quand je l'ai apporté : servir les coupes ? Mais aurai-je le temps de les boire ? Et puis après, qu'est-ce que je fais du plateau, des verres ? Le problème est un problème économique. C'est : comment on enchaîne d'une scène à l'autre. Il est dans l'ellipse. L'ellipse, c'est le cinéma justement, c'est la modernité. Il faut faire attention, en pensant qu'on va s'aider, à ne pas s'amener des choses qui sont ensuite des obstacles. Après, on peut se demander en regardant l'enchaînement des scènes s'il n'y aurait pas moyen de trouver un fil qui court d'une scène à l'autre. Mais l'idée du naturalisme n'est probablement pas bonne.

Pas même le café alors ?

Non, pour moi, rien ! Jouanneau dit : « Je mets juste le sac de Louis. » C'est pareil : le sac, c'est rien. Boire du champagne au début, je ne vois pas pourquoi. Le café, ils en parlent, mais personne ne boit du café. Ils arrivent et puis deux scènes plus tard, elle dit : « C'est la fin de l'après-midi, on a bien mangé. » Et si on sort des assiettes, on est mal, parce qu'on ne sait pas où on colle le repas. On n'a pas la place de mettre la table. Si on met la table, il faut déjà la débarrasser avant d'avoir servi le premier plat et elle dit : « Vous avez le café ! »

« Cela se passe un dimanche... ou une année entière. » Que faites-vous de cette indication ?

Moi, c'est l'éternité ! Ça durera l'éternité. (...) Par rapport à ce qui vous préoccupe, l'espace, je suis parti sur l'idée que « toutes les pièces bougeaient tout le temps », une belle réplique. Pour moi, cette réplique, c'est toute la pièce. Et l'idée scénographique très simple : on part d'un plateau et d'une façade d'une maison. Au début, on entre sur un petit espace, une table, trois chaises et puis une façade d'une maison comme si on était à l'intérieur. En fait, la maison petit à petit recule. Au départ, on voit le ciel dans les fenêtres et puis après, on recule, on agrandit ; à la scène où il visite le monde, le rideau s'ouvre et quand il dit : « Je ne vous aime pas, je vous tue tous », il est au-dessus du mur. Et après, dans la deuxième partie, il saute de la maison, réapparaît, et le ciel, du coup, est tout autour. La maison est ouverte partout ; on se retrouve à contre-jour et la maison continue à reculer. On joue l'intermède sur trois plans. Quand ils se courent après, pour mettre ça en scène, bonjour ! La solution : on met des rasants, on passe dedans... Je me retrouve avec une maison comme au début, mais noire, avec une seule porte et l'espace immense, qui est exactement le même avec la porte mais avec un tulle devant, qui figure une forêt, en sorte que la maison se retrouve au fond comme la maison du Petit Poucet derrière sa forêt de tulle. Ce qu'on croyait à l'intérieur, pas du tout : c'est loin ! La maison devient comme un lointain dans une forêt. Donc, par rapport à ce que je disais sur le sens, je ne sais pas ce qu'il veut dire ; où ça se trouve, je n'en sais rien ; je fais comme ça ; mais au fond, à chaque réponse que vous donnez, on peut vous opposer que vous avez tort.

Il y aura tout de même une table et des chaises ?

Oui, parce que cela me permet d'avoir un premier plan, que la scène se situe derrière, et puis à la fin le dispositif se modifie : les chaises deviennent les chaises en velours de la lecture du spectacle à la table de la Comédie-Française. Un clin d'œil. Comme une lecture de comédiens autour de la table. C'est excitant, non : à la fin, vous avez voyagé, de scène en scène, du plus petit intime au plus immense ?

Juste la fin du monde, de Jean-Luc Lagarce, mise en scène de François Berreur. Maison de la culture de Grenoble, 2007.

Et les costumes ?

Je pense que la structure de la pièce a à voir avec le music-hall. Pour moi, c'est comme si toutes les scènes qui suivent le prologue étaient des numéros. Louis présente au public les numéros de sa famille. Il nous présente « mon dimanche en famille ». Et les intermèdes sont faits comme au music-hall. Je suis mort et puis, hop !, je reviens, etc. Un peu music-hall, un peu cabaret. (…) L'idée intéressante : c'est qu'on est loin. Ainsi, Hervé est habillé comme s'il sortait du festival de Cannes. Smoking. Il sort d'une première à l'Opéra, a grimpé les marches… Du coup, l'histoire de la gare au petit matin dans son smoking, du taxi à cinq heures du matin, tout cela est placé dans une autre perspective, le décalage est compréhensible, logique : Louis visite un truc loin, ethnologiquement plus que psychologiquement. Comme Prospéro, si l'on veut : il est un montreur, il peut tout faire bouger. Il ouvre le rideau, sa famille est là ! Il a juste un problème, comme Prospéro. Il peut tout faire bouger, mais les gens il ne peut pas ! Ils lui échappent : *on ne peut pas faire bouger la parole*. Je peux les faire disparaître, mais s'ils sont là, je ne peux pas les empêcher de parler, leur faire dire ce que je voudrais.

Comme Prospéro, quand il décide à la fin de pardonner.

Oui. Et c'est pourquoi pour la musique, il y aura *Mais ne dis pas que tu m'adores* de Joséphine Baker, on entendra les paroles de la chanson. Et à la fin, je vais peut-être rajouter Suzanne qui chante une chanson de *Quichotte* : « Juste une petite chanson, c'est rien, c'est juste une petite chanson… » Parce que je voudrais que la fin soit une fausse fin. Louis dit « je m'en vais », il s'en va, et puis, en fait, Suzanne revient, chante « C'est une petite chanson », et Louis revient vers elle, redit « je m'en vais », Suzanne chante « on attendra… ».

… Jusqu'à quand ?

En novembre au Théâtre de la Cité internationale.

Une **faille de chagrin** au milieu du **Français**
Entretien avec Michel Raskine

Pouvez-vous nous parler de Jean-Luc Lagarce ?

J'ai connu Jean-Luc en 1992 à Belfort lors de répétition d'une reprise de *Huis clos*. Il donnait des cours de théâtre, il m'a fait rencontrer ses élèves, un courant de sympathie s'est installé entre nous. C'était quelqu'un d'éminemment ouvert. Et j'ai été frappé, comme tout le monde, par un écart étonnant entre son physique, son » look » (blouson de cuir, voix haut perchée, regard d'oiseau) et son être : un garçon délicieux, drôle et raffiné. Il a ensuite été un spectateur fidèle et attentif de mon travail : la maladie ne l'a jamais empêché de venir voir mes spectacles et de m'envoyer dès le lendemain des fax attentionnés. J'allais moi aussi régulièrement voir son travail de metteur en scène. Mais j'ai été un peu aveugle et sourd, je l'avoue, comme beaucoup, à son écriture, pas vraiment intéressé *a priori* par son chemin d'auteur.

Après sa mort, j'ai été un spectateur assidu. J'ai admiré le *Nous, les héros* flamboyant d'Olivier Py, un peu trop éblouissant peut-être pour que l'on ait accès à l'œuvre même. J'ai vraiment découvert son écriture avec *J'étais dans ma maison...* et surtout *Juste la fin du monde*, créés par Joël Jouanneau que

© Ramon Sénéra /Agence Bernand.

J'étais dans ma maison et j'attendais que la pluie vienne, de Jean-Luc Largarce, mise en scène de Joël Jouanneau. Paris, Théâtre de la Cité internationale, 2005.

nous avions fait venir dans notre Théâtre du Point-du-Jour, à Lyon. Une œuvre très envoûtante, au sens noble du terme, très touchante, le sentiment étrange et rare d'une « pièce parfaite », sans un mot qui manque, sans un mot de trop, sans gras ; pas un endroit où l'on ait la tentation de modifier quoi que ce soit, le sentiment qu'elle frappe au cœur en même temps que d'un absolu contrôle de l'écriture ; une pièce exceptionnelle, en somme.
Je n'avais jamais imaginé de le mettre en scène. J'avais raté le train, je n'avais pas envie de monter dans le train suivant (celui de la mode un jour ?) et de me donner bonne conscience à peu de frais. Je reste stupéfait par cette (re)découverte, un cas unique historiquement, à l'opposé de Bernard-Marie Koltès, qui grâce à un metteur en scène d'exception, Patrice Chéreau, a connu le succès de son vivant. Jean-Luc Lagarce a été quelqu'un de très aimé dans le milieu professionnel, reconnu d'une certaine manière, mais manqué par certains de ses contemporains, puis reconnu post mortem et admiré. Je pense que le travail éditorial exemplaire de François Berreur n'y est pas pour rien, toujours juste, sage et modeste, qui aboutit de nos jours à la publication, au bon moment, du *Journal*, une édition raisonnée, à rebours de tout sensationnalisme et de tout contre-temps. (...)

Et comment en vient-on à monter *Juste la fin du monde* à la Comédie-Française ?

Le projet de la Comédie-Française est d'abord né d'une rencontre. Muriel Mayette m'a proposé de travailler là bas, elle souhaite « injecter » plus d'œuvres contemporaines dans la programmation de la salle Richelieu. J'ai été séduit par son projet et par sa personne. Son idée est de monter ce texte, accompagné d'autres œuvres contemporaines, au cœur du théâtre, au centre de la salle. Cela m'est apparu comme une utopie réalisable : des tréteaux au milieu de l'orchestre. En gros, on reconstitue le Globe de Shakespeare. (...)
En l'occurrence, faire entrer Lagarce à Richelieu, c'est *a priori* confronter un théâtre dit intimiste et un lieu de grande ampleur. Penser le choc des deux, c'est veiller à ce que la vastitude des lieux n'écrase pas la pièce, ne la fasse pas imploser. Tenir compte de la salle, c'est aussi ne pas nier le rouge et l'or du Théâtre-Français, c'est se dire : « Jean-Luc et moi, on entre ensemble au Français, ce n'est pas la peine de faire le malin. » Et enfin (surtout !) il y a la pièce. C'est Louis (Pierre Louis-Calixte) le narrateur de sa propre histoire : il nous raconte au présent des événements, donnés pour à venir mais qui relèvent du passé. En tant que spectateur, j'ai besoin qu'il me parle, j'ai besoin d'une certaine proximité, d'effet de gros plan, que le personnage ne soit pas loin, derrière le cadre de scène. Tout cela m'a conduit à faire mienne l'idée de Muriel Mayette. Le lieu de l'histoire c'est donc la salle : on joue devant le rideau de scène, on n'utilise pas la scène. Il n'est pas question d'asservir la pièce aux formidables moyens techniques de la Comédie-Française.

Quel est alors l'espace dramatique ?

Radicalisons l'idée : le lieu de l'action ce n'est pas le jardin, ce n'est pas la maison de la Mère (Catherine Ferran) et de Suzanne (Julie Sicard). C'est la salle de la Comédie-Française. L'espace fictionnel est le théâtre lui-même, où quelqu'un raconte son histoire. Après on tire le fil rouge : qu'est-ce qu'un théâtre ? Des chaises, des estrades, un rideau, une servante, une toile peinte. J'ai fait rééquiper l'ancien rideau de scène, le rouge et or en trompe l'œil, celui d'avant.

Qu'est-ce que cela donne : un spectacle en train de se faire ?

Je cherche un vertige. Une suspension du temps scénique. Un *proscenium*, une estrade de quatre mètres sur quatre, qui avance dans la salle. La profération des didascalies : prologue, première partie, intermède, etc. Et puis il me semble que c'est une « pièce française » : aussi y aura-t-il peut-être une chanson d'Henri Salvador. C'est axé sur Louis, qui reste la figure centrale, même si celle d'Antoine, le frère cadet (Laurent Stocker) monte en puissance au cours du drame. Au début, la Mère attend – toutes les mères attendent. Sur un rideau sera projeté un portrait filmé du fils, gigantesque, oppressant. Louis entre par là, il traverse sa propre image. Le plateau, c'est un sol banal, avec une mosaïque de cartes postales posées à même le sol. Puis le rideau s'ouvre, on découvre une estrade, comme un tribunal, meublée de cinq chaises d'école banales où l'on peut lire les noms des personnages et ceux des comédiens, qui seront tout le temps présents. Ils ont des costumes d'aujourd'hui, des vêtements plutôt que des costumes.

Quelle époque ?

Aujourd'hui, jour de la représentation. Antoine et Catherine, sa femme (Elsa Lepoivre), sont vaguement endimanchés. Un de mes fils rouges c'est que Louis est en deuil de lui-même : il est habillé comme pour son propre enterrement, costume noir, chemise blanche, cravate noire, un peu chic, un peu démodé.

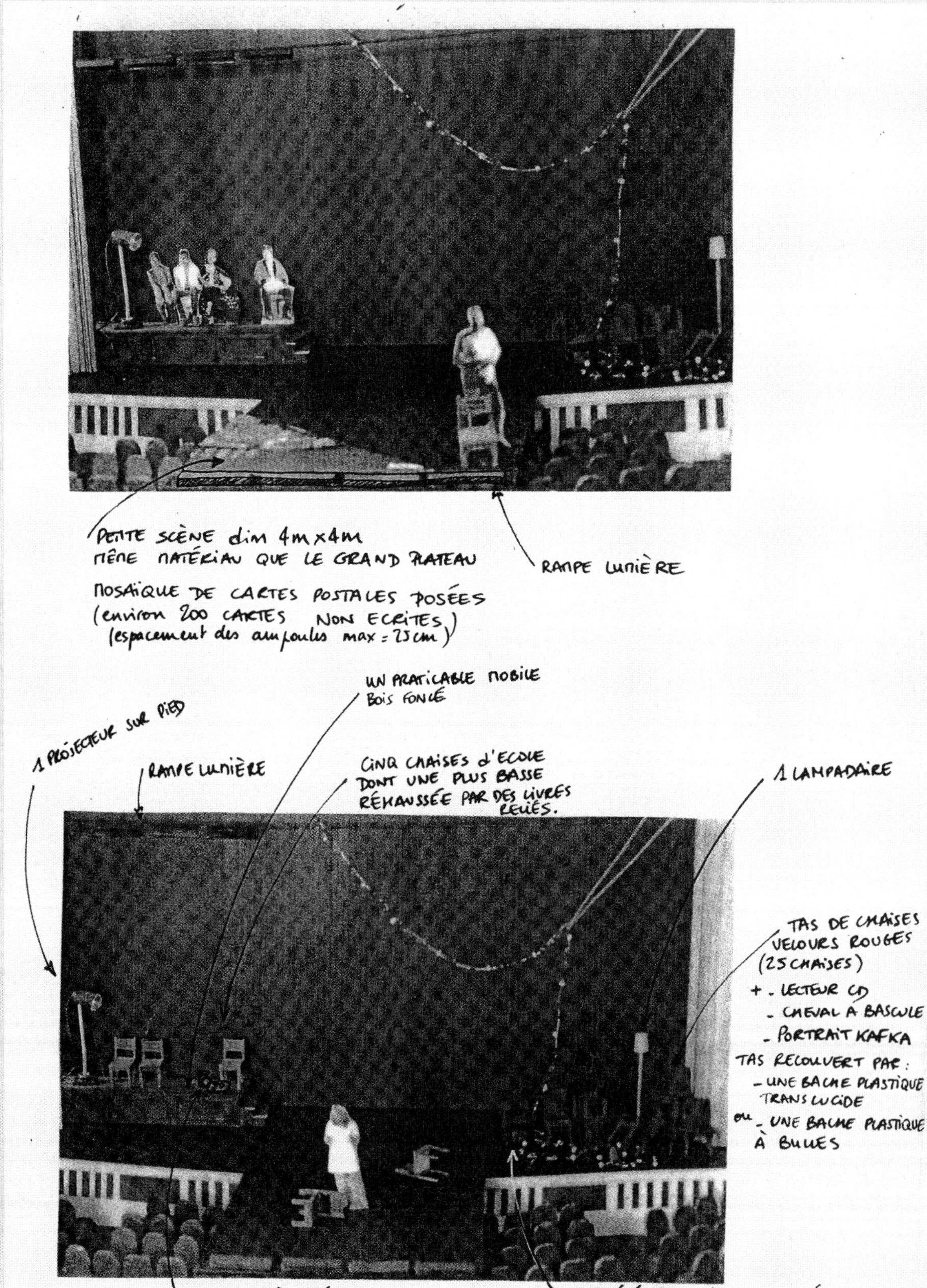

Michel Raskine, croquis préparatoires à sa mise en scène de *Juste la fin du monde,* de Jean-Luc Lagarce. Paris, Comédie-Française, 2008.

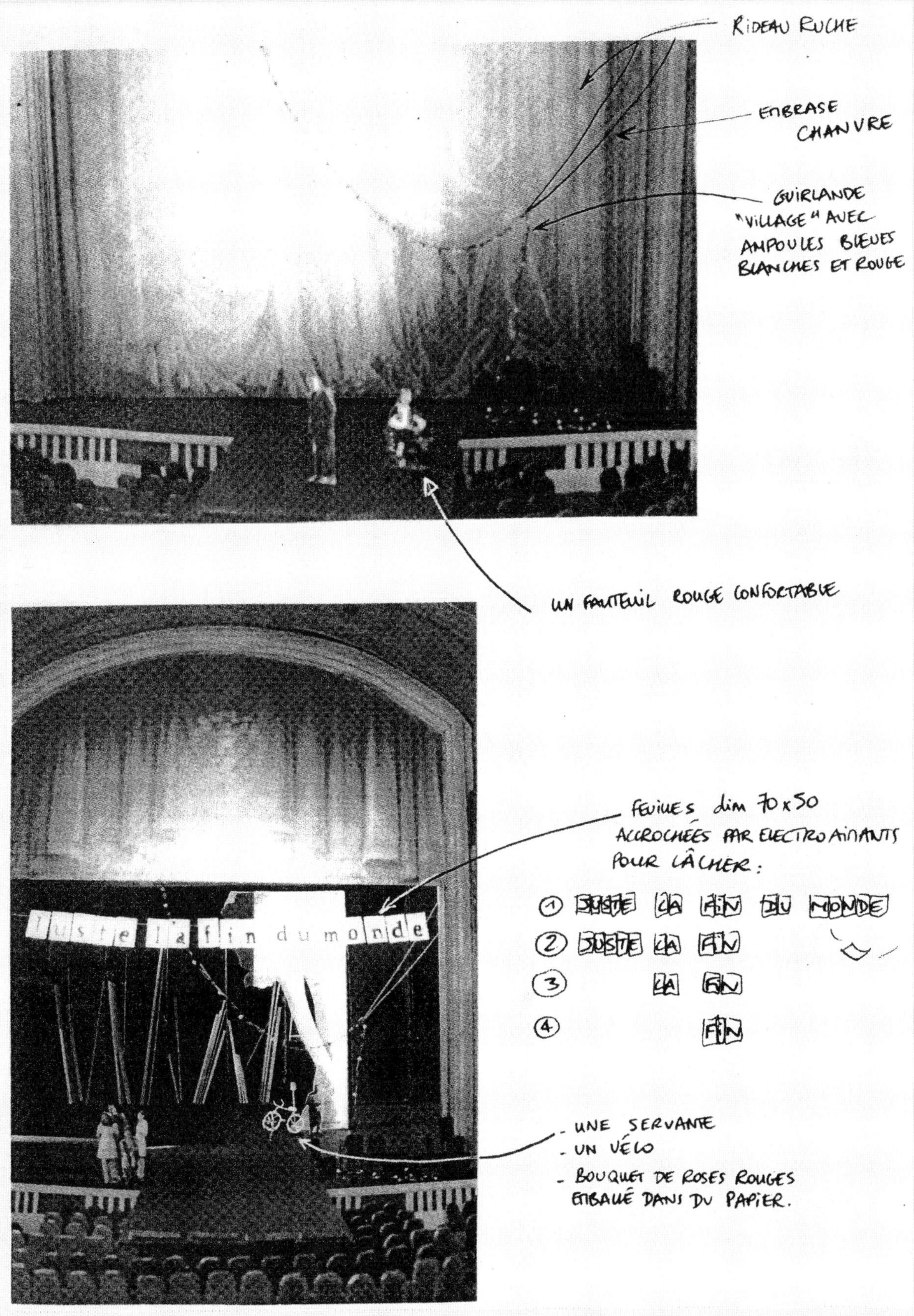

Michel Raskine, croquis préparatoires à sa mise en scène de *Juste la fin du monde,* de Jean-Luc Lagarce. Paris, Comédie-Française, 2008.

La Mère aussi est vêtue de sombre. Les autres ont des couleurs d'été, joyeuses et franches.

Vous suggérez une complicité entre la Mère et Louis ?

Un passage des plus frappants, c'est celui où elle a oublié l'âge de son fils, une notation éclairante et insolite, comme tant d'autres. Tous les personnages sont complexes, très loin de l'archétype. Mais la Mère est « opaque ». Elle sait, mais dit moins. Tout le spectacle ira vers le noir, le tragique, le deuil. Même le rideau rouge deviendra noir. J'aimerais qu'on passe de l'été à l'hiver, du pastel au noir pur: on va vers un gouffre. Tous en noir devant le rideau noir. Pas d'échappatoire autre que la salle. Ou bien alors l'autre côté, un lieu mystérieux, la scène, plongée dans l'ombre. Louis, seul, va vers le fond de la scène : le rideau se lève, et l'on voit le plateau vide. Trente secondes...

La mort ?

Le théâtre comme lieu des adieux, oui.

Que faites-vous de l'intermède ?

Je ne sais pas encore : c'est un bien étrange intermède ! Je le voudrais de l'ordre du conte, du fantastique. Je vais sans doute utiliser des images filmées, pour suggérer une vision d'enfant : un train qui passe ? des arbres qui bougent dans la nuit ? Lors d'une première séance de travail technique, les images se sont superposées par erreur avec le portrait de Pierre Louis-Calixte. On va conserver cet « accident » : des images mouvantes et le visage d'un enfant. L'enfance sera présente dans le spectacle : dans le tas mystérieux côté cour, il y aura des vieilles chaises empilées, un vieux téléviseur, une vieille stéréo, un jouet d'enfant, sans doute un cheval de bois, une photo de Kafka, que Lagarce aimait beaucoup. La musique participera aussi de cela. L'accordéon est un instrument sophistiqué et ordinaire, populaire et raffiné à la fois, pas spécifiquement français mais qui évoque si bien la France. Il existe une transcription pour accordéon d'une pièce pour orgue de César Frank. Et puis quand tous s'engueulent et que Catherine reste seule, elle écoutera une « petite chanson française » : l'effet est poignant, il touche à nos souvenirs à tous. Quelque chose qui participe de l'univers du conte : c'est une donnée récurrente dans mes spectacles, mais particulièrement nécessaire ici.

Ne peut-on penser que Louis est mort ?

Il porte, je vous le disais, le costume du deuil. C'est donc à la fois celui du croque-mort et celui de l'homme dans le cercueil. Quand tous les autres s'habilleront peu à peu de noir, lui ôtera ses vêtements en un dépouillement inquiet, inquiétant. Je voudrais qu'on passe d'une tonalité d'été, de 14-Juillet (il y aura aussi une guirlande d'ampoules bleu blanc rouge devant le rideau) à une tonalité non pas tragique, mais nocturne, hivernale.

Je voudrais soulever la question de l'adresse.

Il y a d'abord ce que j'appelle « la tentation de l'oratorio » : pas de costume, pas de décor, pas de jeu, on s'avance pour son solo ! C'est vrai qu'on a affaire à une forme musicale, un quintette, ou plutôt un quatuor avec soliste, ce jeu de variations exploré par tous les grands musiciens. On peut poursuivre la métaphore musicale, mais je ne souhaite vraiment pas que les personnages ne soient que des voix, parce que le texte propose une marge d'incarnation réelle. Le *Ta gueule, Suzanne* d'Antoine, ce n'est quand même pas de l'oratorio ! J'ai gardé les écarts d'âge demandés par l'auteur, et fait le pari d'une incarnation réelle.

Comment ferez-vous travailler vos comédiens sur la fameuse phrase lagarcienne ?

Ce n'est pas une préoccupation pour le moment. J'ai prévu beaucoup de travail « à la table », même si c'est laborieux, fastidieux. Je n'ai pas de théorie de « la phrase lagarcienne ». J'ai déjà vu des excès dans les deux sens. D'un côté un naturalisme, la volonté de « rendre naturelle » cette langue.

Et l'excès inverse ?

C'est évidemment la récitation, la préciosité. Une des grandes qualités du théâtre de Lagarce tient au rapport qu'il met en place entre oralité et littérarité. C'est sensible par exemple au plaisir que l'on prend à le lire. Mais c'est aussi un texte « à dire » à un degré incroyable. Cet aspect essentiel de son travail d'écriture, le jeu du littéraire et du « à dire » est un défi pour le metteur en scène : commencer par ne pas oublier que le Prologue est composé d'une seule phrase ! C'est pourquoi je souhaite travailler la structure de la pièce plutôt que la structure de la langue. Une difficulté, et un enjeu en même temps, pour les acteurs chez les auteurs qui écrivent une belle langue – et on peut en cela rattacher Lagarce à Racine, Marivaux, Claudel, Koltès, tant d'autres –, c'est le plaisir narcissique, j'allais dire onaniste, qu'on éprouve, parfois sans le vouloir, à la mettre en bouche (si j'ose dire !), à jouir de la langue : le risque est évidemment la perte du sens. Il est particulièrement réel dans une mise en scène jouée longtemps. Le contre-feu est néanmoins ici dans la phrase elle

Juste la fin du monde, de Jean-Luc Lagarce, mise en scène de Joël Jouanneau. Paris, Théâtre de la Colline, 2000.

même : ce n'est pas le ressassement de Thomas Bernhard, c'est la recherche du mot juste, l'approfondissement de la pensée…

Le « cela, exactement cela ».

Oui. C'est un formidable terrain d'investigation et de jeu pour les comédiens.

Et quels exercices proposeriez-vous à des lycéens qui explorent ce texte pour le bac ?

La première séance ? Travailler le prologue. Je mettrais tout le monde dessus. Sur le plateau. Tous les élèves le donneraient. L'idéal serait que le public se souvienne à tous les instants de la pièce de ce que dit le Prologue. Les élèves devraient y chercher pourquoi Louis parle, leur parle, nous parle, quelle histoire il délivre, quelles clefs de jeu il donne : et cela en une phrase, une seule phrase ! Un autre enjeu pour les lycéens, comme pour tous les interprètes du reste, c'est le rythme. Dans tous mes spectacles, il y a des blancs, des silences, des trous, ce que j'appelle des « effets de réel ». On pourrait avoir ici la tentation d'une logique comptable qui réclamerait autant de silences que de paroles. Mais dans le même temps, les personnages sont là pour s'expliquer, d'où par moments une apparence de logorrhée. La question des rythmes est essentielle : parfois le flux peut être « naturalisé », dans une nécessité de parler vite (cela arrive aussi chez Racine). Nous avons tous dans nos propos des stratégies complexes de rythme. Un des enjeux, moteurs, du travail serait là : le rythme, pour entendre les mots, pas la musique des mots. Faire tout entendre, même si au théâtre on sait bien que c'est impossible.

L'essentiel c'est de garder à la pièce sa fragilité ; de faire confiance en l'exceptionnelle force d'émotion de la pièce – que l'on a tous ressentie encore à la première lecture avec les comédiens. Il y a des répliques qui vous prennent au corps tant elles touchent juste et précis. C'est une pièce qui « fait du chagrin ».

Trouver la voix

Du théâtre pour de vrai

L'acteur poreux

Poétique de l'accordéon

Le (quasi) monologue de Suzanne

D'une grammaire l'autre

« N'oublions jamais le ludique
et le concret du plateau »
Entretien avec Mireille Herbstmeyer

« Il faut que la couverture
soit bien tendue ! »
Entretien avec Élisabeth Mazev

Du théâtre pour de vrai

(Extrait de *Sulamith*.)

« KARL. – Elle décide de feindre la folie pour ne pas être obligée de se marier et de pouvoir attendre.
Mme TSCHISSIK, *chanté*. – Ma volonté est de fer et mon cœur, je le transforme en forteresse.
LA MÈRE. – Son délire, qui est grand, ne traite généralement que du désert, de la citerne et du chat.
LE GRAND-PÈRE. – Ah oui, le chat…
KARL. – Mais ce désespoir extrême et bruyant fait fuir ses trois prétendants avec qui Manoach, son père…
M. TSCHISSIK. – Moi ?
KARL. – Avec qui Manoach, son père n'avait pu maintenir la paix qu'en organisant une loterie.
LA MÈRE. – Les trois prétendants sont : Joël Gédoni, "le plus fort des héros"… Max.
MAX. Moi.
LA MÈRE. – Avidanov, le propriétaire, encore M. Tschissik, sous un déguisement et des postiches et dans l'ombre, nous règlerons ça, et enfin, le prêtre Nathan… vous.
LE GRAND-PÈRE. – Moi ?
KARL. – Il se sent supérieur et a du ventre.
MAX, LE GRAND-PÈRE et M. TSCHISSIK, *ensemble, chanté*. – Donnez-la-moi, je meurs d'amour pour elle !
KARL. – Mais pendant ce temps-là, Absalon – Raban – Absalon a eu des malheurs. Un chat du désert lui a tué sauvagement un de ses enfants et l'autre est tombé dans une citerne sans qu'il pût rien y faire. Il y voit des signes et en déduit des choses et il se souvient de sa faute. Il avoue tout à Awigaïl, Joséphine…
RABAN, *chanté*. – Modère tes pleurs…
JOSEPHINE, *chanté*. – Cesse de me déchirer le cœur avec tes paroles ! Etc. »

Sulamith est le cœur (battant) de la pièce. On saute avec elle dans la passion et l'aventure. Sulamith a le cœur brisé ; Absalon, son amant, l'a quittée. À Bethléem où le conduit le sauvage Cingintang, son père Manoach veut la marier. Sulamith feint la folie pour éviter le mariage et « pouvoir attendre ». Le héros Joël Gédoni, le propriétaire Avidanov, le vieux prêtre (ventripotent) Nathan la courtisent. Elle chante, ils chantent « mourant d'amour ».
Un opéra, une opérette. Abraham Golfaden, qui l'a écrite, est un auteur réel. Patrick Le Bœuf nous

Portrait de Abraham Goldfaden auteur de *Sulamith*. Édition 1897. Avec l'aimable autorisation de la maison de la culture yiddish.

apprend[43] que la pièce faisait partie du répertoire du théâtre yiddish new-yorkais, que son interprète Anna Held était la compagne du Ziegfeld des fameuses *Ziegfeld Follies*, et que ce théâtre musical faisait les beaux jours du Broadway de 1917 (on pense à la troupe de Lubitch dans *To be or not to be*). Mais si *Sulamith* est, pour nous, si précieuse, c'est parce que Lagarce nous la livre, un peu comme fait Molière dans *L'Impromptu de Versailles*, comme le script d'une expérience théâtrale à part entière, répétitions comprises. Pour une fois, nous n'avons pas que la partition verbale, mais aussi le jeu, les indications, le *comment faire*. Nous assistons (participons) à une séance de théâtre *in vivo*.
Il y a deux remarques.
– **Remarque 1 :** tout le monde joue (sauf Eduardowa). Les fiançailles sont ratées (pas de discours), chacun marche, dès qu'il sort de scène, « sur le pied de l'autre » : le théâtre de *Sulamith* est au contraire une fête où tout le groupe se retrouve. Le bonheur de jouer volatilise les égoïsmes. La tragédie de *Sulamith* est un *kômos* bachique (Awigaïl périt de chagrin « au milieu des *vignobles* »), d'où le flotte-

43. Patrick Le Bœuf, « L'écriture de *Nous, les héros*, dialogue entre Kafka et Lagarce », in *Problématiques d'une œuvre*, *op. cit.*, p. 220.

ment de sa définition (opéra, opérette ?), un genre composite mélangeant le tragique, le burlesque, le pathétique, les pleurs et les paillettes, mais toujours dans l'extrême. Le bonheur est dans cette hystérie qui accouche d'une utopie. L'exubérance annihile les tensions. Sortent-ils de scène, ils se marchent sur les pieds (le réel est « trop exigu ») et « le conflit est tout près d'exploser[44] ». Dans *Sulamith*, au contraire, l'action envahit un territoire immense, les personnages sont « comme projetés un peu partout dans l'infini ». Plus de tensions, plus de calculs, chacun s'envole et peut enfin communier dans l'unité de la troupe retrouvée. Moteur à trois temps : admission, compression, explosion. Nous sommes au centre de la pièce (c'est le « nœud », dit Éric Duchâtel) et ce centre ressemble à un cœur. Un *chœur* : chacun oublie ses frustrations et ses griefs et s'éclate dans l'action collective.

44. C'est Joséphine qui le dit au départ, p. 11.

– **Remarque 2 :** l'euphorie est autotélique. Elle porte en elle sa propre fin. Pourquoi fait-on du théâtre ? Pour réjouir les spectateurs ? – Parce que c'est bon, parce que c'est drôle, parce que ça fait du bien à ceux et à celles qui le font. Le théâtre est un jeu, *ludus*, non d'abord une représentation avec une salle et un plateau, mais un travail de groupe, une pratique collective visant à la réalisation et à l'effusion collectives. Ruche, termitière, essaim d'abeilles, cage à papillons (aux folles), nuées de passereaux tournant en criaillant autour des chevelures des arbres. Le théâtre ne vise pas d'abord le spectacle. Il n'est pas l'objet rodé, abouti. Ou plutôt, cet objet n'est réalisable que si, avec lui, le théâtre, c'est-à-dire l'utopie, est en marche : si la mécanique (du groupe) tourne rond. C'est à cette condition que peut s'évacuer l'angoisse d'être mauvais, subvertie en joie du mouvement.

Lagarce nous livre, à la façon de Molière, ces quelques pages, comme une prescription contre la maladie, comme un antidote au malheur. Lisez, nous dit-il, faites comme Karl et ses compagnons, (comme Molière, malade, dansant et hurlant avec sa troupe les intermèdes du *Malade imaginaire*), mettez vous en rond, distribuez vous les rôles, respectez les didascalies, jouez tout ce qui est marqué, sans souci de l'invraisemblable (l'absurdité donne de l'air, elle est le vide qui s'engouffre sous les ailes) et jusqu'à l'hystérie, suivez la *check list*, scrupuleusement, en vous abstenant surtout de tout jugement, laissez vous porter, l'appareil prend de la vitesse – bientôt vous volez. Avoir des ailes. Être, comme disent sur tous les tons les chœurs d'Euripide ou Sophocle, « l'oiseau rossignol qui crie *itys, itys, itys* » de sa langue arrachée (il chante et vole parce qu'il ne peut plus parler).

Nous, les héros, de Jean-Luc Lagarce, mise en scène de Gurshad Shaneman. Hyères, Théâtre Denis, 2006.

Sulamith de Abraham Goldfaden. Scène des bergers dans le désert, mise en scène au Théâtre yiddish de Varsovie, 1938.

Échapper au sol où l'on « se marche sur les pieds ». À la fluxion de poitrine (toujours Molière – le travail sur *Nous, les héros* fait suite comme on sait au *Malade imaginaire*).

« Vous vous y retrouvez, vous ? », demande le Grand-Père. Et ta sœur, devrait-on lui dire ? D'un coup de baguette magique, Lagarce fait chanter ses acteurs. L'instant d'avant, ils ne connaissaient pas la pièce, ignoraient tout de leur texte, de leur rôle – et les voilà qui chantent « ensemble », Max, M. Tschissik, le Grand-Père : « Donnez-la moi ! Je meurs d'amour pour elle ! » Tous juste, tous ensemble. La musique (la joie du spectacle), Dionysos, sublimant leurs désaccords.

« Vous vous y retrouvez, vous ? »

Et si le but et le vrai moyen du théâtre étaient de *se perdre* ?

Hystérie, euphorie : il faut se perdre pour se retrouver. Se perdre chacun, pour « s'y retrouver », magiquement, *ensemble*.

« C'est une idée très moderne, conclut Karl. Ensuite, j'ai de nombreuses idées de mise en scène : pendant les moments de désespoir, ils sont fort nombreux, on se donnera des coups de fouet et on se battra un peu. Les hommes pourront s'égorger et les femmes crieront de terreur et s'évanouiront. Après, pour les retrouvailles et l'épilogue heureux, on chantera des chansons russes et on dansera avec des robes de femmes retroussées sur la tête en se vautrant sur des canapés[45]. »

45. *Nous, les héros*, p. 66.

B. C. ■

L'acteur poreux

Porosité

« Ils la regardent tous, longuement, et en effet, involontairement, il faut bien l'admettre, elle est risible[46]. »
« Ils la regardent tous, longuement et en effet, il faut bien l'admettre, tout le monde veut pleurer aussi[47]. »
« Joséphine pleure. »

Porosité, contagion.

Qu'est-ce qui fait qu'on est risible ? pathétique ?

Ce qui est sûr, c'est que la grâce est ici plutôt vécue comme une tare ou comme une maladie. Joséphine catalyse le rire et les larmes – mais c'est en dépit d'elle et à son détriment.

Exposé au regard (aux rayons des projecteurs), le corps de l'acteur se révèle différent des autres : il filtre et concentre l'émotion qui l'entoure comme un buvard, flotte, dépouille dérisoire, sur l'écume comme une pierre ponce, plus fragile et plus rêche que les autres.

Être acteur c'est peut-être moins qu'un don : une *disgrâce*. Incapable de garder une émotion, une pensée pour lui, immédiatement percé à jour, l'acteur est le contraire d'une personne – flottant dans l'être, jouet des flots et des regards contraires, il ne fait pas bloc, pas front. Diffuseur. Il ne fait pas corps.

Surtout, son jeu dérive de cette déficience. Il n'y a pas de métier, pas de masque qui tiennent. Pas de composition, de construction du personnage. Ainsi du costume de Karl qui est le contraire d'un masque et d'un costume, mais une seconde peau qu'il ne peut quitter. *In cute*, comme dit Rousseau en exergue de ses *Confessions* : « Dans la peau. »

Son personnage, l'acteur le porte tatoué sur sa peau, dans ses gênes (ses gènes), son mal-être, dans les rictus et petits plis de son visage. Il est lui-même à l'état de *trace*. L'acteur ne sert à rien. Il est « en trop » (et c'est pour cela qu'il est en vue – fragile, et risible, et pathétique) – « inutilisable[48] ».

46. *Nous, les héros*, p. 14

47. P. 82, 81. Voir l'analyse que E. D. fait de ces deux textes dans « Il faut bien l'admettre, elle est risible », page 73.

48. Mot récurrent ; Max à propos d'Eduardowa : « C'est juste une personne inutilisable, ce que je voulais dire, mais la robe est joliment portée » (p. 22) ; Mademoiselle à propos de M. Tschissik : « Et son mari, à celle-là, était franchement inutilisable, même à ses dépens » (p. 29).

ATELIER | **Application**

Les participants disposés en « doublettes » sur le plateau (le jeu peut se jouer à six, soit trois « doublettes » : A1 – B1, A2 – B2, A3 – B3). Les A, debout en fond de scène, tournent le dos au public, ainsi que les B assis ou debout sur le devant de la scène. Silence. Au clap donné par le meneur de jeu, A1 se retourne vers B1 qui le regarde, puis, quand vient leur tour, A2 et A3. Au moment où il claque dans ses mains, le meneur de jeu donne une consigne à A1 (puis une autre ou la même successivement à A2, A3). La consigne est brève et A doit s'y conformer mentalement immédiatement. Ensuite, un temps très long (une demi-minute) : A doit rester sous la douche du regard de B. Une hostie. Irradié. Exposé. Poreux. Se sentant devenir ce que l'autre voit de lui (d'elle), se sentant être ce que la consigne lui prescrit d'être. Non plus lui-même (elle-même) : *l'autre de l'autre*. Par exemple, cette consigne : « Tu es nu(e) » (l'acteur, l'actrice, bien sûr restent habillés !) ou « B te hait » ou « Il a tout dit » ou « B te méprise » ou « Tu dois t'expliquer » ou « B est nu(e) »...
L'exercice pour les A : être poreux, se lâcher – non pas construire un personnage (en une fraction de seconde), mais se composer à l'intérieur du regard de l'autre, être dans la pupille de son œil, se retrouver dans la relation et *à partir de l'autre* (non de moi). Surtout : ne pas se cacher, ne pas mettre un masque, *être présent* dans sa gêne, son mal-être, apprendre à respirer, se développer comme une fleur dans l'espace du regard de l'autre. Jouer à *se présenter*, à faire rire de *soi*.

Grandiloquence

« LA MÈRE. – En jouant la comédie, je crois cela – je ne veux pas que vous partiez – en jouant la comédie, vous ne le savez pas, mais vous ferez la guerre aussi et plus sûrement, avec plus de force que vous ne pouvez l'imaginer.
KARL, *à la Mère*. – Tu crois ce que tu dis ?
LA MÈRE. – Oui, je crois ce que je dis, c'est ridicule, je sais ça, et grandiloquent, est-ce que je ne m'en rends pas compte ?
Mais je crois ce que je dis, oui. »

La grandiloquence est l'autre versant de la porosité. Elle est le moteur du théâtre. En apparence, elle est offensive, affirmative ; elle résiste au Mal – le verbe haut, courageuse, la vie (le théâtre) mettent le feu au quartier général. Sus à l'hypocrisie, au repli, à la petitesse ! L'acteur dit non, il attaque, il résiste. (La petite troupe est un esquif louvoyant dans l'océan de l'Histoire et ses courants contraires.)
Mais cette grandiloquence n'est parlante, elle ne nous touche que parce qu'elle est suspendue à un fil, exposée, funambule totalement nue. Dans tous les cas, ce n'est pas une parole adulte. Grave. Cette grandiloquence coupe comme une herbe qui siffle. Elle est *mineure*, ployable en tous sens (la Mère veut maintenant que Max reste ; la vérité est instable, contradictoire, illocalisable) – comme ces tirades de Lagarce qui sont des tissus agités par le vent (le drapeau n'est pas autre chose que ce tissu) et le contraire d'une solennité construite.
C'est, chez Kafka, Joséphine, « la cantatrice du peuple souris[49] ». Ce qu'elle chante n'a plus cours. Le peuple souris que nous sommes devenus n'a plus de penchant pour la musique (pour la grandiloquence et les grands sentiments). Pourtant, de Joséphine nous ne nous rions pas ; son chant nous charme, inexplicablement, et l'on ne peut comprendre pourquoi : est-ce parce que c'est un chant (de la grandiloquence), ou moins qu'un chant ? est-ce parce que ce chant est un sifflement (une parole) ordinaire, qui garderait néanmoins trace de l'ancienne musique ?
Il n'est pas facile, conclut Kafka, « d'expliquer l'énigme de son grand effet[50] ».

Porosité : position par rapport aux autres (énonciation). Grandiloquence : position par rapport à ce qu'on raconte (énoncé).
Pris au pied de la lettre, le propos de la Mère assigne à l'interprète une posture parfaitement intenable. Elle est grandiloquente ; elle dénonce sa grandiloquence ; et revendique pour finir ce qu'elle vient de dire. Je dis, je dis que c'est ridicule, j'assume les deux, le ridicule de ce que je dis et ce que je dis. Persiste et signe. Le locuteur est partout : *en* lui-même, *hors* de lui (dans sa grandiloquence), avec les autres (qui se moquent de lui). Sa fragilité est une omnipotence : s'assénant à lui-même les objections qu'on pourrait lui faire, y parant d'avance ; son ironie n'est pas seulement sarcastique : le sarcasme est ici à double détente ; positif, à l'image d'un élastique : la proposition se distend jusqu'au point de rompre, puis se récupère et claque sur les doigts (aux oreilles) de l'auditeur avec un petit pet crâneur et victorieux. « Troisième degré » : ce « deuxième degré » est à prendre *vraiment* au « premier degré ».

49. Franz Kafka, *Joséphine, la Cantatrice ou le Peuple des souris*, in *La Colonie pénitentiaire*, coll. « Folio », Gallimard.
50. *Ibid.*, p. 88

Joséphine..., d'après Franz Kafka, mise en scène de Étienne Pommeret, Paris, Péniche Opéra, 2003.

Joséphine..., d'après Franz Kafka, mise en scène de Étienne Pommeret, Paris, Péniche Opéra, 2003.

Mais en même temps, cet aplomb et cette surcompréhension sont une fragilité. Ce qu'elles apportent, c'est cette idée de Wittgenstein qu'il n'y a pas de certitude ou bien que toute certitude repose sur une *croyance*. Qu'est-ce que « je crois » ? De quoi « suis-je convaincu » ? Qu'est-ce que « je sais » ? Qu'est-ce qui sépare ce que « je crois » de ce que « je sais » ? Qu'est-ce qui asserte de la vérité de mes vérifications ? Un « arrière-plan », ironise Wittgenstein, une « mythologie », un lit ou un « système » de convictions profondes qui servent de soubassement ou de « milieu vital » à tous mes arguments, un « jeu de langue » que je tiens de personnes « dignes de foi » : en sorte que le « je crois » enveloppe le « je sais », que le « je sais » est la forme ultime du « je le crois *vraiment* », et qu'à la base, la *confiance* est plus importante que l'ironie. « Ne dois-je pas, interroge ainsi Wittgenstein, commencer quelque part à faire confiance ? C'est-à-dire : il faut que quelque part je commence à *ne pas douter* ; et ce n'est pas là une procédure trop précipitée mais excusable ; non,

ATELIER | **Application**

La souris Joséphine chante-t-elle, demande Kafka, ou siffle-t-elle simplement comme nous tous (« c'est le talent particulier de notre peuple ») ? Ou, comme cela est le plus probable : chante-t-elle en *sifflant* ?
La fable de Kafka nous pose cette question : comment chanter sans chanter, *parler* souris (siffler) tout en *chantant* comme un ange ? Comment concilier grandiloquence et porosité, agrandissement et petitesse ?
Faisons cet exercice.
Un magnétophone, un acteur. Texte (enregistré), texte appris. On amoncelle des chaises et des tables. L'acteur est invité à dire son texte sur le plateau.
Puis on monte. L'acteur doit « agrandir » le texte. Une table. L'acteur doit grimper dessus, dire le texte, l'agrandir. Nouveau cran. Une chaise placée sur la table. L'acteur monte sur la chaise.
Ainsi de suite. Agrandir et monter. Plus on agrandit, plus on monte : plus on se sent petit, vulnérable.
Plus la parole s'élargit, plus elle est fragile, exposée, prête à tomber – l'acteur (l'actrice) suspendu à la seule force de son âme (à son « inébranlable conviction »). Drôles et pathétiques. Humains. « Coupant le rire. »
Fin du travail : l'acteur fait entendre sa parole « haut perchée ». On fait alors la contre-épreuve : on écoute sa voix enregistrée au départ sur le magnétophone, grande mais pas petite, enflée mais pas parlante (chantante), ni fragile, ni exposée. Adulte, grave ; non mineure. Un drapeau sans vent.

cela est inhérent à l'acte de juger[51] » – et juger d'abord du vrai et du faux.

La vérité repose sur la certitude qui repose elle-même sur la croyance.

« Le "je sais", dit Wittgenstein, a une signification primitive qui est semblable à un "je vois". » On peut rire : la vérité est, en dernière instance, « mon intime et inébranlable conviction ».

La Mère est alors en droit de maintenir son acte de foi, en dépit du rire qu'il suscite et *en toute connaissance de cause* : « Oui, c'est ridicule, je sais ça… mais je crois ce que je dis. » Affronter les rires, dépasser le doute ironique du « non dupe » (qui ne croit plus à rien) – et arborer sa parole, fragile et fière, comme un drapeau. La Mère *sait* ce qu'elle *croit*.

Et l'acteur ?

« J'ai parfois l'impression, écrit Kafka de sa petite cantatrice, que le peuple pense qu'il doit se comporter avec cet être fragile qui a besoin de protection, cet être en quelque sorte distingué – distingué par le chant selon son propre avis – comme si notre cantatrice lui avait été confiée et qu'il eût à prendre soin d'elle ; les raisons de cette attitude ne sont claires pour personne, le fait seul semble positif. Or on ne rit pas de ce qui vous est confié, ce serait contraire au devoir ; la pire méchanceté que les plus méchants d'entre nous puissent se permettre à l'égard de Joséphine est de dire parfois : "Rien que de la regarder, cela nous coupe le rire[52]." »

Kafka, Wittgenstein, Goldfaden (?). « Faire confiance », « On ne rit pas de ce qui vous est confié » : la vérité est dans cette croyance que nous « confions » à l'autre[53] ; elle est dans cette fragilité qui « nous distingue », et qui ne produit en réalité ni de la grandiloquence, ni vraiment de la musique, mais une chose qui chante et qui nous émeut.

B. C. ■

51. Wittgenstein, *De la certitude*, coll. « Tel », Gallimard, p. 59.

52. Kafka, *Joséphine, la Cantatrice…*, *op. cit.*, p. 95. C'est évidemment le contraire qui se passe au début pour la Joséphine de Lagarce ; à la fin, elle aussi « coupe le rire » : tout le monde pleure…

53. Ce que pointe E. D. dans « Au bout du compte », p. 66 : le cœur du drame est dans la « fiançaille », dans la *fiance*, explique-t-il.

To be or not not be

Hitler arpentant les rues de Varsovie, cela étonne, cela dérange : en fait il s'agit d'une troupe théâtrale polonaise qui répète sa dernière création, *Gestapo*. Elle joue cependant tous les soirs *Hamlet*, et tous les soirs au moment où le héros lance *To be or not to be*, il voit un jeune aviateur quitter la salle. Ce dernier rejoint de fait dans sa loge la vedette féminine, épouse du premier. *Gestapo* ne sera pas jouée, la Pologne est envahie, toute la troupe est embarquée dans une opération de contre-espionnage et de résistance où le théâtre va envahir la vie : le dérisoire des petits et des grands cabotinages va se muer, non sans persistance comique, en héroïsme, dans une véritable fantaisie de triomphe. Le parti pris de ce ludisme et de cette dérision choqua en son temps : opposer l'humour à l'horreur, garder le ton du vaudeville et de la satire tous azimuts, pouvait passer en 1942 pour du cynisme, à l'opposé de l'humanisme affiché de Chaplin dans *Le Dictateur*.
On peut placer ce film de Lubitsch, comédie brillante qui rend un hommage férocement drôle au petit monde du théâtre, à l'horizon de la phrase de la Mère dans *Nous, les héros* : « En jouant la comédie, je crois cela – je ne veux pas que vous partiez –, en jouant la comédie, vous ne le savez pas, mais vous ferez la guerre aussi et plus sûrement, avec plus de force que vous ne pouvez l'imaginer. »

E. D. ■

Poétique de l'accordéon

La première consigne pourrait être celle-ci.
Lire *Juste la fin du monde* ; en produire une version comprimée en six pages (police 12), puis en trois, puis en une. Le choix du format est essentiel : en six pages, la compression est réalisable ; en trois, elle devient problématique ; en une, quel est le sens ? qu'est-ce qu'on garde ?
L'exercice n'est pas isomorphique. On peut comprimer *L'École des femmes* en supprimant toutes les scènes avec Agnès (un jeune et un vieux cochon font leur parade nuptiale), ou en gardant uniquement Arnolphe (un très vieil homme lance au ciel sa verbigération malade). Par exemple, dans le cas qui nous occupe, l'apprenti poéticien choisit de garder la colonne vertébrale – les monologues de Louis – (il l'a donc décelée et, avec elle, la double membrure diégétique / mimétique, narrative / dramatique de l'œuvre). La compression réalisée cependant déplace les charges, trie entre les tissus : les bouts n'ont pas la même teneur ; certains sont des fibres, impossibles à couper, d'autres des chairs molles, ou plus lâches, ou plus denses, ou des corps caverneux ; et à l'intérieur d'une même lexie, le texte comprend cette alternance de *teneurs* qui implique des changements de vitesse et de ton – le « ton » n'étant pas autre chose, en dernière instance, que l'expression sensible du « *tonos* » = de la « tension » = de la « teneur » de l'écriture à cet endroit donné.
Un feuilletage donc dans le tressage, voilà ce que l'exercice met à jour et avec quoi l'on doit découdre. Une poétique à deux étages. D'un côté, le tressage des scènes (dramatiques) à partir et autour de la colonne dorsale (narrative)[54]. De l'autre, comme une double hélice, le *feuilletage* des paroles, leur polyphonie. Double : c'est d'abord la polyphonie inhérente au dialogue (la parole passe d'un personnage à l'autre), c'est ensuite la polyphonie interne à chaque voix que décèle ce travail d'analyse.
Ou bien l'élève décide de supprimer la voix principale, suspendant les scènes dans une fausse (et monstrueuse) ellipse dramatique. Version sans Louis. Cherchez ce qui manque. Le cœur qui bat.
L'exercice fait apparaître l'effet de seuil. Limitée à un seul format large ou moyen, la compression relève juste d'un iconoclasme stupide. Une consigne stricte, en imposant plusieurs découpes hiérarchisées, clive ce qui résiste (déconstruit les lignes successives de résistance), mais aussi ce que ces découpes « coupent » – ce qui manque.
Et qu'est-ce qui manque ? Réponse stupide : les scories, la « bourre », le trop-plein. Lagarce est un écrivain inégal ; il y a des longueurs, zébrées d'à-coups. Gardons les fulgurances, prélevons la pulpe : on concentrera la lumière.
Qu'on essaie : on perd tout. Le tressage disparaît ; la texture s'effondre. Le texte de Lagarce est un matériau composite, un « soufflé » : à l'intérieur, il y a le souffle, c'est la voix (ses registres et ses débits) et c'est aussi l'esprit qui passe dans ce souffle *(spiritus, anima)*. Le vide est essentiel. Si on l'enlève, le gâteau retombe, son rythme, ses hauts et ses bas, ses vagues – sa *vitalité*.

54. Sur ce tressage, voir l'article de E. D., « Comme un roman », p. 63.

© Brigitte Enguerand.

Affiche de *Juste la fin du monde*, de Jean-Luc Lagarce, mise en scène de Bernard Lévy. Scène nationale de Sénart, 2003.

Jean-Luc Lagarce avec Nathalie Schmidt pendant une répétition.

La première tâche engendrerait alors une seconde tâche. Reconstruisant ce qu'on aurait ainsi premièrement déconstruit. Remontant « le bel animal » après qu'on en aura non pas disséqué les membres (ce n'est pas de structure qu'il s'agit), mais désigné les différentes textures (c'est d'écriture – de *poétique* qu'il s'agit). Le corps ainsi reconstitué est *polyphonique* ; ses chairs sont infusées de couleurs qui varient selon la nature des tissus (os, fibres, muscles, gras, corps caverneux) comme un produit d'imagerie médicale. Poétique de l'accordéon. Des pleins, des creux. Hauts, bas. À certains moments, la parole dévale (avale les mots, les bosses), à haut débit. À d'autres, elle s'arrête, se mire, tombe en panne. La pensée se cherche. Plus souvent, la parole rebondit sur une proposition adventice qui sert de tremplin. On s'aperçoit que les mots eux-mêmes n'ont pas tous la même teneur et que les expressions noyaux récurrentes, en apparence les plus chargées de sens, du moins d'affect, les IRN messagers, disposées dans le flux du discours comme les pierres d'un gué, elles-mêmes ne durent pas, mais éclatent comme des bulles après usage. Ce qui apparaît donc à l'issue de tous ces découpages, combinaisons, remontages, manipulations poétiques, c'est ce « théâtre dans le théâtre » qu'il y a sous les actions (sous les situations) et qui engendre la matière qu'elles contiennent, ce « théâtre dans le théâtre » qui est le théâtre premier de la parole.

Ce théâtre (de la parole) a un fonctionnement poétique. Comment il fonctionne, de nombreuses métaphores s'offrent sans doute à le nommer. La plus parlante est peut-être la métaphore chimique. Une soupe (d'atomes) mijotant, autonomes et mutiques, jusqu'à ce qu'un grain de sable (de matière), un syntagme de base, s'insère et *cristallise* la solution (donne forme, sens, adresse, direction aux paroles mutiques).

Et qu'est-ce qui fait la valeur de ce signifiant principal? Quel est son signifié? On le verra dans l'exemple envisagé. Mais avançons-en tout de suite l'hypothèse : ce signifiant a la particularité d'en dire *plus* qu'il ne dit – de délivrer un surcroît de sens qui déborde son signifié. Ces syntagmes sont des « gros porteurs » (des IRN messagers), qui polarisent, par l'énergie qu'ils développent, le champ où ils s'insèrent. Signifiant medium, signifiant écran. Ce que nous explique la psychanalyse : ce signifiant est à traiter comme un *signal*. Cette approche invalide l'analyse psychologique (il y a *plus* à l'intérieur des mots que ce que nous y mettons, nous disons plus que ce que nous entendons, le signifiant déborde le signifié) et rend le détour par la poétique indispensable. Le sens n'est pas le contenu du mot (ce sens que connaît la psychologie et qu'on injecterait ensuite dans l'interprétation que l'acteur en ferait), il est *dans la trace*, dans l'ébranlement causé par sa profération – dans l'appel que ce « grain de sel » injecte à l'intérieur des mots en les cristallisant en discours.

Arrivés en ce point, ayant accompli le trajet dans les deux sens, déconstruit puis reconstruit la partition, poussé tiré l'accordéon et fait sortir son souffle (rendre l'âme), nous devons avoir étalé devant nous le théâtre de la parole – le théâtre de Lagarce entendu comme une *dramaturgie de la parole*, et commencé de repérer ce qu'il y a à jouer (à proférer). Mais nous voyons aussi que l'analyse poétique (construction / déconstruction) s'arrête où commence la performance et que la performance va avoir pour fonction d'actualiser l'inexprimé que le signifiant *signale* (ou signalise) à défaut de pouvoir le *signi-*

fier. La parole déborde, la parole fait signe – la performance le fait retentir.
En ce point donc, l'exercice de compression dépasse le cadre strict de la diction et appelle le passage à l'acte sur la scène. L'analyse s'arrête. Le théâtre de la parole ne peut en effet s'accomplir qu'en faisant sortir ce trop-plein que les mots manquent à signifier – qu'en convertissant ce manque en un *appel*. Comme si la parole avait besoin, pour dire ou, plutôt, faire entendre ce qu'elle veut dire, de retentir dans l'espace public de la scène et de la salle, quêtant l'écho qu'elle produit, attendant de l'autre (personnage ou public) que son écoute lui restitue ce qui lui manque.
L'analyse poétique conduit donc, par cette notion de manque, à la nécessité concrète de la pratique théâtrale. Ce parcours n'est pas différent de celui que Maurice Blanchot reconnaissait comme la source du théâtre d'Artaud, quand il voyait l'origine du théâtre de la cruauté dans l'expérimentation (cruelle) de la faculté poétique : « Combat, notait-il à propos de *L'Ombilic des limbes*, entre la pensée comme manque et l'impossibilité de supporter ce manque, – entre la pensée comme néant et la plénitude de jaillissement qui se dérobe en elle, – entre la pensée comme séparation et la vie inséparable de la pensée[55]. » On comprend ceci : que la performance théâtrale canalise ce « jaillissement » que la parole « dérobe ». Ou encore : que ce qui se « sépare » des mots (ce jaillissement, ce trop-plein), la performance le fixe dans l'entre deux de la profération. Ou encore : que la forme du dialogue contient la vérité de la parole, que le rapport à l'autre répond à l'appel que contient la parole, qu'il est l'au-delà vers quoi tend ce trop-plein, son vase d'expansion. En sorte que le *poétique* s'abouche bel et bien au *dramatique*, mais à l'inverse de ce qu'on croit habituellement (c'est l'écoute poétique qui déclenche ici la pratique dramatique). Au-delà et en deçà de son dire, la parole provoque, elle appelle, attend : la parole *écoute* l'effet de « ce jaillissement qui se dérobe en elle ». Et cette écoute est dramatique.
Cette tension dramatique qui aimante le fil du discours poétique et retourne la parole en écoute du secret qui lui échappe (tout en émanant d'elle), Lagarce la retrouve tout naturellement au centre de sa direction d'acteurs. Voici par exemple ce qu'il note en commentaire d'une photo de répétition : « Les acteurs écoutent. Tout le temps du travail, ils écoutent, cette écoute tendue vers deux ou trois mots perdus au milieu du discours, un détail pour juste reprendre, recommencer, être là à suivre la parole, essayer d'être dans mon histoire, être au plus proche de ce que j'ignore moi-même, s'efforçant de trouver en eux le secret[56]. » Nous pouvons nous amuser à retrouver dans ces quelques lignes les leitmotive qui ont servi de jalons à notre parcours : c'est le primat de la parole ; c'est ensuite l'évidence du lapsus, du trop-plein qui déborde, du « secret » que la parole signalise; c'est la nécessité que ce « secret » se manifeste sur la scène par la médiation du comédien, entrant en résonance avec lui, dans le silence de son écoute attentive.

B. C. ■

55. Maurice Blanchot, *L'Espace littéraire*.
56. J.-L. Lagarce, Lin Delpierre, *Un ou deux reflets dans l'obscurité*, *op. cit.*, p. 50.

Le (quasi) **monologue** de Suzanne

Le quasi-monologue
Monologue ? Faux monologue ? Tirade, alors ? Anne Ubersfeld propose peut-être la réponse dans le concept qu'elle forge pour étudier ce fonctionnement énonciatif flottant chez deux contemporains de Lagarce, Bernard-Marie Koltès et Yasmina Réza : le quasi-monologue[57]. Elle part du constat que « le théâtre contemporain ne se contente pas de se servir du monologue, il le réinsère à l'intérieur même du dialogue ». Le paradoxe joue sur le flottement de l'adresse. Le quasi monologue est soliloque devant un interlocuteur muet, parfois invisible ou sourd, ou tirade non destinée à l'allocutaire présent. Il se donne par exemple chez Koltès comme une « parlerie » qui se déroule sans fin, une seule phrase sans objet assignable parfois, mais qui contient un seul acte de parole : la demande. Un long discours amoureux reçoit un crachat pour unique réponse (*Combat de nègre et de chiens*), une plainte s'exhale dans un téléphone dont nous apprenons qu'il ne fonctionne pas (*Roberto Zucco*). Différent du monologue classique parce que ce dernier n'a d'autre destinataire que le public et fonctionne comme bilan, comme questionnement intérieur du locuteur, le quasi monologue est acte de parole, situation de parole à sens unique. Par là la parole sans réponse, telle qu'elle prolifère dans les deux pièces citées notamment, devient comme chez Lagarce ressort dramaturgique essentiel.

E. D. ■

57. Anne Ubersfeld : « Le quasi-monologue dans le théâtre contemporain, Yasmina Réza et Bernard-Marie Koltès », in *Études théâtrales*, n° 19, 2000.

ATELIER | **Application**

Description
Un long monologue de six pages (dix minutes de scène) (*Juste la fin du monde*, I, 3)
N.B. – Ce monologue est un faux monologue ; le texte est adressé à Louis, qui ne répond pas.

Questions / objectifs
1) Faire la part de l'autre ; quantifier la place que Louis occupe dans la tirade de Suzanne. Cette tâche sous-entend une question (un choix de jeu) : Suzanne parle-t-elle à Louis pour que celui-ci l'interrompe (elle ne sait pas au départ ce qu'elle a à lui dire ; son propos est un prétexte ; son texte peut, à tout moment, s'arrêter) ? Suzanne veut-elle au contraire lui tenir un discours (lui raconter sa vie, lui faire des reproches) ?

2) Expérimenter la méthode de l'accordéon ; évaluer la teneur respective des énoncés ; analyser la « texture » ; dénombrer les procédés poétiques. Cette tâche sous-entend une proposition. C'est que l'hétérogénéité de la matière textuelle traduit l'*hétéronomie* de la parole (le contraire de l'autonomie). On revient ici à la question 1. Quand Suzanne parle, *ce n'est pas elle qui parle*. La jeune fille s'étonne ainsi de « l'étrangeté » de cette parole qui se tord, tel un ruban, dans le sens contraire à celui qu'on voudrait. Elle dit :

« C'est étrange
je voulais être heureuse et l'être avec toi
et je te fais des reproches et tu m'écoutes et tu sembles m'écouter
sans m'interrompre. »

La parole est le lieu du litige : elle sème la discorde entre deux « je » ; le « moi » de Suzanne qui voudrait fêter le retour de son frère ; le « je » qui lui adresse des reproches. Le monologue, envisagé dans son intégralité, sert d'arène à ce conflit entre la volonté consciente du « moi » et la prestation explicite du « je ». Mais si ce conflit apparaît, c'est que le « je » fait entendre l'autre Suzanne, celle qui se retient de parler le reste du temps – donc, qu'il libère le silence de Suzanne, la Suzanne interdite de parole, refoulée, effarée, intimidée, interloquée (« Ta gueule, Suzanne ! »), la Suzanne murée dans son désastre intérieur, dans sa tristesse mutique, dans l'incommunication des sentiments, que la situation de jeu fait sortir comme le fou de sa boîte ou le lièvre de son trou :
« Je parle trop mais ce n'est pas vrai
Je parle beaucoup quand il y a quelqu'un, mais le reste du temps,
non sur la durée cela compense
je suis proportionnellement plutôt silencieuse. »
Dédoublée, cette parole est minée de l'intérieur. D'où son « étrangeté » : déroutée, détournée en permanence, cancérisée par des blocs de sens (des cellules) germinant indépendamment de la volonté explicite de celui (de celle) qui parle et transformant finalement le locuteur lui-même – elle opère l'autorévélation de Suzanne à elle-même.

© Ramon Senéra/Enguerand.

Le Pays lointain, de Jean-Luc Lagarce, mise en scène de Joël Jouanneau. Paris, Théâtre ouvert, 2001.

Observation générale
Ces deux tâches s'accomplissent dans la diction du texte ; elles impliquent des choix déterminants, qui commandent qu'on cherche (expérimente) d'autres manières de dire, jusqu'à trouver une manière de *jouer juste* cette partition.
Parler à un autre commande en effet qu'on se détache de la page, qu'on inscrive le texte non seulement dans sa respiration, mais dans le présent des regards échangés, dans la communication. Parler cette parole à l'origine indécise, commande deuxièmement qu'on s'écoute dire ce qu'on dit, implique donc un détachement d'avec soi-même, qui ne signifie pas « s'écouter parler », mais s'étonner de se l'entendre dire. Parole qui s'apparente, pour nous, à celle de l'analysant sur le divan du psychanalyste: ce que je dis est, dans ce cas précis, continuellement visité par ce que ça me dit (« diman-anche! ») – la poussée rectiligne du soi-disant propos contaminée par des sollicitations latérales (le signifié par le signifiant).

Compression / dégagement des syntagmes de base

« Lorsque tu es parti
je t'oubliai assez vite.
Ce n'est pas bien que tu sois parti si longtemps
pas bien pour moi, pour elle, pour eux
pour toi aussi.
Tu as dû parfois avoir besoin de nous et regretter de ne
pouvoir nous le dire. Et nous obliger, de nous-mêmes, à nous
inquiéter de toi.

Parfois tu nous envoyais des lettres
une ou deux phrases elliptiques.
Je pensais, lorsque tu es parti, que ton métier était d'écrire
ou que, si tu en avais le désir, tu saurais écrire
mais jamais, nous concernant, tu ne te sers de ce don.
Tu ne nous en juges pas dignes.
Ces mots sont toujours écrits au dos de cartes postales
comme si tu voulais réduire la place que tu nous
consacrerais.

Elle, ta mère, dit que tu as toujours fait, depuis sa mort à lui,
ce que tu avais à faire.
Et nous, nous nous taisons, est-ce qu'on sait ?
Ce que je suppose
c'est que jamais tu n'oublias les anniversaires
que toujours tu restas proche d'elle
et que nous n'avons aucun droit de te reprocher ton absence.

Juste la fin du monde, de Jean-Luc Lagarce,
mise en scène de Bernard Lévy.
Scène nationale de Sénart, 2003.

C'est étrange
je te fais des reproches et tu m'écoutes sans m'interrompre.

J'habite toujours ici avec elle.
Antoine et Catherine ont un pavillon à quelques kilomètres de nous vers la piscine découverte omnisports,
cela ne me plaît pas, mais c'est bien.
Je voudrais partir mais ce n'est guère possible.
Je ne sais comment l'expliquer.
Antoine dit que je ne suis pas mal
et en effet je vis où j'ai toujours vécu mais je ne suis pas mal.
Peut-être que ma vie sera toujours ainsi, on doit se résigner, bon, c'est peut-être mon sort.
Je vis au second étage, j'ai ma chambre, je l'ai gardée, et aussi la chambre d'Antoine et la tienne encore
si je veux
et d'une certaine manière c'est beaucoup mieux que ce que je pourrais avec l'argent que je gagne
si je partais.
C'est comme une sorte d'appartement, mais ce n'est pas une maison, c'est la maison de mes parents,
ce n'est pas pareil, tu dois pouvoir comprendre.
J'ai aussi des choses ménagères, la télévision, les appareils pour entendre la musique,
et il y a chez moi, là haut, plus de confort qu'ici.
Toutes ces choses m'appartiennent, je ne les ai pas toutes payées, ce n'est pas fini, mais elles
m'appartiennent.
Nous avons une voiture, ce n'est pas la mienne, mais elle n'a pas voulu apprendre à conduire,
je suis le chauffeur,
c'est bien pratique, cela nous rend service.

C'est tout.

Ce que je veux dire, c'est que tout va bien : tu aurais tort de t'inquiéter. »

Les coupes (9/10e du texte)
Elles appartiennent à trois champs différents.

a) Le métatexte : Suzanne cite ce qu'elle dit (a1) ; elle commente son discours en s'adressant directement à Louis directement ou entre parenthèses (a2, a3, a4). On oublie le propos pour la performance, le dire pour le « comment dire ».

a1 : « Parfois tu nous envoyais des lettres,
parfois tu nous envoies des lettres
ce ne sont pas des lettres, qu'est-ce que c'est ?
de petits mots, juste des petits mots, une ou deux phrases, rien, comment est-ce qu'on dit ?
elliptiques.
"Parfois tu nous envoyais des lettres elliptiques"… »
a2 : « Ce don (on dit comme ça, c'est une sorte de don, je crois, tu ris). »
a3 : « Tu te sers de cette qualité
– c'est le mot et un drôle de mot puisqu'il s'agit de toi… »
a4 : « Antoine et Catherine ont une petite maison, pavillon, j'allais rectifier,
je ne sais pas pourquoi tu dois aimer (ce que je pense)
tu dois aimer ces légères nuances, petite maison, bon… »

b) Les paraphrases : omniprésentes, elles portent sur un mot ou une expression que Suzanne répète ou redésigne, comme on fait une « mise au point » (en photo).

b1 : « Elle, ta mère, ma mère. »
À chaque redite, la parole monte d'un « cran », la pensée se précise, sort du flou, son tranchant s'affine.
b2 : « Tu ne nous en donnes pas la preuve, tu ne nous en juges pas dignes. C'est pour les autres. »

c) Les digressions : dans la paraphrase, la pensée se focalise sur un point ; ici, le propos se déroute de son cours ; le fil ne casse pas, mais la pensée explore des voies adventices (circonstances, expansion descriptive, objection interne, concession) (c1) ou bien cède à des impulsions subites (c2).

c1 : « Et même, pour un jour comme celui d'aujourd'hui,
même pour annoncer une nouvelle de cette importance,
et tu ne peux ignorer que ce fut une nouvelle importante pour nous,
nous tous, même si les autres ne te le disent pas… »
c2 : « … les cartes postales, tu pouvais mieux les choisir, je ne sais pas, je les aurais collées au mur,
j'aurais pu les montrer aux autres filles !
Bon, ce n'est rien.
[Retour à l'énoncé de base]
J'habite toujours ici avec elle… »
La digression constitue une boucle à l'intérieur du discours. Le propos repart au point où il s'était « oublié » (l'énoncé de base).

N.B. – Au niveau grammatical, ces décrochages entraînent de fréquentes ruptures de construction. Les phrases sont régies par une syntaxe chaotique singulière : il y a en effet quatre chaînes concurrentes entrecroisées (celle du propos, celle du métatexte, celle de la paraphrase, celle de la digression) et les différents énoncés sautent, de ce fait, suivant leur « teneur » (le canal auquel ils appartiennent), d'une orbite à l'autre. La phrase est ainsi perpétuellement brisée et néanmoins continue, malgré la multitude d'incises dont elle est semée. Cette langue est un idiolecte.

Exemple de tressage (bas de la page 19)

« je pensais lorsque tu es parti	**syntagme principal (canal 1)**
<u>(ce que j'ai pensé lorsque tu es parti)</u>	<u>métatexte (canal 2)</u>
lorsque j'étais enfant et lorsque tu nous as faussé compagnie	*paraphrase (canal 3)*
<u>(là que ça commence)</u>	<u>métatexte (canal 2)</u>
je pensais que ton métier,	**reprise syntagme pr. (1)**
ce que tu faisais ou ce que tu allais faire dans la vie	*paraphrase (3)*
ce que tu souhaitais faire dans la vie	*paraphrase (3)*

je pensais que ton métier était d'écrire	**syntagme pr. (1)**
(serait d'écrire)	*paraph. (3)*
ou que, de toute façon,	**syntagme pr. (1)**
– et nous éprouvons les uns et les autres, ici, tu le sais,	digression (4)
tu ne peux pas ne pas le savoir,	*paraphrase (3)*
une certaine forme d'admiration,	poursuite digression (4)
c'est le terme exact,	métatexte (2)
une certaine forme d'admiration pour toi à cause de ça –	poursuite digression (4)
ou que, de toute façon… »	**syntagme principal**

Conclusions

Ce que ce travail révèle, c'est le fonctionnement poétique du langage. Ce fonctionnement invalide l'approche strictement psychologique. En gros, on constate en effet que le personnage n'exprime pas ce qu'il ressent ou ressent, soudain, autre chose que ce qu'il exprime. Soit que sa parole s'emballe (il lui arrive alors de dire le contraire de ce qu'il veut dire). Soit que les mots lui manquent (les mots alors sonnent creux). L'expérience peut avoir deux effets : soit celui de discréditer le sujet (qui ne sait pas ce qu'il veut dire), soit celui de discréditer une parole dont le métatexte fait ressortir le mensonge ou l'inanité. Dans le premier cas, on valorise la parole (sa poéticité). Dans le deuxième, on valorise le sujet, au détriment d'une parole dont on dénonce la facticité. Dans tous les cas, l'expérience de la langue peut être théâtralisée parce qu'elle fait événement. La performance est « performative » : elle précipite (au sens chimique) soit en elle (cas n° 1), soit sur ses bords (cas n° 2), dans l'expérience de l'aphasie, la vérité des êtres.

Or cette vérité n'est rien moins que stable – mais changeante, précaire, contradictoire. L'expérience même de la parole modifie l'être qui s'y livre : il n'y a plus dès lors de sincérité, d'adéquation possible de l'expression à un sentiment préexistant qu'il faudrait reconstruire (selon les canons de la psychologie) – mais *une dialectique* à travers laquelle le sujet se trouve *en « se coupant » aux ciseaux de sa propre parole*. Suzanne découvre ainsi à la fin qu'elle pardonne, soi disant, à Louis qu'elle poursuit pourtant, depuis le début, de ses reproches, et, la boucle ainsi bouclée, l'on ne sait trop quoi faire de cette palinodie. Suzanne est-elle sincère ? Ment-elle, ou plutôt se ment-elle à elle-même ? La vérité est dans la fêlure que la parole actualise. Suzanne savait, croyait savoir : elle croyait qu'elle aimait (tout de même) son frère, savait qu'elle lui en voulait, voulait croire qu'elle pouvait lui pardonner. Mais le retour du frère agit comme un miroir grossissant dont Suzanne ne peut soutenir le verdict : est-elle heureuse ? est-elle si malheureuse ? On voit le propos s'inverser, d'un coup, à 180 degrés : le procès se retourne en autocritique, en déploration, pour finir en silence. Entre temps, et c'est l'essentiel, Suzanne est tombée *dans sa brèche*, c'est à dire dans la possibilité d'être dans le même instant soi-même et le contraire d'elle-même. La vérité n'est pas ailleurs que dans ce coup de théâtre qui la révèle à elle-même = à ses contradictions = à sa capacité de changer = à son désir. Cette vérité de Suzanne est le produit de la dialectique textuelle. Vérité poétique, non psychologique ; théâtrale et hystérique. Suzanne, en réalité, change d'état. L'expérience de la parole la pousse à bout. Elle se contredit (elle aime et elle déteste son frère, elle lui reproche et lui pardonne tout, elle est dans le dépit et le défi). Parvenue au comble de l'exaspération, on la voit successivement pleurer puis rire.

Le « rire en larmes » : rien mieux que cette manifestation somatique ne traduit le plan où la parole, chez Lagarce – où tout *se joue*. Il n'est pas situé dans les sentiments préfabriqués, ni dans les idées, ni même dans les mots ; il est dans le retentissement de la parole à l'intérieur de l'arène de la conscience, dans le for intérieur, le tribunal du sujet. La parole est un processus qui nous met en procès : les mots nous tuent, nous clouent, nous transfixient ; ils nous font rire, nous font pleurer. Et comme Molière faisant dire à Elvire : « De grâce, Dom Juan, accordez-moi pour faveur cette dernière consolation ; ne me refusez pas votre salut, que je vous demande avec larmes » – et l'on sait que l'actrice à ce moment-là doit pleurer (et la du Parc très certainement, à ce moment-là, pleurait) ; de même avons-nous là, à défaut d'une méthode, un critère absolu : à ce moment précis, nous savons que Suzanne doit pleurer, puis tout de suite après, que Suzanne doit rire, et que ce « rire en larmes » est la pierre de touche qui dira si l'actrice est bien ou non là où elle doit être. La parole fait événement : elle détraque les pensées avant de secouer les corps.

Mais on mesure maintenant, avant que l'actrice n'y parvienne, le chemin qui l'attend, l'analyse qu'il faut qu'elle fasse, et la complexité, ensuite, de la chicane à négocier (virages en épingle, sautes de tons et de registres, gymkhana). Et si cette étude a un mérite, c'est celui de nous aider à discerner un peu mieux de quelle rigueur cette ivresse est le prix.

Jouer est un sacré travail.

B. C. ■

D'une **grammaire**, l'**autre**

Les deux visions

Pour la grammaire traditionnelle, celle que nous avons apprise à l'école, l'acte de parole coïncide strictement avec l'acte de pensée. « Ce qui se conçoit bien s'énonce clairement / Et les mots pour le dire viennent aisément. » L'analyse logique et grammaticale vérifie à l'envers (invite l'enfant à reconnaître) cette coïncidence. Les différents éléments de la phrase et les règles ordonnant sa composition servent à l'instrumentation du sens préexistant dans la pensée. Pour exprimer le but, l'enfant apprend, par exemple, à se servir de la conjonction « pour que » et du « subjonctif » qui désigne des actions non réelles, mais voulues, craintes, appréhendées par le « sujet » qui pense. Tout est logique.

Le théâtre de Lagarce met le linguiste en face d'échantillons de langue qui inversent cette perspective. Au lieu que l'acte de parole soit tributaire de la pensée, la pensée passe en position seconde, c'est elle qui est tributaire de l'acte de parole. Ce renversement de la perspective est conceptualisé dans les années 1960 par Benveniste et le développement des grammaires de l'énonciation.

D'une grammaire à l'autre, ce qui se joue c'est deux visions de la langue et, partant de là – « le point de vue créant l'objet » (comme le dit Saussure), deux langues différentes. La vision ancienne, normative, d'une parole soumise à la pensée considère la langue dans son résultat (l'énoncé) : elle élimine comme scories tous les procédés par lesquels le sujet *embraye son propos* (= articule ce qu'il dit à ce qu'il veut dire) et *embraye la communication* (= articule son propos à une situation et à un interlocuteur). Réfléchir, « tourner sept fois sa langue dans sa bouche » : la phrase écrite est, dans cette optique, l'horizon du bien-parler.

La vision nouvelle, descriptive, considère la langue dans son déroulement et place les procédés d'embrayage au cœur de l'acte de parole. Dans cette optique, l'énoncé, dira-t-on, reflue vers l'énonciation. La parole est moins envisagée dans son dit que dans son *dire*, moins dans son dire que dans son *faire*. La phrase écrite et proférée d'un jet, sans hésitations ni ratures, n'est plus l'horizon du bien parler. En réalité, il n'y a plus de « bien-parler » *stricto sensu*, ni d'« horizon de la parole » : celle-ci épouse désormais à pleins bords le champ entier de son exécution. L'hésitation, l'incise, l'interpellation, les paraphrases, ruptures de construction, interruptions, le bégaiement même ou la mimique, tous les procédés par lesquels le sujet parlant fabrique concrètement sa parole et l'ajuste physiquement à son propos et à son auditoire, deviennent l'objet privilégié de cette grammaire nouvelle. Bien sûr, ce

Quand la modalisation de l'énonciation devient le contenu du message

On distingue : la *modalité d'énoncé*, qui marque la relation de l'énonciateur à son énoncé, et la *modalité d'énonciation*, qui engage la relation de l'énonciateur à son interlocuteur via l'énoncé qu'il lui adresse.
La première caractérise « le degré d'adhésion (forte ou mitigée, incertitude, rejet) du sujet de l'énonciation aux contenus énoncés » (C. Kerbrat-Orecchioni) ; la deuxième détermine comment l'énoncé doit être reçu par le récepteur (assertion, promesse, ordre). Cette dernière manifeste que l'énoncé est un *acte de langage* : cette valeur pragmatique définit la force *illocutoire* de l'énoncé. Par exemple, la force illocutoire d'une interrogation consiste à présenter son énonciation comme obligeant l'interlocuteur à répondre à une demande d'information.
« Au théâtre, explique Annie Ubersfeld, il y a *réversion de la modalisation sur le contenu du discours* : modaliser l'énonciation du discours n'est pas tant lui donner une "couleur" particulière que lui donner un autre sens : la modalisation devient à proprement parler le contenu du message. Ce qui est dit n'est pas l'objet de l'interrogation ou de l'incertitude, mais bien plutôt cette interrogation ou cette incertitude même engageant un certain type de rapports avec l'interlocuteur. "Vous ne répondez point ?" demande Hermione à Pyrrhus qui ne l'écoute plus (*Andromaque*, IV, 5), et la phrase n'a pas tant pour message l'interrogation sur une réponse éventuelle, que l'appel phatique à l'autre. Plus encore que le théâtre classique, le théâtre contemporain travaille à l'aide de la modalisation et sur elle. La parole y est marquée d'incertitude, coupée délibérément d'un "référent réaliste", sa subjectivité est exhibée ; la modalisation y joue statistiquement un rôle infiniment plus important que dans le théâtre classique. Par exemple, dans la célèbre première phrase de *Fin de partie* de Beckett, on voit comme la modalisation s'installe : "Fini, c'est fini, ça va finir, ça va peut-être finir." » (Annie Ubersfeld, *Lire le théâtre I*, Belin, 1996, p. 20.

© Danièle Pierre.

Nous, les héros, de Jean-Luc Lagarce, mise en scène de Philippe Sireuil. Bruxelles, Belgique, Théâtre Varia, 2000.

n'est pas la langue qui a changé (on parle toujours de la même façon), mais le pouvoir de compréhension de la grammaire qui s'agrandit.

À la suprématie de l'écrit comme réceptacle du sens et des énoncés réussis, succède cette réhabilitation de l'oralité comme lieu d'expansion de la parole. Au théâtre, Nathalie Sarraute, Thomas Bernhardt, Jean-Luc Lagarce (mais non Vinaver, non Koltès) peuvent être pris comme témoins de ce changement d'écoute. Chez ces trois dramaturges, en effet, le drame est situé, pour chacun de leurs personnages, *à l'intérieur de l'acte de parole*. Entendons bien : l'audace de ces trois auteurs ne consiste pas à transcrire pour la scène des échantillons d'oralité (ou à les retisser) ; elle consiste à exhiber, grossies sous la loupe du drame (car il y a, à cette échelle, blessure, terreur panique, haine inexpiable, désir de meurtre), ces microstratégies et micronévralgies par lesquelles passe l'individu pris dans le spasme de la parole (celle qu'il reçoit ou qu'il tente d'adresser). Les scories, le lapsus, un mot malheureux sont au centre du processus : l'avenue du sens se jonche de ses déblais. Le drame n'est plus dans l'action, il ne se mesure plus au chemin parcouru : il est dans les *gymkhanas*, tête-à-queue, dérapages, volte-face de la parole lâchée. L'infime, l'intime, le « gardé pour soi », la « sous conversation » acquièrent, sous leur plume, une dimension spectaculaire ; le dérisoire, le non-signifiant, l'échec, le « pâté », le « raté », le détail (qui occupent, de fait, l'essentiel de nos vies) conquièrent un statut théâtral.

Trois traits marquent, chez Lagarce, cette dramatisation de la parole.

Le dérapage du propos

M. Tschissik exhorte Eduardowa à ne pas se laisser torturer par Max.

« MONSIEUR SCHISSIK, *à Eduardowa.* – Ce Max, ce grand garçon méchant, tu ne dois pas toujours l'écouter ou te laisser faire. Il faut lui répondre ou lui donner des coups de pied. Il n'est pas assez fort pour lutter si on

l'empêche et si on le remet dans son rang. Tu ne réponds jamais rien à personne mais tu dois bien avoir une opinion.
Non ?
Qu'est-ce que tu penses ?
Tu en penses quelque chose ?
Non ?
Elle est idiote. Tu es idiote. Est-ce que tu es idiote ? Si tu ne nies pas, tout le monde ici, même les gens les mieux intentionnés, moi, même les gens les mieux intentionnés à ton égard, tout le monde pensera, s'autorisera à penser, tout le monde pensera que tu es idiote et t'abandonnera. » (*Nous, les héros*, p. 40.)

Le sens immanent à la situation transcende celui de l'énoncé.
Que dit M. Tschissik ?
– que Max n'a pas le droit de torturer Eduardowa ;
– qu'Eduardowa est précisément trop bête – et qu'on a le droit de la torturer.
Qu'est-ce qui explique la volte-face ? Le silence crispant de la jeune fille.
(Mais que peut-elle répondre ? Si elle dit oui, elle est idiote ; si elle dit non, si elle ne dit rien, elle est idiote...)
La saynète met à l'épreuve le *dire* de M. Tschissik. Parole de maître, parole de force. Celle-ci fait fiasco : ne convainc pas Eduardowa, dit le contraire (fait le contraire) de ce qu'elle dit. Non seulement le parleur est un incapable, mais le parleur est un menteur. La vérité de la parole (son sens) n'est pas dans la parole, mais dans la situation, à l'extérieur d'elle-même. Peu importe l'énoncé : celui-ci est une arme qu'on fourbit comme une lame, frappant à droite ou à gauche, devant ou derrière ; l'important est dans son tranchant. M. Tschissik ne veut pas le bien d'Eduardowa (ce qu'il dit) ; il veut prendre le pas sur Max, être le père de le jeune fille, s'imposer comme son directeur de conscience.
La grammaire du texte est sensible aux contradictions d'une tirade qui apparaît comme un « quasi-monologue ». Elle répertorie les figures qui traduisent l'énervement d'un personnage qui perd les pédales (répétitions, amplification). La grammaire de l'énonciation restaure la donne initiale (le dialogue) ; au lieu d'un personnage qui parle tout seul, nous en avons deux, le premier qui parle pour ne rien dire, la deuxième qui s'enferme dans son silence parlant. Et maintenant, si nous rétablissons les marques du dialogue, nous voyons que la réplique de M. Tschissik est symétriquement disposée autour

Thomas Bernhardt dans « l'irritation de la parole »

[Le narrateur repense à l'enterrement de Joanna, à Kilb, où il a revu ses anciens amis.]

« À Kilb, ces *gens du monde artistique* avaient fait une impression grotesque. Ils me faisaient, du moins à moi, l'effet de gens dénaturés par leur *projet artistique* et par leur *activité artistique*, ils avaient une allure artificielle et ils avaient une *voix artificielle*, tout en eux était *artificiel* alors que j'avais ressenti le cimetière comme le lieu le plus naturel du monde. S'ils se penchaient en avant, ils se penchaient *trop loin* en avant, s'ils se levaient, ils se levaient *trop tôt* (ou trop tard), s'ils s'asseyaient, ils s'asseyaient *trop tard* (ou trop tôt), s'ils venaient à chanter, ils chantaient *trop tôt* (ou trop tard), s'ils avaient dit quelque chose au pasteur, ils le lui avaient dit trop tôt (ou trop tard). En revanche, la population de Kilb, venue très nombreuse, comme on dit, à l'enterrement de Joanna, a tout fait avec naturel, elle a tout dit avec naturel, tout chanté avec naturel, elle a marché avec naturel et s'est levée avec naturel et s'est assise avec naturel, et tout cela ni trop tôt ni trop tard, ni trop vite ni trop lentement. Et alors que les gens du monde artistique de Vienne étaient venus à cet enterrement habillés de façon ridicule pour ne pas dire grotesque, la population de Kilb était habillée tout à fait comme il faut pour cet enterrement, pensai-je dans le fauteuil à oreilles. La population de Kilb allait bien avec Kilb et avec le cimetière de Kilb, les gens du monde artistique de Vienne n'allaient pas du tout avec Kilb et avec le cimetière de Kilb. Les citadins endeuillés de Vienne n'allaient pas du tout avec le cimetière de Kilb, avais-je pensé alors que je marchais moi-même dans le long cortège funèbre. Chacun de ces invités de Vienne est un corps étranger à Kilb, avais-je pensé tout en marchant derrière le cercueil, entre l'épicière et le malheureux compagnon de vie de Joana qui n'a cessé, sur le chemin d'au moins deux kilomètres menant de l'église au cimetière, de tousser comme s'il était malade des poumons. J'étais agacé à l'idée que le compagnon de vie de Joana, qui marchait à côté de moi, pouvait être malade des poumons, et je retenais ma respiration, quand il toussait, pour ne pas être contaminé, jusqu'au moment où je pensai subitement au fait que j'étais moi-même malade des poumons, et probablement plus malade que le compagnon de vie de la Joana qui a d'ailleurs cessé de tousser au moment-même où je me mis à tousser ; il a fait comme s'il avait compris que le malade des poumons c'était moi, que je pouvais le contaminer... »

Thomas Bernhardt, *Des Arbres à abattre, une irritation*, trad. B. Kreiss, Gallimard, 1987, p. 74-75.

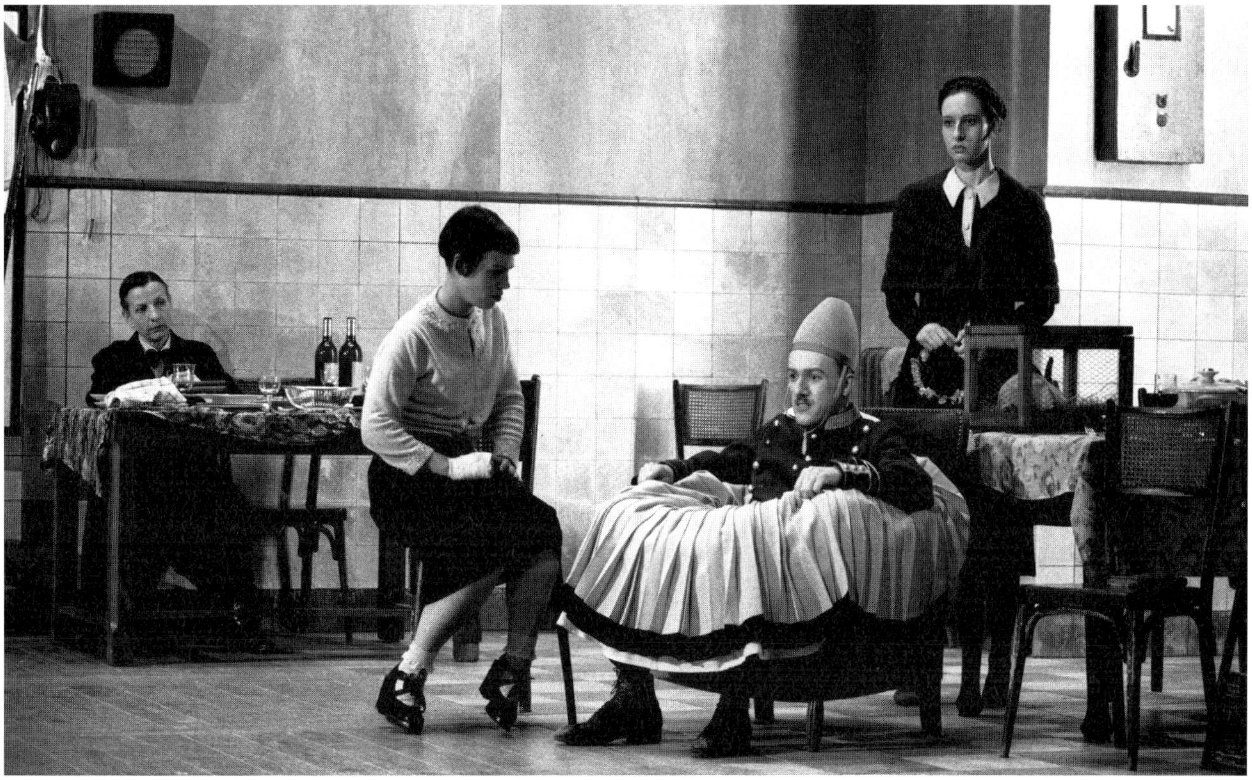

Nous, les héros, de Jean-Luc Lagarce, mise en scène de Philippe Sireuil. Bruxelles, Belgique, Théâtre Varia, 2000.

d'une question réitérée ; nous voyons deuxièmement que le passage du « tu » au « elle » équivaut à une gifle après une rebuffade. M. Tschissik prend acte du silence obstiné d'Eduardowa ; il rompt la communication, change d'interlocutrice, désigne brutalement sa protégée comme l'objet de risée du groupe : sous couvert de lui parler, il s'adressait aux autres. Le pivotement de sa pensée correspond à un pivotement dans l'espace (la scène, *dixit* Novarina, est « la croix du langage »).

L'étude ainsi conduite s'appuie sur le relevé des marques de l'énonciation (les pronoms personnels, l'interpellation, le « qui parle à qui pour faire quoi ? ») ; elle a deux intérêts. D'abord, elle éclaire le dialogue qui se tient sous le pseudo-monologue. Deuxièmement, elle nous révèle cette leçon : *la parole manque*. Elle manque au personnage (tout de suite dépassé, se contredisant – on ne sait plus ce qu'on dit). Elle manque à elle-même : les mots trompent, le sens est en dehors d'eux, dans la situation qu'ils s'évertuent à transformer et qui a barre sur eux. Un avion sans pilote. C'est qu'au théâtre comme dans la vie, et comme nous l'enseignait naguère Annie Ubersfeld en puisant ses formules dans son grimoire magique, *l'illocutoire régit l'élocutoire*. L'illocutoire (= ce qu'on fait à l'autre, l'effet qu'on produit ou qu'on subit) gouverne l'élocutoire (= ce qu'on lui dit). La pragmatique enveloppe la *sémantique*.

La dislocation de l'énoncé

La parole manque ; la parole échappe. Le parleur zigzague entre deux écueils : le premier est la menace du silence ; le deuxième, celle du trop-plein. L'addition de ces deux menaces produit soit des dialogues de sourds (dans *Nous, les héros*), soit des dialogues asymétriques où l'un parle (trop) et l'autre se tait (les « quasi monologues » de *Juste la fin du monde*). Ces deux propositions traduisent une *autonomisation de la parole* : celle-ci est déterminée, en première instance, par des commandements objectifs ou symboliques qui sont plus forts que le locuteur ; la langue échappe au sujet « parleur ». Résultat : la langue s'autonomisant, la relation du sujet à la langue se distend ; celle-ci apparaît comme un code dont on peine ou renâcle à appliquer les consignes. Celles-ci mobilisent des compétences grammaticales : leur inhibition les rend visibles, en même temps qu'elle disloque les phrases. Chomsky nous avait appris à considérer chaque phrase comme le produit d'une « structure profonde » engendrant par strates successives un « énoncé de surface ».

Lagarce nous met en face du palimpseste : un seul acte de parole déployant à la vue toute la complexité de ses opérations. Il n'y a plus de *fond*. La syntaxe, les liens de subordination, la concordance des temps, la conjugaison, les hésitations de vocabulaire liées aux délices de la polysémie ou aux conflits de registres, tout le corps de la langue est mis à plat. On retourne le ventre du poulpe : et comme il est vivant, le linguiste peut observer, à cru, le fonctionnement des organes. La syntaxe, mise à plat, devient parataxe (les subordonnées sont des indépendantes que coordonnent des mots qui explicitent le lien logique) ; la construction, hagarde, menacée, tâtonnante, de la situation d'énonciation devient prépondérante. Les énoncés « shiftés » de la grammaire générative (les règles de grammaire lexicales ou syntaxiques) ou encore la « sous conversation », comme l'appelle Nathalie Sarraute, remontent à la surface. Les mots peuvent mentir ; le tricheur maintenant montre ses « trucs » ; le magicien opère à vue.

Le premier monologue de la mère dans *Juste la fin du monde* nous offre un échantillon de toutes ces procédures que la langue s'évertue d'habitude à filtrer ou à recouvrir. Nous distinguerons trois domaines : le canal, le code (grammatical et syntaxique), les outils.

La situation d'énonciation (maîtrise du canal)

« LA MÈRE. – Le dimanche…
ANTOINE. – Maman !
LA MÈRE. – Je n'ai rien dit.
Je racontais à Catherine.
Le dimanche…
ANTOINE. – Elle connaît ça par cœur.
CATHERINE. – Laisse-la parler,
tu ne veux laisser parler personne.
Elle allait parler.
LA MÈRE.– Cela le gêne.
On travaillait,
leur père travaillait, je travaillais
et le dimanche
– je raconte, n'écoute pas… »
(*Juste la fin du monde*, scène 4.)

Toute parole est un *coup* qu'on porte ou qu'on joue. Il n'y a pas de parole innocente. Inversement, toute parole a besoin d'un auditoire (le monologue lui-même fantasme toujours un interlocuteur). D'où le dilemme et la difficulté : l'attention de l'autre sert d'étai ; mais mon dire brutalise l'attention qu'il requiert. Le récit de la mère met Antoine à la torture ; celle-ci se passe (prétendument) de lui, se satisfai-

Juste la fin du monde, de Jean-Luc Lagarce, mise en scène de Cédric Revollon. Nice, Théâtre de la Semeuse, 2005.

sant de l'attention de sa belle-fille. Le destinataire est une *cible* : plus la parole porte, plus la cible (Antoine) se sent visée – et plus elle se dérobe. La parole est « à qui perd gagne » ; cet équilibre constitue à lui seul un ressort dramatique.

Conjugaison, accords, analyse grammaticale (maîtrise du code)

« Avant même que nous nous *marions, mariions* ? avant qu'on ne soit mariés, je la voyais déjà… » (p. 26).

Indicatif, subjonctif ? Mais quel est le subjonctif présent du verbe marier, faut-il un *i* deux *i* comme à l'imparfait ? La mère élude la difficulté et tourne sa phrase au subjonctif passé ! Le commentaire métatextuel se mélange ainsi continuellement à l'énoncé. À chaque pas, le texte de Lagarce nous en fournit l'illustration. Par exemple, cet autre extrait épinglé dans le récit de Catherine :

« CATHERINE. – … Et ce n'est pas être méchante (méchant, peut-être ?)
et ce n'est pas être méchant, oui,
que de penser qu'il n'a pas totalement tort,
vous ne croyez pas ? ou je me trompe ? Je suis en train de me tromper ?
LOUIS. – Ce n'est pas être méchant, en effet,
c'est plus juste » (p. 33).

Très perfidement, on voit que la réplique de Louis déserte la question qu'on lui pose : il répond sur la justesse grammaticale de la formule employée par Catherine (le genre de l'adjectif « méchant ») et non sur la « méchanceté » de son comportement. Le message se détache du sujet qui le profère ; celui-ci met le sens à distance, il le « tient en respect » en s'intéressant au code. C'est que le sens peut faire mal.

Lexique (maîtrise des outils)

Les mots sont dangereux. Les personnages les prennent avec des pincettes. Cela peut être des guillemets : « chic », « aérodynamique » ou bien des circonlocutions : « un rite je disais cela, / un rite, une habitude », « désirable (je ne sais pas si on peut dire ça) » (premier monologue de la mère, scène 4). Dans tous les cas, les mots (certains mots) font tâche. Ils parlent trop fort (c'est alors une question de registre) ou bien sont ambigus – « jamais tu ne te sers de cette qualité, c'est le mot et un drôle de mot » (Suzanne à Louis, p. 20), « ou susceptible, le mot exact, ou susceptible de vous intéresser » (Catherine à Louis, p. 33), « comblé, tiens le mot comblé » (Antoine à Louis, p. 73) ; ou certains encore sont des bombes : le mot de « brutal » qui explose au visage d'Antoine, ou au contraire cette expression : « Tu nous accables, on ne peut pas dire ça, tu m'accables, tu nous accables » (p. 75), avec laquelle Antoine tente de reprendre le dessus.

L'exposé n'est pas exhaustif[58]. Que ces coups de sonde suffisent à montrer comment l'écriture de Lagarce intéresse le linguiste en débusquant les opérations que la grammaire normative s'évertue à recouvrir. La dislocation apparente des énoncés correspond à un état premier de la langue : quand celle-ci est saisie dans le présent laiteux de la parole.

Le débrayage de la parole

Nous, les héros, p. 52 à 57. (Ils hésitent sur leur prochaine destination.)

« LA MÈRE. – Le mieux serait de quitter cette ville et de retourner une fois encore à Nuremberg… Nous y avons été assez bien accueillis…
RABAN. – Il ne faut pas y aller d'une seule traite. Nuremberg est toujours plus loin qu'on ne l'imagine.
JOSÉPHINE. – Il peut se mettre à neiger…
[Jusqu'à :] KARL. – Je crois que le monde entier ressemble à Teplitz. Alors, pourquoi, en effet, ne pas aller à Teplitz ?…
LE GRAND-PÈRE. – Tirons au sort.
EDUARDOWA. – J'aurais bien aimé voir la mer. »

Est-ce pendant le repas ? Ils sont tous ensemble, tous les dix – et, à part Max, tout le monde parlera. Mais comment faire une scène à dix ? On pense à certains sommets de Tchekhov (les onze personnages de *La Cerisaie*). Lagarce démontre ici sa science aiguë du tressage des paroles et d'une dramaturgie uniquement appuyée à la situation (complexe) d'énonciation : une pelote d'épingles.

La Mère veut aller à Nuremberg, Raban à Pilsen, Joséphine à Teplitz, Mme Tschissik directement à Nuremberg, mais pour rallier Berlin si l'on peut, ce dont ni la Mère, ni Mademoiselle, ni le Grand-Père ne veulent entendre parler ; le Grand-Père préfèrerait ne pas s'attarder en chemin, contrairement à M. Tschissik, apôtre des solutions intermédiaires. Eduardowa voudrait bien voir la mer. « Tirons au sort », propose le Grand-Père. La Mère s'y refuse catégoriquement. Et Karl ? Pourrait-il dire quelque

58. Ajoutons, pour boucler la boucle, cet exemple de maîtrise du code syntaxique (analyse logique), pris dans le monologue de la mère : « Ensuite, notre voiture, plus tard, mais ils ne doivent pas s'en souvenir, ils ne peuvent pas, ils étaient trop petits, je ne me rends pas compte, oui, peut-être, nous en avions changé, notre voiture nous en avions changé, notre voiture était longue, plutôt allongée, "aérodynamique", et noire » (p. 27). Parataxe, plutôt que syntaxe : la phrase égraine les relations logiques en les juxtaposant – on trouve ici au moins le germe de deux concessives (« mais ils ne doivent pas s'en souvenir » ; « je ne m'en rends pas compte, oui, peut-être ») et d'une proposition causale (« ils ne peuvent pas, ils étaient trop petits »). Cette syntaxe, plus molle dirait-on, ignore la subordination.

chose ? Karl n'est pas contre, Karl n'a pas d'avis. L'extrait, sublime, donne l'image du désaccord parfait. Désaccord, parce que tout le monde campe sur son idée. Parfait, parce que l'addition de ces blocages produit une fugue, qui fait avancer la discussion. Il n'y a pas d'accord, mais une espèce de reddition par épuisement des différends. On ne sait pas encore où l'on doit aller, mais on peut « lister » les désirs de chacun. La suite se déduit par élimination : on sait que ce ne sera ni Pilsen, ni Berlin, ni la mer, ni Nuremberg (directement), mais Teplitz ou rien du tout – à moins que le hasard d'un tirage au sort ne réduise à néant cet effort si louable de consultation collective.

Qu'est-ce que la volonté générale ? Lagarce nous montre à l'œuvre cette machine à broyer les désirs individuels comme on broie du grain (ou les dents) sous une meule. La farine qu'on en tire est moins propre à nous nourrir qu'à nous guérir de l'envie de jamais rien demander. Chacun s'y exprime pourtant dans une joyeuse ivresse, sûr de ne rien obtenir, en attendant que la mère (ou le principe de réalité) ne siffle la fin de la récré. Les énoncés s'agitent sur cette mer des discours comme des coquilles de noix.

D'une grammaire, l'autre. On voit que cette exhibition de l'énonciation n'est pas séparable de ce que Lagarce thématise, à longueur de scènes, comme le *drame de la parole*. Les phénomènes qui nous frappent dans cette écriture « en trois *d* » – dérapage, dislocation, débrayage – renvoient tous à cette thématique. Le dérapage du propos et la dislocation de l'énoncé touchent au drame du parleur dépassé par son dire ; le débrayage de la parole touche à celui de l'interlocuteur que le parleur prend en otage.

ATELIER | Exercice

Isoler dans la partition les cinq répliques de Mme Tschissik ou bien de Mademoiselle ou les trois répliques de M. Tschissik ou bien les sept de Joséphine ; les confier à un comédien en lui donnant pour consigne de glisser sa réplique au moment qu'il jugera opportun.

Le résultat : l'interprète fouille la situation d'énonciation pour y dénicher sa « fenêtre de tir » et découvre des possibilités évidemment plus nombreuses que celles que le texte actualise. Au final, chaque réplique apparaît comme un pétard destiné à mettre le feu aux poudres : le personnage est un artificier guettant le moment d'allumer sa mèche. Dramatique, l'énonciation ? Elle n'est pas autre chose que cette poudrière.

« Il n'aurait rien fallu décider jamais », avoue Raban à l'avant-dernière séquence. La phrase explique l'effervescence que l'on éprouve ici. Si le personnage attend si fort, le pied dans les starting-blocks, de lâcher son paquet (de dynamite), c'est bien parce qu'il se considère, par définition, comme « out », irresponsable, déphasé – parce qu'il a décidé, une fois pour toutes, que sa parole était orpheline et qu'il ne fallait rien décider. Irresponsable : chacune de leurs répliques est, à tout moment, à la fois attendue et intempestive. Elle tombe à pic et à plat.

Ce débrayage permanent du personnage rend cette société si improbable et si précieuse (si humaine surtout). Il explique aussi, à l'inverse, pourquoi la demande affichée de se parler rend, dans *Juste la fin du monde,* l'embrayage de la parole si apparent et si nécessaire. L'idée de base illumine, à la fin, Antoine dans le conflit muet qui l'oppose depuis toujours à son grand frère : c'est que toute parole « accable ». Il y a, tapie derrière tout énoncé, une tentative de chantage. Parler, nous dit Antoine, c'est interpeller, et interpeller, c'est toujours chercher à culpabiliser l'autre. Derrière le dit, cherchez le pourquoi.

« ANTOINE. – Pourquoi est-ce que tu me racontes ça ?
Pourquoi est-ce que tu me dis ça ?
Qu'est-ce que je dois répondre,
je dois répondre quelque chose ? » (Scène 11, p. 48.)

Et plus loin, à la fin de la scène :

« ANTOINE. – Je ne veux pas être là.
Tu vas me parler maintenant,
tu voudras me parler
et il faudra que j'écoute
et je n'ai pas envie d'écouter.
Je ne veux pas. J'ai peur[59] » (p. 53.)

B. C. ■

59. Le même Antoine a plus haut, à la fin de la scène 4, la prescience de cette vérité quand il clôt le récit de sa mère par cette sentence lapidaire : « C'est notre faute. » (« – Ce n'est pas méchant ce que je dis », avait-elle assuré ; c'est cette évidence qu'Antoine suspecte : aucune parole n'est innocente – la preuve : pourquoi sa mère dit-elle, si cela va de soi, qu'elle n'est pas « méchante » ?)

« N'oublions jamais le ludique et le concret du plateau »
Entretien avec Mireille Herbstmeyer

Mireille Herbstmeyer, vous avez accompagné toute la carrière théâtrale de Jean-Luc Lagarce, de la création du Théâtre de la Roulotte à *La Cagnotte* de Labiche. Voulait-il mettre en scène *Nous, les héros* ?

Oui c'était un projet qui lui tenait à cœur, au point d'inventer une promotion inédite. Comme ses pièces ne trouvaient pas preneur et qu'en revanche la tournée du *Malade imaginaire* connaissait un immense succès, il proposait aux décideurs une sorte de pack, de paquet cadeau : pour trois représentations du *Malade*, ils devaient s'engager sur deux de *Nous, les héros*, avec la distribution du *Malade*, dans le décor du *Malade*, sans le moindre risque financier donc : deux théâtres seulement ont accepté le projet, pas assez pour le monter. C'est dire la frilosité du milieu : Jean-Luc a dû renoncer. À sa mort, nous n'avions pas travaillé la pièce, on a dû mettre la clef sous la porte, déposer le bilan de la Roulotte. Pas d'argent, pas de nom, pas de metteur en scène : tout était à reprendre à zéro.

Et vous avez joué la pièce au Théâtre de la Coursive, à La Rochelle.

Oui, grâce à Olivier Py, qui a eu un beau geste. Il a mis à notre service sa notoriété, qui était déjà assez grande pour que nous puissions monter le spectacle. Olivier et Jean-Luc étaient, dans leurs différences radicales, très amis. Olivier avait créé avec nous *Le Malade*, où il jouait Cléante. Et il était distribué dans *Nous, les héros*, en Karl, le petit singe qui ne veut pas devenir homme. Et puis il y avait autre chose : les gens croient toujours que les éditions des Solitaires intempestifs ont été fondées pour publier les œuvres de Jean-Luc. Pas du tout, elles l'ont été pour publier d'abord les premiers textes d'Olivier Py, qui n'arrivaient pas à trouver preneur !

On peut trouver sur la page du site « Année (...) Lagarce » consacrée à ce spectacle une description délirante des costumes des comédiens quand ils arrivent sur le plateau. Olivier Py a-t-il repris un travail de Lagarce ?

Pas du tout. Il n'y avait d'ailleurs pas de travail à reprendre. Il a tout simplement et légitimement

© Lin Delpierre.

Mireille Herbstmeyer, répétitions du *Malade imaginaire*, mise en scène de Jean-Luc Lagarce.

proposé sa vision. Il a fait un spectacle d'Olivier Py. Flamboyant. Il y avait le côté *mittle* Europa que stipule le texte, mais plus *Cabaret*. Le décor était très beau, très fort. Une maison, mais un théâtre aussi. Cela fonctionnait sur trois plans verticaux et en rotation : comme si on avait le décor et l'envers du décor, la scène et les coulisses. L'ensemble tournait : on passait d'une zone à l'autre. Et puis il y avait cette exubé-

Nous, les héros, de Jean-Luc Lagarce, mise en scène de Olivier Py. La Rochelle, La Coursive, 1997.

rance visuelle. Olivier nous a dit : « Je vais faire tout ce que Jean-Luc ne s'est pas autorisé. » La nudité par exemple. Les spectacles de Jean-Luc étaient toujours très pudiques. Pour faire simple, on peut se rappeler que l'un est catholique, l'autre protestant.

Un protestant qui a rompu avec sa culture religieuse…

… Oui et non ! Qui a toujours essayé, en tout cas.

Comment cette pièce a-t-elle été écrite ?

C'est un vieux projet. Nous avions créé en 1984 un montage de textes extraits du *Journal* de Kafka sous un titre adapté d'une de ses nouvelles : *Préparatifs d'une noce à la campagne*. Vous ne l'avez pas lu ; il est comme ses autres adaptations en voie de publication. Il l'a repris pour la troupe du *Malade imaginaire*, et dans une volonté de lui donner plus de fluidité, une autre épaisseur, une trame, d'en faire une pièce plus dense aussi.

C'est un travail de rhapsodie, de couture, extraordinaire. Il a vraiment fait du sur mesure pour les comédiens ?

J'en ai un exemple personnel : Dans le spectacle de 1984, je jouais Mme Tschissik, alors que dans la nouvelle version je jouais la Mère, c'est Irina Dalle qui prenait Mme Tschissik. Mais quand j'ai lu ce qu'il fait dire à mon personnage : « Elle me remplace dans les rôles que je jouais il y a quelques années… », j'ai compris d'où ça venait, comment il écrivait. Même chose pour Olivier, quand Karl annonce qu'il a plein d'idées de mise en scène pour le finale de *Sulamith*, des idées délirantes, il ne pouvait pas ne pas sourire. Seulement il n'y a pas que cela : quand Bernard Bloch qui faisait Argan et qui était distribué dans le rôle du Père a dû partir parce qu'il avait d'autres projets, Jean-Luc a purement et simplement donné ses répliques à la Mère essentiellement et créé un autre personnage, une sorte de Mère Courage assumant le féminin et le masculin des deux rôles.

Et y a-t-il, comme on le lit parfois, correspondances avec les personnages du *Malade imaginaire* ?

Difficile à dire. Oui certainement… surtout dans la version avec le Père. Forcément : Argan c'est le protagoniste, le faire disparaître change l'équilibre. Argan et le Père sont deux tyrans domestiques, qui marient leur fille pour leur intérêt. Angélique c'est un peu à cet égard Joséphine. Et puis il y a Louison… Louison et Eduardowa c'est un peu le même personnage : la petite, fragile et un peu « monstrueuse », comme on pourrait le dire des surdoués, avec cette lucidité étrange des enfants à qui rien n'échappe et qui n'en pensent pas moins, même s'ils se taisent. Louison avait un pied bot ; pas débile, mais un peu traitée comme telle. Vous m'y faites penser : on la retrouve au fond dans la petite de *J'étais dans ma maison*... et dans l'une de ses toutes premières pièces : *Noce*.

Mais qu'y a-t-il au fond dans cette insistance à la réécriture ?

Par rapport à *Préparatifs d'une noce*..., c'est la démarche qu'on retrouve dans toute l'œuvre de Jean-Luc : reprendre, se reprendre, aller plus loin. Explorer son écriture, son théâtre, le théâtre. C'est la même démarche que dans *Le Pays lointain* par rapport à *Juste la fin du monde*. Son œuvre suit son progrès. Je ne sais plus où il dit, dans *Juste la fin du monde* je crois : « Un jour je me suis accordé tous les droits. » Il s'accordait de plus en plus de droits dramaturgiques, et son œuvre devait suivre. Parce que d'un autre côté il ne croyait pas vraiment à la possibilité d'écrire des histoires nouvelles. Dans ses dernières années, il dit dans son journal qu'il n'écrit plus, et pourtant c'est à cette époque qu'il nous offre peut-être les plus belles de ses pièces, en tout cas pour moi les plus accomplies.

Et Kafka ?

C'est autre chose. Jean-Luc avait une passion pour l'Histoire. Et une fascination pour cette *mittle* Europa. Kafka était au centre de cela. Et puis ils ont des points communs : ce qui l'a peut-être attiré ici, c'est le goût de Kafka pour le théâtre, sa fascination pour les acteurs et leur mode de vie. Enfin ce travail de citation textuelle constamment récupérée, réinvestie, ça présente un formidable côté ludique : il ne faut pas oublier le ludique dans le théâtre de Jean-Luc.

Comment est-il devenu metteur en scène ?

Par défaut. *(Rires.)*

Vous voulez dire qu'il était un médiocre comédien ?

Non pas du tout. Mais il n'aimait pas jouer. Il se détestait comme acteur : il disait qu'il ne comprenait pas. Il a joué très peu, mais il avait tort. *Histoire d'amour* notamment. Non, je plaisantais, comme vous, en disant par défaut. À la Roulotte, on n'avait pas de metteur en scène ; lui il apportait des textes des adaptations qu'il avait faites, il parlait beaucoup et bien de ces textes, de ce travail et donc on le lui a demandé ; par défaut non, c'est plutôt par élection. En même temps, il se nourrissait de son expérience de comédien, même si elle ne le satisfaisait pas. Elle lui permettait de connaître le fonctionnement de l'acteur, ses attentes, ce qui le fait réagir, ce qui le stimule, ce qui le bloque au contraire. Il appartient à cette espèce de metteur en scène, trop rare, qui attend beaucoup de l'acteur. Et qui donc reçoit beaucoup en retour. Si on a pu reprendre si facilement *La Cantatrice chauve* quinze après, alors que nous n'avions pas de traces du spectacle à part quelques photos, c'est, on s'en est aperçu en la retravaillant, que la mise en scène est nourrie de nos propositions.

Cet apport du comédien, ce travail de création, c'est aussi un des enjeux de *Nous, les héros*.

Oui, mais on peut dire que le théâtre, la fabrique du théâtre est toujours au centre de son écriture. On est toujours dans le réflexif. Jean-Luc disait dans sa dernière interview chez Lucien Attoun à France Culture qu'il avait du mal en tant que spectateur à croire à un certain « naturalisme », qu'il ne pouvait s'empêcher d'imaginer que le spectacle avait été répété, qu'on ne pouvait lui faire croire à la spontanéité d'un texte que l'acteur inventerait au fur et à mesure. C'est un spectacle qu'on lui donne, dans le travail, dans le jeu du comédien. Et l'écriture prend ce phénomène en compte. C'est un mécanisme qui apparaît très clairement dans *Histoire d'amour*. On pourrait la lire comme une histoire d'amour effectivement, mais ce serait la réduire à l'anecdote, ce serait l'appauvrir. Mais si on la lit bien, on lit une pièce sur le théâtre, sur la construction d'une fiction, sur la démultiplication des possibilités du jeu.

Le « à moi de jouer » ? Comme on prend des chorus et des soli dans un orchestre de jazz ?

Oui. Et du coup on est toujours dans la tension du jeu, le concret, le 'ici et maintenant' de l'acte théâtral, on ne peut jamais l'oublier. Cette démarche on la retrouve partout jusque dans *Juste la fin du monde* : Antoine engueule Louis, il va très loin dans la passion et puis tout à coup il dit « merde », il a buté sur un mot, un accord de participe je crois. Qui dit merde ? Antoine ? Le comédien qui bute sur le texte ? L'auteur qui a fait une faute d'accord ? Il faut faire entendre cette profondeur, cette mise en abyme, sinon on est dans l'anecdote, et le sentiment.

Quand je fais travailler des stagiaires, je les fais partir de cette question fondamentale : qui parle ? Quand un personnage dit : « Vous devriez m'aider », qui parle ? Lui ? Le comédien ? L'auteur ? Et à qui s'adresse-t-il ? Aux autres acteurs, au public ? On est particulièrement chez Lagarce dans ce jeu constant avec la double énonciation, avec le cœur du théâtre. Tenez : on dit souvent – et c'est facile, et c'est objectivement vrai –, que *Le Pays lointain* est sa pièce testamentaire. Eh bien, elle l'est aussi sur la forme, sur cet engagement de la parole théâtralisée. Rappelez-vous comment ça fonctionne : prologue de dix-sept pages qui donne la fable d'emblée et supprime *a priori* toute surprise de la narration, et pourtant l'histoire se déroule et le spectateur se réjouit d'être « dans la confidence », ce qui prouve bien que la vérité est ailleurs, que les enjeux sont autres, que l'importance des choses n'est pas dans l'événementiel mais dans la manière de l'énoncer.

Et Ionesco dans tout cela ?

Ionesco ? Il est au centre, il est au cœur de tout cela. Parce que c'est un théâtre qui se montre, se dénonce, et se démonte en même temps. Ce n'est pas un hasard si quand je l'ai connu au Conservatoire, Jean-Luc avait déjà le projet de monter *La Cantatrice chauve* ; il savait très bien déjà ce qu'il avait à y faire. Mais n'oubliez pas Beckett, cette façon de mettre les personnages dans une urgence de parole, face au public, c'était une tentation très ancienne chez Jean-Luc…

Ce que Michel Raskine appelle la tentation de l'oratorio.

Oui, le goût du dépouillement, mais surtout de faire entendre.

Alors, Ionesco antidote à Beckett ?

Oui parce que Ionesco c'est un jeu avec le théâtre.

Pas seulement : dans sa mise en scène de *La Cantatrice chauve*, Lagarce joue avec d'autres arts et médias.

C'est une chose qu'on a découverte en remontant le spectacle quinze ans après ; quand on est dans un travail on a plus ou moins la tête dans le guidon, on n'en voit pas tous les enjeux. Mais la modernité du travail de Jean-Luc, je l'avais déjà remarquée le jour où j'ai eu l'occasion de voir *Le Malade imaginaire* : on ne jouait pas un classique, mais un moderne. Pour *La Cantatrice*, c'est vraiment la culture des années 90 qu'il a épinglée, et pas seulement les *soaps*, la pub et toutes les âneries qui ont fini par aboutir à notre télé-réalité. Et ça a gardé toute son acuité, sa fraîcheur, parce que c'est la perception du propos qui a changé. En 92, ces coupures, ces décalages, et surtout toutes ces fins qu'on proposait, ça ne passait pas comme une lettre à la poste. Maintenant si. On l'a vu avec le jeune public, toujours enthousiaste, toujours prêt à suivre au quart de tour, et Dieu sait s'il y a des virages à 180 degrés dans la pièce : il comprend mieux l'absurde, il ne tique pas aux noirs, aux coupures. Ce qui est paradoxal, c'est que ce changement de perception vient aussi de la télé : entre temps le public a appris le zapping, ça aide au décodage du spectacle et de son contenu, le coq-à-l'âne, les contradictions : on peut dire qu'on a trois filles et cinq minutes plus tard « mais tu sais bien qu'on n'a pas d'enfants ». Il est en connivence. Mais il ne faut pas oublier que Jean-Luc a lui aussi appris le théâtre devant sa télé, *Au théâtre ce soir*, Jacqueline Maillan… comme Koltès !

La Cantatrice chauve, de Eugène Ionesco, mise en scène de Jean-Luc Lagarce. Nouveau théâtre de Besançon, 1992.

Si le metteur en scène, avec ses audaces, a fini par connaître le succès, comment expliquez-vous ce qui est arrivé à l'auteur ?

D'abord la question c'est peut-être comment réussir en auteur de théâtre de son vivant ? Il y en a un (et l'ovni c'est lui, pas Jean-Luc) c'est Koltès. Mais on sait pourquoi : il a rencontré un metteur en scène – et lequel ! – qui l'a imposé. Et puis Jean-Luc vivait le théâtre non essentiellement comme auteur, contrairement à Koltès, il avait une troupe à diriger, c'était important dans sa vie ; et puis il se mettait en scène lui-même, il donnait de son œuvre une vision, qui peut-être était limitative.

Et puis il n'a pas beaucoup fait pour l'imposer, les coteries parisiennes ne l'attiraient pas, il était plutôt à leur égard dans la fascination/répulsion que dans la quête. Et les réticences sont venues aussi d'une peur de ce genre de texte, son côté entre guillemets littéraire, cette fameuse logorrhée en même temps : les a-t-on assez entendus ces deux clichés ! Il ne faut pas oublier que nous étions à une époque où le théâtre de texte avait mauvaise presse. Quant à son succès, je lui ai d'abord trouvé quelque chose d'indécent, mais ça s'arrange *(rires)*. Il y a pour le moins une ironie cruelle là-dedans. Je ne sais pas s'il fallait le prendre au sérieux quand il se disait sûr de l'obtenir après sa mort. Comme il disait souvent : et là aussi l'inverse est vrai ! Mais évidemment c'est une bonne chose : ça ouvre à son œuvre, ça nous ouvre des horizons nouveaux.

Quelle pièce de lui aimeriez-vous jouer maintenant ?

J'étais dans ma maison et j'attendais que la pluie vienne. Et j'aimerais que nous, les Intempestifs, nous reprenions *Le Pays lointain*, mais dans sa version intégrale.

Une dernière question : quels conseils donneriez-vous à un lycéen qui aborde l'œuvre de Lagarce ?

Avant tout un impératif : éviter la psychologie. Lors d'un séjour récent en Argentine, j'ai vu une représentation de *Juste la fin du monde*. Vous savez, là-bas, ils sont entichés de psychanalyse. Et on n'y coupait pas, mais, je crois que c'est faire fausse route : tomber dans le larmoyant, le pathos, l'individuel, l'anecdotique. Et on finit par raconter une petite histoire qui n'est plus qu'un minuscule drame bourgeois. C'est plus universel que ça ! Parce que le faux intimisme fait partie du « Jeu », du Grand Jeu, au sens de « se faire son cinéma », de « faire son numéro », au sens de « *Nous, les Héros* » de nos propres vies, à la fois sublimes ET RISIBLES ! Il ne faut jamais oublier la dernière partie de la formule ! Et se méfier du désespoir. Jean-Luc, dans son journal, s'adresse au lecteur de façon très directe, il le « prend à témoin » de son intimité même. J'y vois la confirmation d'une « clef » de lecture de son théâtre, qui repousse sans cesse les limites du vrai et du faux. Est-ce que le plus faux que faux ne donnerait pas au bout du compte du plus vrai que vrai ? « Et là aussi l'inverse est vrai... » J'allais le dire ! N'oublions jamais le ludique et le concret du plateau, qui font que oui, nous sommes bien au théâtre, et nulle part ailleurs. Rappelons enfin le titre de *Juste la fin du monde*, ce « Juste » n'est-il pas suspect ?

La Cantatrice chauve, de Eugène Ionesco, mise en scène de Jean-Luc Lagarce. Nouveau théâtre de Besançon, 1992.

« Il faut que la **couverture** soit bien **tendue** ! » Entretien avec Élisabeth Mazev

S'il y a bien une chose que je n'ai pas faite, c'est jouer du Lagarce avec Lagarce. De son vivant, je ne l'ai pas fait. J'ai joué dans trois de ses mises en scène : dans *La Cantatrice chauve*, dans le collage commencé au sortir de son adolescence et achevé en 93, *Les Solitaires intempestifs*, et puis dans *Le Malade imaginaire*, et pendant qu'on répétait *Le Malade*, il avait écrit pour nous *Nous, les héros* qu'on n'a pas monté faute de moyens.

À la fin de sa vie, les gens lui donnaient tout l'argent qu'il voulait pour monter tous les classiques de la terre, pourvu que ce ne soit pas ses textes. Vous savez bien : la consécration est venue quatre ou cinq ans après sa mort. De son vivant, il avait du mal à réunir les trois ronds dont il avait besoin pour son oeuvre. Un an après sa mort, Oliver Py a monté *Nous, les héros* avec sensiblement la même distribution que celle pour laquelle il avait écrit le texte.

Olivier Py est le premier ?

Oui. On ne l'a joué d'ailleurs que dix-sept fois. C'était très beau. Une très belle scénographie. Mais seulement dix-sept fois. On ne l'a jamais repris.

Comment c'était ?

Une tour, avec trois niveaux. En permanence, il y avait quelque chose qui se passait. Ce qui permettait de jouer les petites scènes qui s'intercalent, et même quand on ne parlait pas, à l'étage au-dessus ou en dessous, il se passait quelque chose. En gros, l'étage de la vieillesse était en dessous, Philippe Lehembre jouait le grand-père, il y avait une poule, des merles métalliques – c'était le nom de ces oiseaux-là, très beaux oiseaux noirs à reflets violets, un cochon en vrai, Philippe Lehembre en vrai aussi... Au premier étage, c'était la mère avec les enfants, Mademoiselle, ses problèmes. Et en haut, c'était les couples, la sexualité. Et tout ça tournait. Il y avait de la musique, il y avait un accordéon, on chantait des chants bulgares très magnifiquement harmonisés. C'était très beau.

Vous jouiez quel personnage ?

Joséphine. Irina Dalle faisait Mme Tschissik, Gilbert Beugnot faisait M. Tschissik, Samuel Churain faisait Max, Olivier Py faisait le fils, Mireille la Mère. C'était la « version sans père ». Vous connaissez l'histoire de la version sans père, j'imagine ? Bernard Bloch n'était pas libre alors, qu'à cela ne tienne, Jean-Luc a fait une version sans père !

François Berreur la trouve moins bien.

Ah, moi je la trouve magnifique cette version ! Et puis ça raconte, ça raconte des choses...

Et du personnage de Joséphine, vous avez des souvenirs ?

Eh bien, toute la misère du monde ! C'était drôle parce qu'en gros, c'était le miroir inversé du *Malade imaginaire*, alors comme je jouais Toinette qui était un rôle « zim poum poum », qui déménageait, là je jouais la pauvre fille délaissée qui va se fiancer, mais son fiancé la trompe avec Mme Tschissik – qui était jouée par Irina, laquelle jouait, dans *Le Malade*, Angélique, c'est-à-dire la grande fille éthérée dépressive, alors qu'ici elle jouait l'actrice hystérique...

Et vous retrouviez vraiment les marques du *Malade imaginaire* ? Les thématiques sont-elles si proches ?

Je ne sais pas. Je suppose que si on l'avait joué en même temps, l'effet de miroir aurait joué à bloc. C'était, en tout cas, le projet de Jean-Luc, et je trouvais ce projet très beau pour tout ce qu'il racontait sur le théâtre. Au fond, qu'est-ce qu'a fait Jean-Luc, sinon écrire sur le théâtre ? Comme tous les poètes. Un auteur de théâtre écrit sur le théâtre : sur quoi d'autre ? Il n'y a pas d'autre sujet à part, éternellement, cette question-là, qu'on mâche et qu'on remâche, qu'on tourne et qu'on retourne, sans jamais (surtout !) trouver l'issue ou la solution. Et le spectacle aurait très magnifiquement raconté cela, sans démonstration inutile. À savoir : il voulait qu'on joue *Le Malade imaginaire* et le lendemain *Nous, les héros*. Et ça devait raconter le spectacle et puis son envers. C'est ainsi que *Nous, les héros* commence par la fin d'une représentation qui s'est mal passée. Au trou du cul du monde. Parce qu'avec *Le Malade imaginaire*, on en a fait des trous du cul du monde et je vous signale qu'il y en a plusieurs !

C'est comme si vous sortiez d'une représentation du *Malade* et puis... ?

... Du *Malade* ou d'une autre pièce ! Et puis l'une se plaint que l'autre fait des grimaces derrière son dos, l'autre dit non. Jean-Luc n'était pas la moitié d'un imbécile, il n'avait pas les oreilles dans ses poches, il sentait bien toutes les choses qui se passaient. Chacun voit midi à son clocher, et moi je vois d'abord l'aspect biographique, réel, les relations des gens qu'il avait saisies au vol avec la discrétion qui le caractérisait et qui se retrouvaient bien évidemment déformées, amplifiées, dans son écriture.

Ce qu'il y a de commun peut-être dans les deux pièces, c'est l'idée que le seul salut qui puisse y avoir se trouve dans le théâtre.

Ah bon, il y a du salut dans le théâtre ?

Oui. Quand on sort de scène, Joséphine dit : « À peine on sort de scène, on commence à s'engueuler, tout peut éclater... », mais finalement on n'a pas d'autre rêve, ou en tout cas pas d'autre issue que de rester ensemble, et la meilleure façon de tenir ensemble, c'est encore de jouer...

La seule façon sans doute. Parce que la représentation permet de canaliser toutes ces énergies.

C'est comme Molière qui est malade, qui joue *Le Malade imaginaire* et qui retrouve une espèce de santé en jouant ses intermèdes.

Il finit par en crever ! Mais il y a de ça sans doute... Je crois que Jean-Luc aussi, les dernières années de sa vie, l'idée devait le travailler, à chaque fois qu'il nous voyait, que c'était peut-être la dernière fois. Quand il a commencé à avoir du succès, les médecins lui prédisaient une fin proche – et il n'a jamais autant travaillé que quand il a été vraiment malade. Sans doute, comme pour tout artiste, même s'il ne sait pas sa fin proche, l'œuvre est toujours une espèce de testament, mais là, jouer *Le Malade imaginaire*, cela faisait du sens sur du sens sur du sens, à tel point que, sans doute, cette accumulation finissait par s'annuler elle-même, parce que c'était presque trop. Et je crois que *Nous, les héros* était un cadeau qu'il nous faisait aussi parce qu'on avait traversé cette épreuve avec lui : je l'ai vu à travers tous les textes que j'ai lus de lui après sa mort (*Le Voyage à La Haye* par exemple) qui parlent des répétitions. Je n'invente pas ce que j'ai dit : « C'est sans doute la dernière fois, etc. », c'était une espèce de viatique...

Dans *Nous, les héros*, comment se déroulait l'épisode *Sulamith* ? Guillaume Vincent dernièrement, qui a monté la pièce, a coupé cette partie. Est-ce que ce n'est pas la priver de son cœur ? Qu'en pensez-vous ?

C'est amusant qu'il l'ait coupé. Parce qu'elle était sans doute au plus proche de ce qu'il voulait faire en mélangeant à la pièce des parties improvisées avec ses acteurs, à savoir raconter quelque chose de l'intime, tellement intime sans doute que, soit on décide de ne pas le montrer, comme il a choisi de le faire (parce que c'est complètement incompréhensible), soit on le considère comme un morceau de soi, comme vous dites – et cela devient le cœur de la pièce.

Page de couverture de l'édition 1926 de *Sulamith* et photo de Abraham Goldfaden. Avec l'aimable autorisation de la maison de la culture yiddish.

C'est que l'épisode en question est inspiré de la réalité. Vous avez vu les photos de Line Delpierre ? Il y a deux photos de Jean-Luc et Olivier dans un café, attablés. Sur la première, Olivier regarde Jean-Luc, et sur l'autre, Jean-Luc a un fou rire parce qu'Olivier fait une très grosse grimace. Une de nos blagues, à ce moment-là, était un opéra qu'avait inventé Olivier, une histoire abracadabranque qu'il avait faite et refaite, et quand la chose a trouvé sa forme définitive, ça s'appelait « *Die alte Jude* », « la vieille Juive ».

Le morceau était censé être un opéra écrit dans les années 30 et beaucoup moins joué par la suite (on se demande pourquoi !) et qui racontait l'histoire d'une méchante logeuse juive qui martyrisait la pauvre Grete qui avait pour amoureux le très beau Hans qui avait une chemise marron et qui se réunissait avec ses copains, etc. L'histoire faisait beaucoup rire Jean-Luc, évidemment parce que c'était très mal pensant et politiquement totalement incorrect : il a assisté à la naissance de cet opéra imaginé et cela le faisait hurler de rire, et je pense que l'épisode de la Sulamith, avec le chat, les vignes, et tout ça, est directement inspiré de l'opéra d'Olivier. Et si l'épisode peut apparaître ainsi comme le cœur de la pièce, c'est qu'il est au contact du plus intime, le plus proche d'une expérience vraie.

Vous vous souvenez du Grand-Père ; à un moment, il demande : « Vous vous y retrouvez, vous ? », mais ce qui est drôle, c'est que, deux répliques après, il se met à chanter avec les autres. C'est pour cela que je disais que le théâtre peut apparaître comme le salut, parce qu'il contient un germe qui transporte ailleurs.

Oui. D'un seul coup, on parle la même langue. D'un seul coup, c'est comme un langage commun : on se retrouve ! C'est aussi l'occasion de régler deux, trois choses qu'il était impossible de régler, sinon par le pugilat ou le bain de sang, dans la vraie vie.

Mais le plus drôle est que *Sulamith*, des universitaires s'en sont emparés et qu'ils ont découvert que la pièce existait !

Quoi donc ?

Eh bien, *Sulamith*, la pièce, elle existe ! Elle a été écrite par un certain Goldfaden et elle fait partie du théâtre yiddish new-yorkais et c'est...

Ça ne m'étonne pas, non, parce qu'en grand intellectuel qu'il était, mine de rien, il avait établi des connexions, trouvé des sources. C'est pour cela que la proposition de Guillaume, à mon sens, n'était pas totalement réussie, parce qu'au fond, tout ce qu'il voulait raconter était dans la pièce. D'autant plus pour nous qui l'avions inspiré bien sûr. Jean-Luc était très fort pour cela : partir du plus intime, du plus ridicule, pour toucher au plus grand. C'est pareil pour *Music-hall* : en touchant à rien, toujours la même action répétée et remise cent fois sur l'ouvrage, il parle du théâtre comme jamais.

Et Joséphine ? Il y a trois moments où le texte dit : « Elle est risible, on la regarde et tout le monde rit », puis : « Elle est pitoyable, on la regarde, et tout le monde pleure. » Comment on fait pour jouer ça ?

On ne joue pas. Tout est dans le texte. Comment vous voulez jouer ça ? J'ai vu un magnifique sujet de stage à Bussang pour cet été. Cela s'appelle : « Les didascalies impossibles. » J'ai trouvé ce sujet formidable. De tels moments font partie des « didascalies impossibles ». Mais elles sont rendues possibles par l'écriture du texte de Jean-Luc. Et, bon... je réussissais, je crois, je vous le dis sans forfanterie. Comme c'était bien écrit, il n'y avait pas énormément à faire ni dans un sens, ni dans un autre. (...)

Et *Juste la fin du monde*, que vous préparez pour le mois de novembre ?...

Je ne sais pas. On a commencé à répéter et j'ai assez peur. Je me rends compte que ceux qui ont beaucoup joué Lagarce savent comment le texte s'empoigne, ces répétitions, ces mises au point permanentes, comment la phrase bifurque d'un seul mot... En même temps, est-ce que ce n'est pas vrai pour tous les grands auteurs ? La première fois que j'ai joué du Novarina, j'ai pensé que je n'y arriverais jamais et puis il y a un avant et un après : quand on l'a joué une fois, après on va voir d'autres spectacles de lui et on se dit : « Oui, c'est une langue que je connais. » Et quand on la rencontre pour le rejouer, on se dit : « Ça, je l'ai déjà fait. »

Quelle est la distribution ?

François Berreur dirige. Hervé Pierre joue Louis, Bruno Wolkowitch joue Antoine, Clotilde Mollet joue Catherine, Danielle Lebrun la mère, et je vais faire la sœur. François Berreur a vieilli toute la distribution ; on a tous dix ou quinze ans de plus que ce qui est dit dans la pièce. Comme si on assistait à une représentation de la représentation. « En ce temps-là, j'allais mourir. »

Quelle est l'idée ? Vous êtes des revenants ?

Non !... Non, c'est du théâtre, ça dit seulement clairement ce que c'est. Il y a un homme sur scène qui, visiblement, n'a plus trente ans et qui affirme : « J'ai trente-quatre ans. » (...)

François Berreur dit qu'au fond, il y a une « tricherie » et que *Juste la fin du monde* met en cause le désir de Louis.

Je crois que le personnage principal de la pièce n'est ni Louis, ni Suzanne, c'est le théâtre : comment représenter une famille avec ses dissensions. C'est cela que François met en abyme en vieillissant la distribution. En même temps, la mise en scène s'inscrit dans l'œuvre de François Berreur, c'est son œuvre à lui qu'il

© J.-P. Maurin.

Juste la fin du monde, de Jean-Luc Lagarce, mise en scène de François Berreur. Maison de la culture de Grenoble, 2007.

poursuit ainsi. Dans cette œuvre, Louis n'est peut-être pas le personnage le plus sympathique. Quant à Jean-Luc, rares sont les personnes qui ne le trouvaient pas sympathique – le mot peut-être ne convient pas, mais c'était un homme courtois avec une voix très douce, ce qui ne l'empêchait pas d'être de temps en temps méchant quand il le fallait. François Berreur ne veut pas tomber dans le sentimentalisme sirupeux. La première fois que j'ai vu *Le Voyage à La Haye* monté par Berreur, j'étais morte de rire de voir comment Hervé Pierre arrivait en une phrase à jouer le chieur, l'emmerdeur… Un insecte qui se débat contre une vitre, ce qu'il vit n'est pas rose, mais c'est hilarant parce qu'il en parle de manière drôle.

Comment réagissez-vous quand on vous dit que le théâtre de Lagarce n'est pas un théâtre psychologique ?

Cela veut dire que ce n'est pas un théâtre chiant, non ? Le théâtre psychologique, c'est un théâtre ennuyeux.

Pourquoi ?

Parce qu'on n'en a rien à faire des casseroles brûlées de Mme Michu…

Tout est dans l'exécution théâtrale. « Il faut que la couverture soit bien tendue ! » : cette théorie, je l'ai inventée avec Michel Fau, un grand acteur, et un grand cabot comme tout grand acteur. Ce n'est pas un problème de « tirer la couverture » : chaque comédien doit la tirer, au contraire, pour le compte de son personnage.

L'essentiel, c'est que tout le monde tire en même temps. Il ne faut pas qu'il y ait de pli ! Il ne faut pas qu'il y ait de mou ! Mais que ça épouse la forme. Parce qu'au niveau de l'événement, dans *Juste la fin du monde*, il n'y en pas beaucoup. Et le pari, le voilà, il est très simple : c'est, à cinq, de trouver entre nous l'équilibre de tensions qui permettra à cette histoire de se raconter.

Biographie

Jean-Luc Lagarce est né le 14 février 1957 d'une famille ouvrière et protestante : peu de livres et pas de théâtre, dira-t-il. Ce qui ne l'empêche ni d'entreprendre des études de philosophie, qu'il interrompra après la rédaction d'un mémoire de maîtrise, intitulé *Théâtre et pouvoir en occident*, ni de fréquenter à Besançon le Conservatoire d'art dramatique et le Centre de rencontres où Jacques Fornier fait intervenir des figures aussi diverses et importantes que Grotovski, Voutsinas, Yoshi Oïda, Didier Bezace ou Philippe Adrien. Ce qui n'empêche pas non plus ses parents, qui lui ont survécu, de l'aider longtemps financièrement.

Des rencontres essentielles jalonnent rapidement sa vie de théâtre : Mireille Herbstmeyer, avec qui il fonde en 1977 le Théâtre de la Roulotte, compagnie qui deviendra professionnelle en 1981 ; François Berreur qui les y rejoint vite et avec qui il créera en 1992 les éditions des Solitaires intempestifs. Lucien Attoun qui publie en tapuscrits à Théâtre ouvert et enregistre sur France Culture ses premières pièces.

Il y a du mythe dans cette vie là. Une troupe où se constitue un noyau fidèle, mais peuplée, selon Berreur, d'affreux individualistes (les solitaires intempestifs ?). Une vocation vite affirmée de metteur en scène, qui s'essaie longuement à des adaptations, des montages (le spectacle *Les Solitaires intempestifs*), avant d'affronter le répertoire, dans une chaîne significative : Feydeau – Ionesco – Molière, et de rencontrer le succès. Une pièce jouée au répertoire de la Comédie-Française à l'âge de vingt-cinq ans (*Voyage de madame Knipper vers la Prusse-Orientale*, mis en scène par Jean-Claude Fall au Petit-Odéon), mais un insuccès total comme dramaturge, qui culmine avec le refus unanime du manuscrit de *Juste la fin du monde* en 1990 : la certitude du poète maudit qui répète « J'écris pour engraisser mes petits neveux » en est ébranlée pour un silence de deux ans. L'incurable sida, mais il assure qu'ayant découvert sa séropositivité avant l'âge de trente ans, il n'en a jamais fait un thème de son œuvre ni un lieu d'écriture, et qu'il a appris à faire les choses, jouer, mettre en scène, écrire, sans penser qu'il s'agissait à chaque fois de la dernière.

Il meurt en septembre 1995 alors qu'il travaille *Lulu* de Wedekind.

Il laisse une œuvre constituée de vingt-quatre pièces de théâtre, trois récits (*L'Apprentissage, Le Bain, Le Voyage à La Haye*), un livret d'opéra (*Quichotte*), un scénario pour le cinéma (*Retour à l'automne*), quelques articles et éditoriaux (réunis sous le titre *Du luxe et de l'impuissance*) et un journal commencé en 1978 et composé de vingt-trois cahiers.

■

Mises en scène et distributions

Juste la fin du monde

■ **Mise en scène : Joël Jouanneau**
Lausanne, Suisse, Théâtre Vidy, 1er octobre 1999.

Assistante à la mise en scène : Lou Jean.
Scénographie : Jacques Gabel.
Costumes : Dominique Chauvin.
Lumière : Franck Thévenon.
Avec : Marc Duret, Dominique Gubser, Antoine Mathieu, Pénélope Pierson, Jane Savigny, Nalini Selvadoray, Yvette Théraulaz, Christine Vouilloz.

■ **Mise en scène : Philippe Delaigue**
Valence, Théâtre de la Fabrique, 2 octobre 2002.

Dramaturgie et collaboration artistique : Denys Laboutière, Yves Barbaut.
Décor et costumes : Cécile Léna.
Régie générale et création lumières : Thierry Opigez.
Création sonore : Thierry Opigez.
Avec : Monique Brun, Vincent Garanger, Rémi Rauzier, Claire Semet, Sarah Taradach.

■ **Mise en scène : Bernard Lévy**
Combs-la-Ville, scène nationale de Sénart, La Coupole, 5 novembre 2003.

Décor : Guilio Lichtner.
Lumières : Luc Tramier.
Costumes : Isabelle Périllat.
Son : Jean-Damien Ratel, avec la collaboration de l'équipe technique de la Scène nationale de Sénart.
Avec : Éric Bergeonneau, Claire Gernigon, Marion Suzanne, Hervé Germain, Christelle Martin.

■ **Mise en scène : Jean-Charles Mouveaux**
Paris, Théâtre du Marais, 6 avril 2005.

Assistante à la mise en scène : Esther Ebbo.
Lumières : Céline Pamart
Musiques originales : Jean-Pierre Cohen, à l'exception de « Je t'attends » interprétée par Charles Aznavour (Charles Aznavour/Gilbert Bécaud).
Avec : Benoît Guibert *(Louis, 34 ans)*, Mélissa Drigeard *(Suzanne, sa sœur, 23 ans)*, Jean-Charles Mouveaux *(Antoine, leur frère, 32 ans)*, Jeanne Arènes, Catherine *(femme d'Antoine, 32 ans)*, Régine Menauge-Cendre *(la Mère, mère de Louis, Antoine et Suzanne, 61 ans)*.

■ Mise en scène : Cédric Revollon
Nice, Théâtre de la Semeuse, 29 septembre 2005.

Assistante à la mise en scène : Marie Teissier
Installation scénographique : Mathilde Ferry
Lumières : Alexandre Toscani
Univers sonore : Wilfried Houssin
Costumes : Cécile Léal, Nolwenn Léger
Avec : Virginie Bracq, Aurélien Deseez, Micaëla Etcheverry, Frédéric Fialon, Marie Teissier.

■ Mise en scène :
Dominique Terrier et **Fatima Soualhia-Manet**
Thouars, Théâtre de Thouars, 24 octobre 2005.

Assistante : Sophie Caritté.
Dramaturgie : Jacques Develay.
Scénographie : Ludovic Billyi.
Lumière : Ludovic Billy, Dominique Terrier.
Avec : Arnaud Aubert, Sophie Caritté, Marie Crouail, Arno Feffer *(en alternance avec* Nicolas Ragu), Marie Ragur.

■ Mise en scène : Anne-Margrit Leclerc
Saint-Louis, Théâtre de la Coupole, 26 septembre 2006.

Dramaturgie : Bernard Beuvelot.
Scénographie et costumes : Grégoire Faucheux.
Réalisation des costumes : Alexandra Wassef.
Musique : Loris Binot.
Lumières : Benoît Bandelier.
Assistant à la création lumière et régisseur tournée : Guillaume Lorchat.
Avec : Sylvie Amato, Agnès Guignard, Laetitia Pitz, Valéry Plancke, Laurent Fraunié.

■ Mise en scène : François Berreur
Grenoble, MC2, 28 septembre 2007.

Compagnie : Les Intempestifs.
Musique : Christian Girardot.
Chorégraphie : Cécile Bon.
Scènographie : Alexandre De Dardel.
Création lumières : Joël Hourbeigt.
Costumes : Nathy Polak.
Assistant à la mise en scène : Stanislas Roquette.
Avec : Danièle Lebrun, Elisabeth Mazev, Clotilde Mollet, Hervé Pierre, Bruno Wolkowitch.

Nous, les héros (version sans le Père)

■ **Mise en scène :** Olivier Py
La Rochelle, La Coursive, 28 février 1997.

Compagnie : Les Solitaires Intempestifs.
Décor : Pierre-André Weitz.
Lumière : Miche Pasto, Olivier Py.
Costumes : Pierre-André Weitz.
Avec : Mireille Herbstmeyer , Philippe Lehembre , Élisabeth Mazev , Olivier Py, Étienne Lefoulon, Irina Dalle, Gilbert Beugnot, Frédérique Ruchaud, Samuel Churin, Camille.

■ **Mise en scène :** Frédéric Fisbach, Oriza Hirata
Toga, Japon, Festival de printemps, 5 mai 1999.

Traduction : Takahata Yûki.
Scénographie : Emmanuel Clolus, Itaru Suiyama.
Lumière : Daniel Lévy.
Avec : Satoko Abe, Claire Aveline, Jean-Charles Dumay, Yoko Hirata, Reina Kakudate, Kenichi Katura, Hiroko Matuda, Yasuhiko Oi, Tikau Sato, Eriko Wada, Kenji Yamauchi.

■ **Mise en scène :** Philippe Sireuil
Bruxelle, Belgique, Théâtre Varia, 22 février 2002.

Assistante : Sylvie Schirm.
Éclairages : Philippe Sireuil.
Costumes : Greta Goiris, Catherine Somers.
Accessoires, maquillages : Françoise Joset.
Décor : Vincent Lemaire, Philippe Sireuil.
Avec : Jeanine Godinas *(la Mère)*, Marcel Delval *(le Grand-Père paternel),* Nade Dieu *(la fille aînée, Joséphine),* David Quertigniez *(le fils, Karl),* Léa Capraro *(la fille cadette, Eduardowa),* Alexandre Trocki *(Raban)*, Patrick Descamps *(Max),* Valérie Bauchau *(Mme Tschissik),* Anne Chappuis, *Mademoiselle (l'intendante).*

■ **Mise en scène :** Gurshad Shaheman
Paris, Théâtre 13, 26 juin 2006.

Assistants : Tunde Deak, Jean-Stéphane Havert.
Violon : Raphaël Maillet.
Lumières : Jérémie Girard.
Costumes : Charlotte Zwobada.
Avec : Arnaud Aldige, Alexandre Revest, Martin Kamoun, Katarzyna Krotki, Clarice Plasteig dit Cassou, Xavier Heredia, Sharmila Naudou, Marie-Céline Tuvache, Stéphanie Vertray.

■ **Mise en scène :** Guillaume Vincent
Strasbourg, Théâtre national de Strasbourg, 5 octobre 2005.

Dramaturgie : Marion Stoufflet.
Lumière : François Fauvel.
Scénographie, accessoires et costumes : Marion Legrand.
Régie générale : Nicolas Joubert.
Avec : Annie Mercier *(la Mère),* Émilien Tessier *(le Grand-Père paternel),* Émilie Incerti Formentini *(Joséphine),* Nicolas Maury *(Karl),* Florence Janas *(Eduardowa),* Sébastien Roch *(Max),* Sylvestre Lambey *(Raban),* John Arnold *(M. Tchissik),* Katrin Schwingel *(Mme Tchissik).*

■ **Mise en scène :** Michel Belletante
Pont-de-Claix, L'Amphithéâtre, 2 mars 2007.

Assistante à la mise en scène : Estelle Pignet.
Scénographie et décor : Charles Rios.
Lumières : Andrea Abbatangelo.
Musique : Patrick Najean.
Costumes : Anne Dumont.
Régie générale : Denis Faure.
Avec : Judith Bècle, Steeve Brunet, Renaud Dehesdin, Floriane Durin, Léo Ferber, Lucile Jourdan, Julie Leflaive, Gilles Najean, Philippe Nesme, Pierre Tarrare.

Le DVD Baccalauréat Jean-Luc Lagarce

Ce DVD, qui accompagne le dossier du « Baccalauréat Théâtre », comporte trois documents de nature différente qui permettront des éclairages sur l'œuvre de Jean-Luc Lagarce et en particulier sur l'écriture et la mise en scène de *Juste la fin du monde*.

Ce DVD a été conçu par Jean-Claude Lallias, conseiller théâtre, en lien avec l'inspection générale lettres/théâtre (Pascal Charvet et Michelle Beguin) et le Service national de production audiovisuelle du CNDP.

Voyages en pays lointain (52')

Un film d'Isabelle Marina d'après les pièces

- *Juste la fin du monde.* Une coproduction Théâtre Vidy-Lausanne, ETE/L'Eldorado – Théâtre de Sartrouville codirigé par Claude Sévenier et Joël Jouannenau.
- *Le Pays lointain – Traversée* d'après *Le Pays lointain* de Jean-Luc Lagarce. Une production Théâtre ouvert dirigé par Micheline Attoun et Lucien Attoun avec la participation artistique du JTN (Jeune théâtre national).
- Extraits du *Journal* de Jean-Luc Lagarce.
- Extraits du *Journal* de Joël Jouanneau.

L'œuvre de Jean-Luc Lagarce est publiée aux éditions Les Solitaires intempestifs.

Une coproduction Dora productions, Les films en hiver et Images plus, 2002.

Avec le soutien du CNC, du ministère des Affaires étrangères, du ministère de la Culture et de la Communication (DDAT) et de la communauté urbaine de Strasbourg.

Depuis quatre ans, bouleversé par les textes de Jean-Luc Lagarce qui racontent le retour au pays natal de celui qui vient annoncer sa mort prochaine, Joël Jouanneau les met en scène. Au gré du journal qu'il tient lors des répétitions du *Pays lointain / Traversée* avec de jeunes comédiens issus du Conservatoire de Paris, à partir de séquences extraites de *Juste la fin du monde*, il explore l'intensité de sa relation avec cette œuvre. Et le bonheur qu'il y a à faire entendre ces textes contemporains considérés, chaque jour davantage, comme essentiels, traverse le film. Voyage en écriture et en théâtre.

Joël Jouanneau, entretien avec Jean-Claude Lallias (61')

Réalisation : Philippe Miquel (CNDP), 2007.

L'entretien avec Joël Jouanneau a été tourné à Théâtre ouvert en octobre 2007 dans le bureau de Lucien Attoun, lieu symbolique et chargé de mémoire, où Jean-Luc Lagarce vint proposer ses textes et souvent échanger avec Micheline Attoun. Joël Jouanneau évoque son cheminement à travers les œuvres de Jean-Luc Lagarce qu'il fut l'un des premiers à faire connaître (*J'étais dans ma maison et j'attendais que la pluie vienne*, 1997, *Juste la fin du monde*, 1999, *Le Pays lointain*, 2001). Il revient sur le film *Voyages en pays lointain* et apporte des précisions sur ce projet. Il est interrogé sur son rapport d'auteur et de metteur en scène à l'écriture de Jean-Luc Lagarce et en particulier sur certains aspects de son travail sur *Juste la fin du monde*.
L'entretien est divisé en plusieurs séquences titrées pour faciliter l'accès immédiat à tel ou tel question ou réflexion sur ce parcours exceptionnel.

Découpage de l'entretien :

- Théâtre ouvert : un lieu symbolique *[1'13]*
- Micheline et Lucien Attoun : la relation aux auteurs *[2'21]*
- Le verbe, source du théâtre *[2'06]*
- La rencontre avec Jean-Luc Lagarce *[2'33]*
- Un théâtre de l'épure *[2'01]*
- La découverte des textes de Jean-Luc Lagarce *[2'49]*
- Les mises en scène des textes par Joël Jouanneau *[3'21]*
- Jouanneau, auteur et l'écriture de Lagarce *[2'58]*
- Théâtre et romanesque *[3'01]*
- Romanesque de l'intime *[2'49]*
- La genèse du film, *Voyages en pays lointains [5'47]*
- *Juste la fin du monde* : du rejet à la reconnaissance *[5'12]*
- *Juste la fin du monde* : monologues et scènes dramatiques *[2'58]*
- *Juste la fin du monde* : une mise en scène qualifiée d'oratorio *[5'37]*
- *Juste la fin du monde* : la question des intermèdes *[1'33]*
- *Juste la fin du monde* : l'humour comme élégance *[1'51]*
- *Juste la fin du monde* : le travail sur les monologues *[3'56]*
- *Du luxe et de l'impuissance* : un conseil de lecture *[5'00]*

Échange entre Joël Jouanneau et François Berreur (38')

Entretien réalisé par le Théâtre national de la Colline à Paris le 7 septembre 2000.

Ce document exceptionnel est à considérer comme un document « brut », un document de travail au cours d'un parcours de création. Joël Jouanneau s'interroge en compagnie de François Berreur (comédien dans la troupe de Jean-Luc Lagarce, metteur en scène et éditeur de son œuvre aux Solitaires intempestifs) sur plusieurs aspects de l'œuvre de Lagarce, sur ses thèmes, sa langue particulière, les liens entre autobiographie et universalité de l'écriture.
Un échange entre deux artistes qui ont l'un et l'autre contribué à faire connaître et apprécier une des grandes œuvres de cette fin de XXe siècle.

Bibliographie, ressources

- *Lire un classique du XXe siècle : Jean-Luc Lagarce*, SCÉRÉN-CRDP de Franche-Comté / Les Solitaires intempestifs, 2007.
- *La Cantatrice chauve*, d'Eugène Ionesco, mise en scène de Jean-Luc Lagarce, DVD en coédition Arte Vidéo, SCÉRÉN-CRDP de Franche-Comté, 2007. Avec des compléments de programme remarquables sur l'œuvre, la mise en scène et la captation du spectacle au Théâtre de l'Athénée.

On trouvera sur les sites suivants des éléments complets de Bibliographie et des ressources concernant la vie et l'œuvre de Jean-Luc Lagarce : **www.theatre-contemporain.tv** - **www.theatre-contemporain.net** - **www.lagarce.net** - **www.educnet.education.fr** - **www.crdp.ac-besancon.fr**

Imprimé sur les presses de Jouve
11, bd de Sébastopol 75001 Paris
Dépôt légal : janvier 2008